北京电子科技职业学院促进高校内涵建设—专业建设—经管专业群
贯通人才培养建设项目

税法实务

（修订版）

高红梅　主　编
李红伟　苏岐峰　副主编

中国财经出版传媒集团
经济科学出版社
Economic Science Press

图书在版编目（CIP）数据

税法实务／高红梅主编．—2版（修订本）．—北京：经济科学出版社，2018.7

ISBN 978-7-5141-9473-9

Ⅰ．①税… Ⅱ．①高… Ⅲ．①税法-中国-高等职业教育-教材 Ⅳ．①D922.22

中国版本图书馆CIP数据核字（2018）第142416号

责任编辑：白留杰
责任校对：靳玉环
责任印制：李　鹏

税法实务
（修订版）
高红梅　主　编
李红伟　苏岐峰　副主编
经济科学出版社出版、发行　新华书店经销
社址：北京市海淀区阜成路甲28号　邮编：100142
教材分社电话：010-88191354　发行部电话：010-88191522
网址：www.esp.com.cn
电子邮件：bailiujie518@126.com
天猫网店：经济科学出版社旗舰店
网址：http://jjkxcbs.tmall.com
北京密兴印刷有限公司印装
787×1092　16开　13.5印张　331000字
2018年7月第1版　2018年7月第1次印刷
ISBN 978-7-5141-9473-9　定价：39.00元
（图书出现印装问题，本社负责调换。电话：010-88191510）

前　言

《税法实务（修订版）》是会计专业主要的专业课程之一。随着我国经济的发展经济政策也不断调整，相关的税法条文也发生了很大的变化。本教材编写的主要特点是基于最新的税收法律条文，结合高职学生的特点突破传统教学框架，创新性采用任务式教学方法，以配合税法教学。2016 年 5 月我国全面“营改增”，从此营业税退出税收舞台，增值税全面实施。同时其他税种也进行了一些调整。2017 年和 2018 年在税收方面国家出台了不少新的政策。故此本书在第一版的基础上，结合我国最新的税收政策进行了修订。

本教材是为了适应我国高等职业技术教育的发展和需要而编写的。鉴于高等职业技术教育的最主要特点是要培养学生的动手能力和实际操作能力，以适应学生毕业后的岗位要求。因此本教材在编写过程中力求做到：

（1）实用性：教材中所涉及的经济业务，都取材于企业实际，从企业实际经营过程中收集到的大量核算资料经过分析、筛选、提炼、补充而确定。

（2）新颖性：在编写过程中，紧跟当前税法的最新条文要求编写。使学生通过本教材的学习，掌握税法的新知识、新方法。

（3）可操作性：本教材根据各个税种纳税的流程展开，以一个出入职场的会计人员的体会为主线。同时配以相关报税业务，由学生填制相关纳税申报表。同时相关案例供学生阅读。

（4）全面性：本教材的内容涉及主要的税种包括增值税、消费税、关税、企业所得税、个人所得税以及其他一些小税种的相关规定和计算方法以及纳税申报的流程。内容充实、完整。

本教材可作为高等职业技术教育、成人教育以及岗位培训用书。

本教材在撰写过程中得到了北京电子科技职业学院领导的支持和帮助，得到了企业和各方面专家、学者的指导和帮助，在此表示衷心感谢。由于水平和学识所限，收集资料尚不够充分、完整，书中若有疏漏恳请读者、专家批评指正。

本书由高红梅负责教材的整体设计。具体分工如下，项目一、项目五由高红梅编写，项目二、项目四由吴爱菊、苏岐峰编写，项目三由李红伟编写，项目六由崔晓翔、苏岐峰编写，项目七由富金涛编写。修订版由高红梅、李红伟、苏岐峰负责完成。

书中所提及公司及资料均为虚拟。如有雷同纯属巧合。

编　者

2018 年 6 月

第一版前言

《税法实务》是会计专业主要的专业课程之一。随着我国经济的发展经济政策也不断调整，相关的税法条文也发生了很大的变化。本教材编写的主要特点是基于最新的税收法律条文，结合高职学生的特点突破传统教学框架，创新性采用任务式教学方法，以配合税法教学。

本教材是为了适应我国高等职业技术教育的发展和需要而编写的。鉴于高等职业技术教育的最主要特点是要培养学生的动手能力和实际操作能力，以适应学生毕业后的岗位要求。因此本教材在编写过程中力求做到：

（1）实用性：教材中所涉及的经济业务，都取材于企业实际，从企业实际经营过程中收集到的大量核算资料经过分析、筛选、提炼、补充而确定。

（2）新颖性：在编写过程中，紧跟当前税法的最新条文要求编写。使学生通过本教材的学习，掌握税法的新知识、新方法。

（3）可操作性：本教材根据各个税种纳税的流程展开，以一个出入职场的会计人员的体会为主线。同时配以相关报税业务，由学生填制相关纳税申报表。同时相关案例供学生阅读。

（4）全面性：本教材的内容设计为八个项目分为三十八个教学任务，主要内容包括增值税、消费税、营业税、关税、企业所得税、个人所得税和其他一些小税种的相关规定和计算方法以及纳税申报的流程。内容充实、完整。

本教材可作为高等职业技术教育、成人教育以及岗位培训用书。

本教材在撰写过程中得到了北京电子科技职业学院领导的支持和帮助，得到了企业和各方面专家、学者的指导和帮助，在此表示衷心感谢。由于水平和学识所限，收集资料尚不够充分完整，书中若有疏漏恳请读者、专家批评指正。

本书由高红梅、吴爱菊担任主编，负责教材的整体设计。具体分工如下，项目一、项目五由高红梅编写，项目二、项目四由吴爱菊编写，项目三由李红伟编写，项目六由崔晓翔编写，项目七由富金涛编写，项目八由高红梅、富金涛编写。

书中所提及公司及资料均为虚拟。如有雷同纯属巧合。

编　者

2015 年 1 月

第一版前言

目　录

项目一　总　论

【学习目标】

1. 了解税收的产生过程及其职能作用；
2. 掌握税法的定义，了解税法的分类、地位和作用；
3. 理解和掌握税收法律关系；
4. 理解税法构成要素及各要素之间的关系；
5. 熟悉税制的演变规律及其发展趋势。

【案例导入】

美国著名的政治家富兰克林曾经说过："人生只有两件事不可避免，那就是死亡和纳税。"那么大家想一想，税收在我们的日常生活中都体现在哪些方面呢？其实在我们的衣食住行中处处存在。大家寻找一下，都有哪些税呢？

任务一　认识税收

一、税收概述

1. 税收的含义。税收是以实现国家公共财政职能为目的，基于政治权力和法律规定，由政府专门机构向居民和非居民就其财产或特定行为实施强制、非罚与不直接偿还的金钱或实物课征，是国家最主要的一种财政收入形式。国家取得财政收入的手段多种多样，如税收、发行货币、发行国债、收费、罚没等，而税收则由政府征收，取自于民、用之于民。

2. 税收的特征。税收与其他分配方式相比，具有强制性、无偿性和固定性的特征，习惯上称为税收的"三性"。

（1）强制性。国家税务局税收的强制性，指税收是国家以社会管理者的身份，凭借政权力量，依据政治权力，通过颁布法律或政令来进行强制征收。负有纳税义务的社会集团和社会成员，都必须遵守国家强制性的税收法令，在国家税法规定的限度内，纳税人必须依法纳税，否则就要受到法律的制裁，这是税收具有法律地位的体现。强制性特征体现在两个方面：一方面，税收分配关系的建立具有强制性，即税收征收完全是凭借国家拥有的政治权力；另一方面，税收的征收过程具有强制性，即如果出现了税务违法行为，国家可以依法进行处罚。

（2）无偿性。税收的无偿性是指通过征税，社会集团和社会成员的一部分收入转归国家所有，国家不向纳税人支付任何报酬或代价。税收这种无偿性是与国家凭借政治权力进行收入分配的本质相联系的。无偿性体现在两个方面：一方面是指政府获得税收收入后无须向纳税人直接支付任何报酬；另一方面是指政府征得的税收收入不再直接返还给纳税人。税收无偿性是税收的本质体现，它反映的是一种社会产品所有权、支配权的单方面转移关系，而不是等价交换关系。税收的无偿性是区分税收收入和其他财政收入形式的重要特征。

（3）固定性。税收的固定性指税收是按照国家法令规定的标准征收的，即纳税人、课税对象、税目、税率、计价办法和期限等，都是税收法令预先规定了的，有一个比较稳定的试用期间，是一种固定的连续收入。对于税收预先规定的标准，征税和纳税双方都必须共同遵守，非经国家法令修订或调整，征纳双方都不得违背或改变这个固定的比例或数额以及其他制度规定。

【练一练】

我国税收的特征有（　　）。

A. 有偿性　　B. 强制性　　C. 固定性　　D. 无偿性

答案：BCD

二、税收法律关系

1. 概念。税收法律关系是由税收法律规范确认和调整的，国家和纳税人之间发生的具有权利和义务内容的社会关系。税收法律关系的一方主体始终是国家，税收法律关系主体双方具有单方面的权利与义务内容，税收法律关系的产生以纳税人发生了税法规定的行为或者事实为根据。

2. 税收法律关系的构成，由权利主体、权利客体和税收法律关系的内容三方面构成。

（1）权利主体，即税收法律关系中享有权利和承担义务的当事人，一方是代表国家行使征税职责的国家税务机关（即国家各级税务机关、海关和财政机关）；另一方是履行纳税义务的人（在我国采取属人兼属地的原则确定，即法人、自然人等）。

与一般法律关系的权利主体相比具有三个特征：双主体关系特殊、法律地位平等、权利与义务不对等。

（2）权利客体，即税收法律关系主体的权利、义务所共同指向的对象，即征税对象。也是国家利用税收杠杆调整和控制的目标。

（3）税收法律关系的内容，是权利主体所享有的权利和所应承担的义务，是税收法律关系中最本质的东西，也是税收的灵魂。

【知识链接】

税收产生的历史过程

关于税收产生的实际历史过程，由于各个国家具体历史条件不同，因而也不完全相同。

欧洲古希腊和古罗马等奴隶制国家，确定奴隶占有制度初期，就出现了土地和奴隶的私有制，形成了城邦经济、奴隶主大庄园经济、寺院地产经济以及家庭奴隶制等私有经济，所以欧洲奴隶制国家形成以后，随即出现了对私有土地征收的税收。

我国自夏代开始进行奴隶制社会以后，在夏、商、周三代土地均归王室所有，即所谓“普天之下，莫非王土，率土之滨，莫非王臣。”当时的国王不仅是全国的最高统治者，也是全国土地的所有者。国王对其所拥有的土地，除了一小部分由王室直接管理外，大部分分封给诸侯和臣属，也有一小部分授给平民耕种，在这样的土地所有制度之下，中国税收的产生，同西方奴隶制国家有所不同，经历了一个演变过程。

早在夏代，我国就已经出现了国家凭借其政权力量进行强制课征的形式——贡。一般认为，贡是夏代王室对其所属部落或平民根据若干年土地收获的平均数按一定比例征收的农产物。到商代，贡逐渐演变为助法。助法是指借助农户的力役共同耕种公田，公田的收获全部归王室所有，实际上是一种力役之征。到周代，助法又演变为彻法。所谓彻法，就是每个农户耕种的土地要将一定数量的土地收获量交纳给王室，即“民耗百亩者，彻取十亩以为赋。”夏、商、周三代的贡、助、彻，都是对土地收获原始的强制课征形式，在当时的土地所有制下，地租和赋税的某些特征，从税收起源的角度看，它们是税收的原始形式，是税收发展的雏形阶段。

春秋时期，鲁国适应土地私有制发展实行的“初税亩”，标志着我国税收从雏形阶段进入了成熟时期。春秋之前，没有土地私有制。由于生产力的发展，到春秋时期，在公田以外开垦私田增加收入，于鲁宣公十五年（公元前594年）实行了“初税亩”，宣布对私田按亩征税，即“履亩十取一也。故初税亩”首次从法律上承认了土地私有制，是历史上一项重要的经济改革措施，同时也是税收起源的一个里程碑。

除上述农业赋税外，早在商代，我国已经出现了商业手工业的赋税。商业和手工业在商代已经有所发展，但当时还没有征收赋税，即所谓“市廛而不税，并讥而不征。”到了周代，为适应商业、手工业的发展，开始对经过关卡或上市交易的物品征收“关市之赋”，对伐木、采矿、狩猎、捕鱼、煮盐等征收“山泽之赋”。这是我国最早的工商税收。

资料来源：山东省地方税务局，http：//www.sdds.gov.cn/art/2012/8/17/art_13696_453103.html2012－08－17 19：39：37.

任务二　认识税法

一、税法的概述

税法是国家制定的用以调整国家与纳税人之间在纳税方面的权利及义务关系的法律规范的总称。税法是税收制度的法律表现形式。

二、税法的构成要素

税法的构成要素一般包括总则、中心内容和附则三部分构成，而中心内容又包括纳税义务人、征税对象、税目、税率、纳税环节、纳税期限、纳税地点、减免税和罚则等。

总则主要包括立法依据、立法目的、适用原则等；罚则一般都是规定与该法紧密相关的内容，如该法的解释权、该法的生效时间等。下面重点介绍中心内容的具体内容：

1. 纳税义务人。

（1）纳税义务人。又称纳税主体，是指税法规定的直接负有纳税义务的单位和个人，它包括自然人和法人。它主要解决向谁征税的问题。自然人是指依法享有民事权利，并承担民事义务的公民个人、个体经营者和其他个人。法人是指依法设立并能以自己的名义独立行使法定权利和承担法律义务的社会组织。

（2）与纳税义务人相关的几个概念。

① 纳税人是直接向税务机关缴纳税款的单位和个人，而负税人是实际负担税款的单位和个人，二者既有区别又有联系，二者是否是同一人主要取决于税种的性质。如为流转税二者不一致，如为所得税二者是统一的。

② 扣缴义务人，是指税法规定的向纳税人支付款项或向纳税人收取收入时，替税务机关代收（代扣）代缴纳税人应纳税款的单位和个人。

扣缴义务人不履行扣缴义务的，要视情节轻重以适当处罚并责令补缴税款。

③ 委托代征人，是指按税法的规定，由税务机关指派、委托，代税务机关收缴税款的单位和个人。代征人一般要由税务机关发给委托代征税款的委托证书。

④ 税务代理人，是指经有关部门批准（不是税务机关），依照税法规定，在一定的代理权限内，以纳税人、扣缴义务人的名义，代为办理各项税务事宜的单位和个人。

2. 征税对象。

（1）征税对象即纳税客体，是税法规定的征税的标的物，主要是指税收法律关系中征纳双方权利义务所指向的物或行为。它反映了征税的广度问题，解决了对什么征税的问题，是区分不同税种的主要标志。征税对象在质上的具体化是税目，在量上的具体化是计税依据。

（2）相关概念。

① 税目，是税法规定的征税对象的具体项目，税法规定税目的方法有两种：单一列举法，概括列举法。单一列举法即按照每一件商品或经营项目分别设计税目，如消费税；概括列举法即按照商品大类或行业设计税目，如资源税。

② 计税依据，是计算应纳税额的依据和标准。按计量单位来划分，可以分从价计征和从量计征。有些税的征税对象和计税依据是统一的，如企业所得税，二者都是应纳税所得额；有些税二者又不同，如消费税，征税对象是应税消费品，计税依据是销售收入或销售数量。

3. 税率。

（1）税率是征税对象的征收比例或征收额度，是计算应纳税额的尺度，体现了征税的深度，是税制的中心环节。

（2）分类。

① 比例税率。特点：同一征税对象，不分数额大小，规定相同的征收比例。但也可能因为行业、地区、产品的不同，税率不同。所以分为如下几种：单一比例税率、产品比例税率（增值税）、地区差别的比例税率（城建税）、幅度比例税率（契税）。

② 累进税率。特点：将征税对象按数额大小分等级，等级越高，税率就越高。

按征税对象的性质分为额累和率累，其中额累又分为全额累进税率和超额累进税率，率累又分为全率累进税率和超率累进税率。在我国现行税制中，全额累进税率的代表是企业所得税，超额累进税率的代表是个人所得税，全率累进税率在我国税制中无体现，超率累进税率的代表是土地增值税。全额和全率的累进税率计算简单，但在临界点税负不合理，超额和超率的累进税率计算复杂，但税负较为合理。如何将复杂的计算简单化？在实际工作中我国采用了国际惯例的“速算扣除法”。

超额的简化：

个人所得税应纳税额＝应纳税所得额×适用税率－速算扣除数

＝上一级征税对象的最高数额×（本级税率－上一级税率）

＋上一级速算扣除数

超率的简化：

土地增值税应纳税额＝应纳税所得额×适用税率－扣除项目金额×速算扣除数

③ 定额税率，又称单位税额或固定税额，是税率的一种特殊形式，它是根据课税对象的计量单位直接规定一个固定税额。具体分为地区差别定额税率，如城镇土地使用税；幅度定额税率，如资源税；分类分级定额税率，如车船税。

4. 纳税环节，是税法规定的征税对象在从生产到消费的流转过程中应当缴纳税款的环节。如生产环节、流通环节、分配环节。征税对象可以是单一环节征税，也可以是多环节征税。

征税环节的确定是税制中一个重要的问题，它关系到税制结构和税种的布局；关系到税款能否及时足额入库；关系到地区间税收收入的分配；同时也关系到企业的经济核算和是否便利纳税人交纳税款等问题。

5. 纳税期限。

（1）含义。纳税期限是纳税人发生纳税义务后应向国家征税机关交纳税款的期限。设置纳税期限的原因是为了简化纳税手续，便于纳税人；同时也是为了促进税款及时纳入国库。纳税期限所要解决的是纳税人在纳税义务发生后的多长时间，将应纳税款及时汇总向税务机关报缴税款。纳税期限由税务机关根据纳税人应纳税款的大小分别确定。

（2）分类。

① 按期纳税，以纳税人发生纳税义务的一定时期为标准纳税。如1日、3日、5日、10日、15日；1个月；1个季度；1年等。

② 按次纳税，以纳税人发生纳税义务的次数作为纳税期限。纳税人到期没有交纳税款，除特殊规定外，要按日加收一定比例（万分之五）的滞纳金。

6. 纳税地点，主要是根据各个税种纳税对象的纳税环节和有利于对税款的源泉控制而规定的纳税人（包括代征、代扣、代缴义务人）的具体纳税地点。

7. 减免税，主要是对某些纳税人或者征税对象采取的减少征税或免征税的特殊规定。减免税是对税法中的具体问题而采取的一种措施，体现了税法的原则性和灵活性相结合的原则。

（1）相关概念。

① 起征点，是税法规定的征税对象开始征税的数量界限，未达到起征点的不征税，达到或超过起征点的全额征税。

② 免征额，是指税法规定的在征税对象全部数额中给予免征税的数额。征税对象的数

额低于免征额的不征税，大于免征额的就差额征税。

（2）减免税的形式。

① 税基式减免，通过减少计税依据实现减免目的，如企业所得税的亏损抵补。

② 税率式减免，通过降低税率实现减免目的，如企业所得税中，对于符合小型微利条件的企业可以适用20%的税率，而对于国家重点扶持的高新技术企业，则给予15%的企业所得税税率，因此20%和15%的企业所得税税率相对于25%的基本税率就是税率式减免。

③ 税额式减免，通过减少一部分或免除全部税额来实现减免税目的，如涉外企业所得税的“两免三减半”。

8. 罚则，主要是针对纳税人的违法行为而采取的处罚措施。

违法行为，主要是指违反税收管理秩序的行为、妨害税款征收的行为、妨害发票管理的行为、其他违法行为。

处罚措施，主要是指强制执行、加收滞纳金、罚款、拘役、判处有期徒刑。

三、税法分类

1. 按税法的基本内容和效力不同，可分为税收基本法和税收普通法。

税收基本法是税法的核心和主体，在税收法律体系中起母法的作用。我国目前还没有税收基本法；税收普通法是根据税收基本法的原则，对税收基本法所规定的事项分别立法实施的法律。

2. 按照税法的职能作用不同，可分为税收实体法和税收程序法。

税收实体法主要是确定税种立法，具体规定各税种的征税对象、征收范围、税目等。税收程序法是指税务管理方面的法律，只要包括税收管理法、纳税程序法、发票管理法、税务机关组织法、税务争议处理法等。

3. 按照税法征税对象的不同，可分为四种。

（1）对流转额课税的税法，主要包括增值税、消费税和关税等。

（2）对所得额课税的税法，主要包括内、外企业所得税和个人所得税。

（3）对财产、行为课税的税法，主要包括房产税、城市房地产税、车船税、车船使用牌照税、印花税、屠宰税和契税。

（4）对自然资源课税的税法，主要包括资源税和城镇土地使用税。

4. 按照主权国家行使税收管辖权的不同，可分为国内税法、国际税法和外国税法。

5. 按照税收收入归属和征管权限的不同，可分为中央税、地方税和中央地方共享税。

此外，还有很多分类方法，如按税收与价格的关系，可分为价内税与价外税；按税负是否容易转嫁可分为直接税和间接税；按计税依据的性质不同可分为从价税和从量税。

【提示】

税与费的区别

与税收规范筹集财政收入的形式不同，费是政府有关部门为单位和居民个人提供特定服务，或被赋予某种权利而向直接受益者收取的代价。税和费的区别主要表现在：

主体不同。税收的主体是国家，税收管理的主体是代表国家的税务机关、海关或财政部门，而费的收取主体多是行政事业单位、行业主管部门等。

特征不同。税收具有无偿性，纳税人缴纳的税收与国家提供的公共产品和服务之间不具有对称性。费则通常具有补偿性，主要用于成本补偿的需要，特定的费与特定的服务往往具有对称性。税收具有稳定性，而费则具有灵活性。税法一经制定，对全国具有统一效力，并相对稳定；费的收取一般由不同部门、不同地区根据实际情况灵活确定。

用途不同。税收收入由国家预算统一安排，用于社会公共需要支出，而费一般具有专款专用的性质。

资料来源：北京市国家税务局，http：//www. bjsat. gov. cn/bjsat/ssxc/sszs/ssjbzs/201403/t20140326_130477. html.

四、我国现行税法体系

税法体系指不同税收法律规范相互联系构成的统一整体。各个法律部门内部也要形成由基本法律和一系列法规、实施细则构成的完备结构。鉴于与法律体系的定义保持一致，税法体系应表述为：在税法基本原则的指导下，一国不同的税收法律规范所构成的、各部分有机联系的统一整体。

我国现行税法体系由实体法体系和程序法体系两大部分构成，包括：

1. 税收实体法体系。我国现有税种除企业所得税、个人所得税、车船税是以国家法律的形式发布实施外，其他税种都是经全国人大授权立法，由国务院以暂行条例的形式发布实施。这些税收法律、法规组成了我国的税收实体法体系。

2. 税收征收管理法律制度。除税收实体法外，我国对税收征收管理适用的法律制度，是按照税收管理机关的不同而分别规定的。

（1）由税务机关负责征收的税种的征收管理，按照全国人大常委会发布实施的《税收征收管理法》执行。

（2）由海关机关负责征收的税种的征收管理，按照《海关法》及《进出口关税条例》等有关规定执行。

3. 税收实体法主要税种。目前，我国税收分为商品和劳务税、所得税、资源税、财产和行为税、特定目的税五大类。共有增值税、消费税、企业所得税、个人所得税、资源税、城镇土地使用税、房产税、城市维护建设税、耕地占用税、土地增值税、车辆购置税、车船税、印花税、契税、烟叶税、关税、船舶吨税、环保税 18 个税种。其中，15 个税种由税务部门负责征收；关税和船舶吨税由海关部门征收，另外，进口货物的增值税、消费税也由海关部门代征。

（1）增值税。对在我国境内销售货物或者提供加工、修理修配劳务以及进口货物的单位和个人征收。增值税纳税人分为一般纳税人和小规模纳税人。对一般纳税人，就其销售（或进口）货物或者提供加工、修理修配劳务的增加值征税，自 2017 年 7 月 1 日起，简并增值税税率结构，取消 13% 的增值税税率。2018 年 5 月 1 日以后对一般纳税人的税率进行了调整。当前，一般纳税人适用的税率有：16%、10%、6%、0 等；对小规模纳税人，实行简易办法计算应纳税额，征收率为 3%。增值税的纳税期限一般为 1 个月。另外，根据纳税人应纳增值税额的大小，还有1日、3日、5日、10日、15日、1个季度其他6种应纳税期限，其中1个季度的规定仅适用于小规模纳税人。纳税人应在次月的1～15日的征期内申报纳税，不能按照固定期限纳税的，可以按次纳税。

（2）消费税。对在我国境内生产、委托加工和进口应税消费品的单位和个人征收。征税范围包括烟、酒和酒精、化妆品、贵重首饰和珠宝玉石等14个税目。消费税根据税法确定的税目，按照应税消费品的销售额、销售数量分别实行从价定率或从量定额的办法计算应纳税额。消费税的纳税期限与增值税的纳税期限相同。

（3）企业所得税。在中国境内的一切企业和其他取得收入的组织（不包括个人独资企业、合伙企业），为企业所得税纳税人。企业分为居民企业和非居民企业。居民企业应当就其来源于中国境内、境外的所得缴纳企业所得税。非居民企业根据其是否在中国境内设立机构、场所，以及所得是否与境内机构、场所有实际联系确定应纳税所得额。企业所得税以企业每一纳税年度的收入总额，减除不征税收入、免税收入、各项扣除以及允许弥补的以前年度亏损后的余额，为应纳税所得额。税率为25%。企业所得税按纳税年度计算，纳税年度自公历1月1日起至12月31日止。企业所得税实行按月或按季预缴、年终汇算清缴、多退少补的征收办法，即企业应当自月份或者季度终了之日起15日内，向税务机关报送预缴企业所得税纳税申报表，预缴税款。企业应当自年度终了之日起5个月内，向税务机关报送年度企业所得税纳税申报表，并汇算清缴，结清应缴应退税款。

（4）个人所得税。以个人取得的各项应税所得（包括个人取得的工资、薪金所得，个体工商户的生产、经营所得等11个应税项目）为对象征收。除工资、薪金所得适用3%～45%的7级超额累进税率，个体工商户（个人独资企业和合伙企业投资者比照执行）的生产、经营所得和对企事业单位的承包经营、承租经营所得适用5%～35%的5级超额累进税率外，其余各项所得均适用20%的比例税率。自2011年9月1日起，工资、薪金所得减除费用标准从每月2 000元提高到每月3 500元。纳税期限是：扣缴义务人每月所扣和自行申报纳税人每月应纳的税款，在次月15日内缴入国库；个体工商户生产、经营所得应纳的税款，按年计算，分月预缴，年度终了后3个月内汇算清缴，多退少补；对企事业单位承包经营、承租经营所得应纳的税款，按年计算，年度终了后30日内缴入国库；从中国境外取得所得的，在年度终了后30日内，将应纳的税款缴入国库。年所得12万元以上的纳税人，在年度终了后3个月内自行向税务机关进行纳税申报。

（5）资源税。对在我国境内开采各种应税自然资源的单位和个人征收。征税范围包括原油、天然气、煤炭、其他非金属矿原矿、黑色金属矿原矿、有色金属矿原矿、盐7大类。资源税采用从价定率和从量定额的方法征收。原油、天然气产品的资源税税率为销售额的5%～10%。资源税其他税目因资源的种类、区位不同，税额标准为每吨0.3～60元不等。

（6）城镇土地使用税。以在城市、县城、建制镇和工矿区范围内的土地为征税对象，以实际占用的土地面积为计税依据，按规定税额对使用土地的单位和个人征收。其税额标准依大城市、中等城市、小城市和县城、建制镇、工矿区分别确定，在每平方米0.6～30元。城镇土地使用税按年计算、分期缴纳，具体纳税期限由各省、自治区、直辖市人民政府根据当地的实际情况确定。

（7）房产税。以城市、县城、建制镇和工矿区范围内的房屋为征税对象，按房产余值或租金收入为计税依据，纳税人包括产权所有人、房屋的经营管理单位（房屋产权为全民所有)、承典人、代管人、使用人。其税率分为两类：按照房产余值计算应纳税额的，适用税率为1.2%；按照房产租金收入计算应纳税额的，适用税率为12%，但个人按市场价格出租的居民住房，减按4%的征收率征收。房产税按年征收、分期缴纳。自2009年1月1日起，外商投资企业、外国企业和组织以及外籍个人（包括中国港、澳、台资企业和组织以及华侨，中国港、澳、台同胞）依照《中华人民共和国房产税暂行条例》缴纳房产税。

(8) 城市维护建设税。对缴纳增值税、消费税的单位和个人征收。它以纳税人实际缴纳的增值税、消费税为计税依据，区别纳税人所在地的不同，分别按7%（在市区)、5%(在县城、镇）和1%（不在市区、县城或镇）三档税率计算缴纳。城市维护建设税分别与增值税、消费税同时缴纳。

(9) 耕地占用税。对占用耕地建房或者从事其他非农业建设的单位和个人，依其占用耕地的面积征收。其税额标准在每平方米5~50元。纳税人必须在经土地管理部门批准占用耕地之日起30日内缴纳耕地占用税。

(10) 土地增值税。以纳税人转让国有土地使用权、地上建筑物及其附着物所取得的增值额为征税对象，依照规定的税率征收。它实行4级超率累进税率，税率分别为30%、40%、50%和60%。纳税人应当自转让房地产合同签订之日起7日内向房地产所在地主管税务机关办理纳税申报，并在税务机关核定的期限内缴纳土地增值税。由于涉及成本确定或其他原因，而无法据以计算土地增值税的，可以预征土地增值税，待项目全部竣工，办理结算后再进行清算，多退少补。

(11) 车辆购置税。对购置汽车、摩托车、电车、挂车、农用运输车等应税车辆的单位和个人征收。车辆购置税实行从价定率的方法计算应纳税额，税率为10%。计税价格为纳税人购置应税车辆而支付给销售者的全部价款和价外费用（不包括增值税)；国家税务总局参照应税车辆市场平均交易价格，规定不同类型应税车辆的最低计税价格。纳税人购置应税车辆的，应当自购置之日起60日内申报纳税并一次缴清税款。

(12) 车船税。以在我国境内依法应当到车船管理部门登记的车辆、船舶为征税对象，向车辆、船舶的所有人或管理人征收。分为乘用车、商用车等6大税目。各税目的年税额标准在每辆36~5 400元不等，或自重（净吨位）每吨3~60元，游艇为艇身长度每米600~2 000元。车船税按年申报缴纳。

(13) 印花税。对在经济活动和经济交往中书立、领受税法规定的应税凭证的单位和个人征收。印花税根据应税凭证的性质，分别按合同金额依比例税率或者按件定额计算应纳税额。比例税率有1‰、0.5‰、0.3‰和0.05‰四档，如购销合同按购销金额的0.3‰贴花，加工承揽合同按加工或承揽收入的0.5‰贴花，财产租赁合同按租赁金额的1‰贴花，借款合同按借款金额的0.05‰贴花等；权利、许可证等按件贴花5元。印花税实行由纳税人根据规定自行计算应纳税额，购买并一次贴足印花税票的办法缴纳。股权转让书据按其书立时证券市场当日实际成交价格计算的金额，由立据双方当事人分别按3‰的税率缴纳印花税(即证券交易印花税)。

(14) 契税。以出让、转让、买卖、赠与、交换发生权属转移的土地、房屋为征税对象，承受的单位和个人为纳税人。出让、转让、买卖土地、房屋的税基为成交价格，赠与土地、房屋的税基由征收机关核定，交换土地、房屋的税基为交换价格的差额。税率为3%~5%。纳税人应当自纳税义务发生之日起10日内办理纳税申报，并在契税征收机关核定的期限内缴纳税款。

（15）烟叶税。对在我国境内收购烟叶（包括晾晒烟叶和烤烟叶）的单位，按照收购烟叶的金额征收，税率为20%。纳税人应当自纳税义务发生之日起30日内申报纳税。具体纳税期限由主管税务机关核定。

需要说明的是，尽管中国税法规定有18种税（含关税和船舶吨税），但并不是每个纳税人都要缴纳所有的税种。纳税人只有发生了税法规定的应税行为，才需要缴纳相应的税收，如果没有发生这些应税行为，就不需要缴纳相应的税收。从实际情况来看，规模比较大、经营范围比较广的企业涉及的税种一般在10个左右，而大多数企业缴纳的税种在6～8个。

（16）环保税。为了保护和改善环境，减少污染物排放，推进生态文明建设，从2018月1日征收环保税。在中华人民共和国领域和中华人民共和国管辖的其他海域，直接向环境排放应税污染物的企业事业单位和其他生产经营者为环境保护税的纳税人，应当依照本法规定缴纳环境保护税。

（17）关税。关税是指进出口商品在经过一国关境时，由政府设置的海关向进出口商所征收的税。具体来说关税是指国家海关对进出我国关境的货物或物品征收的一种税。

（18）船舶吨税。自中华人民共和国境外港口进入境内港口的船舶，应当依照本条例缴纳船舶吨税。

任务三　税收征收管理法

税收征管的一般程序包括税务登记、账簿和凭证管理、发票管理、纳税申报、税款征收、税务检查等环节。《税收征管法》对税务机关和纳税人在各环节的权利、义务进行了规范，并明确了不履行义务的行政或法律责任。

一、税务登记

税务登记是纳税人在开业、歇业前以及生产经营期间发生变动时，就其生产经营的有关情况向所在地税务机关办理书面登记的一种制度。税务登记是税收征管的首要环节，具有应税收入、应税财产或应税行为的各类纳税人，都应依法办理税务登记。

1. 税务登记办理要求及适用范围。

（1）开业登记。从事生产经营的纳税人，在领取营业执照之后的30日内，持相关证件和资料，向税务机关申报办理税务登记。税务机关自收到申请之日起，在30日内审核并发给税务登记证件。

（2）变更登记。纳税人税务登记内容发生变化的，在工商行政管理机关办理变更登记后的30日内，持有关证件向税务机关申报办理变更税务登记。

（3）停复业登记。采用定期定额征收方式的纳税人在营业执照核准的经营期限内需要停业或复业的，向税务机关提出申请，经税务机关审核后进行停业或复业税务登记。纳税人在停业期间发生纳税义务的，应当按照税收法律、行政法规的规定申报缴纳税款。停业期满不能及时恢复生产经营的，应提前向税务机关提出延长停业登记申请，否则税务机关视为已复业并进行征税和管理。

（4）注销登记。纳税人发生解散、破产、撤销以及其他情形，需要依法终止纳税义务的，纳税人应当在向工商行政管理机关申请办理注销之前，向税务机关申报办理注销登记。纳税人需要向税务机关提交相关证件和资料，结清应纳税款、多退（免）税款、滞纳金和罚款，缴销发票、税务登记证和其他税务证件，经税务机关核准后，办理注销税务登记手续。

（5）报验登记。从事生产、经营的纳税人到外县（市）临时从事生产、经营活动时，应当向营业地税务机关申请报验登记。

2. 税务登记证管理。

（1）定期换证制度。税务机关实行税务登记证定期换证制度，一般三年一次。

（2）年检制度。税务机关实行税务登记证年检制度，一般一年一次。

（3）国、地税局联合办理税务登记制度。税务机关积极推行国税局、地税局联合办理税务登记制度，方便纳税人，加强管户配合。

（4）部门配合制度。为推进社会综合治税，《税收征管法》规定工商行政管理机关应当将办理登记注册、核发营业执照情况，定期向税务部门通报；银行或其他金融机构应在从事生产、经营的纳税人的账户中登录税务登记证件号码，并为税务部门依法查询纳税人开户情况予以协助。

（5）遗证补办制度。纳税人、扣缴义务人遗失税务登记证件的，应在规定期限内按程序向主管税务机关申请补办税务登记证件。

3. 违法处理。纳税人未按规定办理、使用登记证；纳税人的开户银行和其他金融机构未按《税收征管法》的规定在从事生产、经营的纳税人账户中登录税务登记证号码，或者未按规定在税务登记证中登录纳税人账号的，由税务机关责令限期改正，并视情节相应给予罚款等行政处罚。

二、账簿和凭证管理

账簿是纳税人、扣缴义务人连续记录其各种经济业务的账册和簿籍。凭证是纳税人用来记录其各种经济业务，明确经济责任，并据以登记账簿的书面证明。税务部门按照税收法律、行政法规和财务会计制度规定，对纳税人的会计账簿、凭证等实行管理和监督，是税收征管的重要环节。

1. 纳税人财务、会计制度备案制度。从事生产经营的纳税人应当自领取营业执照之日起 15 日内，将其财务、会计制度或者财务、会计处理办法和会计核算软件，报送主管税务机关备案。采用计算机记账的，其记账软件和使用说明及有关资料在使用前也应当报送税务机关备案。

2. 企业财务会计制度与税收规定不一致的处理办法。纳税人执行的财务、会计制度或办法与税收规定抵触的，依照有关税收规定计算纳税。

3. 账簿设置要求。纳税人应按要求设置总账、明细账、日记账（特别是现金日记账和银行存款日记账）以及与履行纳税义务有关的其他辅助账簿。

4. 记账凭证使用要求。记账凭证应合法、有效。合法，是指要按照法律、行政法规的规定取得填制凭证、不得使用非法凭证；有效，是要求取得和填制的凭证内容真实，要素齐全。

5. 账簿及凭证保管要求。纳税人应按《会计档案管理办法》规定保存账簿、记账凭证、完税凭证及其他有关资料，不得伪造、变造或者擅自损毁。

6. 税控装置使用要求。税务部门根据税收征收管理的需要，积极推广税控装置。纳税人应当按照规定安装、使用税控装置，不得损毁或擅自改动税控装置。

7. 违法处理。纳税人未按规定设置、保管账簿或者保管记账凭证和有关资料，未按规定将财务、会计制度或办法和会计核算软件报送税务机关备查，未按规定安装使用税控装置，非法印制完税凭证的，由税务机关责令限期改正，并视情节相应给予罚款等行政处罚。

三、发票管理

发票是生产、经营单位和个人在购销商品、提供和接受服务以及从事其他经营活动中，开具、收取的收付款凭证。按照发票使用范围，分为增值税专用发票和普通发票两大类。税务机关是发票主管机关，负责发票印制、领购、开具、取得、保管、缴销的管理和监督。

1. 发票印制。发票一般由税务机关统一设计式样，设专人负责印制和管理，并套印全国统一发票监制章。其中，增值税专用发票由国家税务总局确定的企业印制；普通发票，分别由各省、自治区、直辖市国家税务局、地方税务局确定的企业印制。

未经上述税务机关指定，任何单位和个人不得擅自印制发票。

2. 发票领购。

（1）依法办理税务登记的单位和个人，在领取税务登记证件后，可提交有关材料，向主管税务机关办理领购发票。

（2）纳税人可以根据自己的需要，履行必要的手续后，办理领购普通发票。办理领购增值税专用发票的单位和个人必须是增值税一般纳税人。但增值税一般纳税人会计核算不健全，不能向税务机关准确提供增值税销项税额、进项税额、应纳税额及其他有关增值税税务资料；销售货物全部属于免税项目的；有税收征管法规定的税收违法行为、拒不接受税务机关处理的，或者有下列行为之一，经税务机关责令限期改正而仍未改正的，不得领购增值税专用发票：虚开增值税专用发票；私自印制专用发票；向税务机关以外的单位和个人买取专用发票；借用他人专用发票；未按规定开具专用发票；未按规定保管专用发票和专用设备；未按规定申请办理防伪税控系统变更发行；未按规定接受税务机关检查。

（3）临时到本省、自治区、直辖市以外从事经营活动的单位或者个人，还应当凭所在地税务机关开具的外出经营证明，并按规定提供保证人或者交纳不超过 1 万元的保证金后，向经营地主管税务机关申请领购经营地发票，并限期缴销。

（4）税务部门对纳税人领购发票实行交旧领新、验旧领新、批量供应的方式。

3. 发票开具。销货方应按规定填开发票；购买方应按规定索取发票；纳税人进行电子商务必须开具或取得发票；发票要全联一次填写，严禁开具“大头小尾”发票；发票不得跨省、直辖市、自治区使用，开具发票要加盖发票专用章；开具发票后，如发生销货退回需要开红字发票的，必须收回原发票并注明“作废”字样或取得对方有效证明；发生销货折让的，在收回原发票并注明“作废”后，重新开具发票。

增值税一般纳税人销售货物和应税劳务，除另有规定外，必须向购买方开具增值税专用发票。

按照2010年12月国务院修订通过的《中华人民共和国发票管理办法》，国家推广使用网络发票管理系统开具发票，具体管理办法由国务院税务主管部门制定。

【小贴士】

《国家税务总局关于增值税发票管理若干事项的公告》

（国家税务总局公告2017年第45号）

自2018年1月1日起，纳税人通过增值税发票管理新系统开具增值税发票（包括增值税专用发票、增值税普通发票、增值税电子普通发票）时，商品和服务税收分类编码对应的简称会自动显示并打印在发票票面“货物或应税劳务、服务名称”或“项目”栏次中。

根据该规定，2018年1月1日开具（获取）的增值税发票要务必注意以下两点：

一、开具（获取）的增值税发票务必要有税收分类编码。

二、开具（获取）的增值税发票税收分类编码务必正确无误。例如，纳税人销售黄金项链，在开具增值税发票时输入的商品名称为“黄金项链”，选择的商品和服务税收分类编码为“金银珠宝首饰”。该分类编码对应的简称为“珠宝首饰”，则增值税发票票面上会显示并打印“＊珠宝首饰＊黄金项链”。如果纳税人错误选择其他分类编码，发票票面上将会出现类似“＊钢材＊黄金项链”或“＊电子计算机＊黄金项链”的明显错误，则该增值税发票无效。

资料来源：国家税务总局公告2017年第45号。

4. 取得发票的管理。单位和个人在购买商品、接受经营服务或从事其他经营活动支付款项时，要按规定索取合法发票。对不符合规定的发票，包括发票本身不符合规定（白条或伪造的假发票、作废的发票等）、发票开具不符合规定、发票来源不符合规定等，任何单位和个人有权拒收。

5. 发票的保管和缴销。税务机关内部或者用票单位和个人必须建立严格的发票专人保管制度、专库保管制度、专账登记制度、保管交接、定期盘点制度，保证发票安全。用票单位和个人应按规定向税务机关上缴已经使用或未使用的发票，税务机关应按规定统一将已经使用或者未使用的发票进行销毁。

6. 违法处理。违反发票管理规定，未按规定印制发票或者生产防伪专用品，未按规定领购、开具、取得、保管发票，非法携带、邮寄、运输或者存放空白发票，私自印制、伪造变造、倒买倒卖发票等行为，税务机关可以查封、扣押或者销毁，没收非法所得和作案工具，并处以相应罚款等行政处罚，情节严重构成犯罪的，移送司法机关处理。

【相关阅读】

国家税务总局关于增值税普通发票管理有关事项的公告

为进一步规范增值税发票管理，优化纳税服务，满足纳税人发票使用需要，现将增值税发票管理有关事项公告如下：

一、调整增值税普通发票（折叠票）发票代码

增值税普通发票（折叠票）的发票代码调整为12位，编码规则：第1位为0，第2～5位代表省、自治区、直辖市和计划单列市，第6～7位代表年度，第8～10位代表批次，第11～12位代表票种和联次，其中04代表二联增值税普通发票（折叠票）、05代表五联增值税普通发票（折叠票）。

税务机关库存和纳税人尚未使用的发票代码为10位的增值税普通发票（折叠票）可以继续使用。

二、印有本单位名称的增值税普通发票（折叠票）

（一）纳税人可按照《中华人民共和国发票管理办法》及其实施细则规定，书面向国税机关要求使用印有本单位名称的增值税普通发票（折叠票），国税机关按规定确认印有该单位名称发票的种类和数量。纳税人通过增值税发票管理新系统开具印有本单位名称的增值税普通发票（折叠票）。

（二）印有本单位名称的增值税普通发票（折叠票），由税务总局统一招标采购的增值税普通发票（折叠票）中标厂商印制，其式样、规格、联次和防伪措施等与税务机关统一印制的增值税普通发票（折叠票）一致，并加印企业发票专用章。

（三）印有本单位名称的增值税普通发票（折叠票）的发票代码按照本公告第一条规定的编码规则编制。发票代码的第8～10位代表批次，由省国税机关在501～999范围内统一编制。

（四）使用印有本单位名称的增值税普通发票（折叠票）的企业，按照《国家税务总局财政部关于冠名发票印制费结算问题的通知》（税总发〔2013〕53号）规定，与发票印制企业直接结算印制费用。

本公告自2018年1月1日起施行，《国家税务总局关于启用增值税普通发票有关问题的通知》第一条第二款、《国家税务总局关于启用新版增值税发票有关问题的公告》（国家税务总局公告2014年第43号）第一条同时废止。

特此公告。

国家税务总局

2017年12月5日

资料来源：国家税务总局公告2017年第44号。

四、纳税申报

纳税申报是纳税人按照税法规定的期限和内容，向税务机关提交有关纳税事项书面报告的法律行为，是纳税人履行纳税义务、承担法律责任的主要依据，是税务机关税收管理信息的主要来源和税务管理的一项重要制度。

1. 申报对象。纳税人或者扣缴义务人无论本期有无应缴纳或者解缴的税款，都必须按税法规定的申报期限、申报内容，如实向主管税务机关办理纳税申报。

2. 申报内容。纳税申报的内容主要体现在纳税申报表或代扣代缴、代收代缴税款报告表中，主要项目包括税种、税目，应纳税项目或者应代扣代缴、代收代缴税款项目，计税依

据，扣除项目及标准，适用税率或者单位税额，应退税项目及税额、应减免税项目及税额，应纳税额或者应代扣代缴、代收代缴税额，税款所属期限、延期缴纳税款、欠税、滞纳金等。

纳税人办理纳税申报时，除如实填写纳税申报表外，还要根据情况报送有关证件、资料。

3. 申报期限。纳税人、扣缴义务人要依照法律、行政法规或者税务机关依法确定的申报期限如实办理纳税申报，报送纳税申报表、财务会计报表或者代扣代缴、代收代缴税款报告表以及税务机关要求报送的其他纳税资料。

4. 申报方式。

（1）直接申报（上门申报）。是纳税人和扣缴义务人自行到税务机关办理纳税申报或者报送代扣代缴、代收代缴报告表的申报方式。

（2）邮寄申报。经税务机关批准的纳税人、扣缴义务人使用统一规定的纳税申报特快专递专用信封，通过邮政部门办理邮寄手续，并向邮政部门索取收据作为申报凭据的方式。邮寄申报以寄出的邮戳日期为实际申报日期。

（3）电子申报。经税务机关批准的纳税人，通过电话语音、电子数据交换和网络传输等方式办理纳税申报的一种方式。纳税人采用电子方式办理纳税申报的，要按照税务机关规定的期限和要求保存有关资料，并定期书面报送主管税务机关。

（4）银行网点申报。税务机关委托银行代收代缴税款，纳税人在法定的申报期限内到银行网点进行申报。

（5）简易申报。指实行定期定额征收方式的纳税人，经税务机关批准，通过以缴纳税款凭证代替申报。

（6）其他方式。纳税人、扣缴义务人可以根据税法规定，委托中介机构税务代理人员代为办理纳税申报或简并征期的一种申报方式。

5. 延期申报。纳税人、扣缴义务人不能按期办理纳税申报或者报送代扣代缴、代收代缴税款报告表的，经税务机关核准，可以延期申报，但要在纳税期内按照上期实际缴纳的税额或者税务机关核定的税额预缴税款，并在核准的延期内办理税款结算。

6. 违法处理。纳税人、扣缴义务人不按规定期限办理纳税申报的，税务机关可责令限期改正，并视情节给予相应罚款。

五、税款征收

税款征收是税务机关依据国家税收法律、行政法规确定的标准和范围，通过法定程序将纳税人应纳税款组织征收入库的一系列活动。税款征收是税收征管活动的中心环节，也是纳税人履行纳税义务的体现。

1. 税款征收的主要方式和适用对象。查账征收。税务机关根据纳税人会计账簿等财务核算资料，依照税法规定计算征收税款的方式。适用于财务制度健全、核算严格规范、纳税意识较强的纳税人。

核定征收。税务机关根据纳税人从业人数、生产设备、耗用原材料、经营成本、平均利润率等因素，查定核实其应纳税所得额，据以征收税款的方式。一般适用于经营规模较小、实行简易记账或会计核算不健全的纳税人。

定期定额征收。税务机关根据纳税人自报和一定的审核评议程序，核定其一定时期应税收入和应纳税额，并按月或季度征收税款的方式。一般适用于生产经营规模小、不能准确计算营业额和所得额的小规模纳税人或个体工商户。

代收、代扣代缴。税务机关按照税法规定，对负有代收代缴、代扣代缴税款义务的单位和个人，在其向纳税人收取或支付交易款项的同时，依法从交易款项中扣收纳税人应纳税款并按规定期限和缴库办法申报解缴的税款征收方式。适用于有代收代缴、代扣代缴税款义务的单位和个人。

委托代征。税务机关依法委托有关单位和个人，代其向纳税人征收税款的方式。主要适用于零星、分散、流动性大的税款征收，如集贸市场税收、车船税等。

查验征收。税务机关对纳税人应税商品通过查验数量，按照市场同类产品平均价格，计算其收入并据以征收税款的方式。一般适用于在市场、车站、码头等场外临时经营的零星、流动性税源。

2. 纳税期限与延期缴纳。纳税人、扣缴义务人必须依法按照规定的期限，缴纳或者解缴税款。未按照规定期限缴纳或解缴税款的，税务机关除责令限期缴纳外，从滞纳税款之日起，按日加收滞纳税款万分之五的滞纳金。

对纳税人因不可抗力，导致发生较大损失、正常生产经营活动受到较大影响，或当期货币资金在扣除应付职工工资、社会保险费后，不足以缴纳税款的，经省、自治区、直辖市国家税务局、地方税务局批准，可以延期缴纳税款，但最长不能超过3个月。经批准延期缴纳的税款不加收滞纳金。

3. 税款减免。税款减免是税务机关依据税收法律、行政法规和国家有关税收的规定，给予纳税人的减税或免税。

按法律、法规规定或者经法定的审批机关批准减税、免税的纳税人，要持有关文件到主管税务机关办理减税、免税手续。减税、免税期满，应当自期满之日次日起恢复纳税。

享受减税、免税优惠的纳税人，如果减税、免税条件发生变化的，要自发生变化之日起15日内向税务机关报告；不再符合减税、免税条件的，要依法履行纳税义务，否则税务机关予以追缴。

4. 税款退还和追征。对计算错误、税率适用不当等原因造成纳税人超过应纳税额多缴的税款，税务机关应及时退还。纳税人超过应纳税额缴纳的税款，税务机关发现后立即退还；纳税人自结算缴纳税款之日起3年内发现的，可以向税务机关要求退还多缴的税款并加算银行同期存款利息，税务机关及时查实后要立即退还。

同时，对因税务机关的责任，致使纳税人、扣缴义务人未缴或者少缴税款的，税务机关在3年内可以要求纳税人、扣缴义务人补缴税款，不得加收滞纳金；因纳税人、扣缴义务人计算错误等失误，未缴或者少缴税款的，税务机关在3年内可以追征税款、滞纳金，有特殊情况的，追征期可以延长到5年；对偷税、抗税、骗税的，税务机关追征其未缴或者少缴的税款、滞纳金或者所骗取的税款，不受上述规定期限的限制。

5. 税收保全和强制执行。税收保全措施是税务机关为了保证税款能够及时足额入库，对有逃避纳税义务的纳税人的财产的使用权和处分权予以限制的一种行政保全措施，是保证税收征管活动正常进行的一种强制手段。主要包括书面通知纳税人开户银行或者其他金融机构冻结纳税人的相当于应纳税款的存款，以及扣押、查封纳税人的价值相当于应纳税款的商品、货物或者其他财产两方面内容。

税收强制执行是税务机关依照法定的程序和权限，强迫纳税人、扣缴义务人、纳税担保人和其他当事人缴纳拖欠的税款和罚款的一种强制措施，主要包括两方面内容，即书面通知纳税人的开户银行或者其他金融机构从其存款中扣缴税款；扣押、查封、依法拍卖或者变卖其相当于应纳税款的商品、货物或者其他财产。

税务机关采取税收保全、强制执行措施必须符合法定的条件和程序，如违法采用，将承担相应的行政赔偿责任。同时，一旦税收得到实现，相应的税收保全、强制执行措施应立即解除。

6. 违法处理。纳税人偷税、骗税、欠税、逃避追缴欠税，纳税人、扣缴义务人不缴或者少缴税款、编造虚假计税依据，有关单位和个人因违法行为导致他人未缴少缴或者骗取税款等行为，妨害税款征收的，由税务机关责令限期改正，相应给予罚款等行政处罚，情节严重构成犯罪的，追究相应的刑事责任。

六、税务检查

税务检查是税务机关依照国家有关税收法律、法规、规章和财务会计制度的规定，对纳税人、代扣代缴义务人履行纳税义务、扣缴义务情况进行审查监督的一种行政检查。税务检查是确保国家财政收入和税收法律、行政法规、规章贯彻落实的重要手段，是国家经济监督体系中不可缺少的组成部分。

1. 税务机关在税务检查中的权力。为保证税务机关能通过检查全面真实地掌握纳税人和扣缴义务人生产、经营及财务情况，税收征管法明确规定了税务机关在税务检查中的权力，包括查账权、场地检查权、责成提供资料权、调查取证权、查证权、检查存款账户权，并对各项权力的行使规定了明确的条件和程序。

2. 税务检查形式。按实施主体分类，税务检查可分为税务稽查和征管部门的日常检查。税务稽查是由税务稽查部门依法组织实施的，对纳税人、扣缴义务人履行纳税义务、扣缴义务的情况进行的全面的、综合的专业检查，主要是对涉及偷税、抗税和骗税的大案要案的检查。征收管理部门的检查是征管机构在履行职责时对征管中的某一环节出现的问题或者防止在征管某一环节出现问题而进行的税务检查。

3. 税务检查的规范。

（1）对税务机关行使税务检查权的规范。①控制检查次数。税务机关应建立科学的检查制度，统筹安排检查工作，严格控制对纳税人、扣缴义务人的检查次数。国家税务总局规定，由稽查部门牵头，统一布置部署各类检查，建立国、地税局联合检查和检查结果共享制度，减少重复检查。②实行检查回避制度。税务人员进行税务检查，查处税收违法案件，实施税务行政处罚，与纳税人、扣缴义务人存在下列关系之一的，应当回避：夫妻关系；直系血亲关系；三代以内旁系血亲关系；近姻亲关系；可能影响公正执法的其他利害关系。对税务人员应回避而没有回避，对直接负责的主管人员和其他直接责任人员，依法给予行政处分。③应当出示相关税务证件。税务机关派出人员进行税务检查时，应当出示税务检查证和税务检查通知书。④税务机关实施税务检查，应当有两人以上参加。⑤检查存款账户在审批、使用、人员等方面有严格限制。如税务机关查询从事生产经营的纳税人、扣缴义务人在银行或者其他金融机构的存款账户，应经县以上税务局（分局）局长批准，凭全国统一格式的检查存款账户许可证明进行检查。税务机关在调查税收违法案件时，必须经设区的市、自治州以上税务局（分局）局长批准，才可以查询案件涉嫌人员的储蓄存款，并不得将查询存款所获得的资料用于税收以外的用途。⑥调账检查有严格的审批和时间限制。经县以上税务局（分局）局长批准，可以将纳税人、扣缴义务人以前会计年度的账簿、记账凭证、报表以及其他有关资料调回税务机关进行检查，但是税务机关必须向纳税人、扣缴义务人开付清单，并在3个月内完整退还。有特殊情况的，经设区的市、自治州以上税务局局长批准，税务机关可以将纳税人、扣缴义务人当年的账簿、记账凭证、报表和其他资料调回检查，但必须在30日内退还。⑦应保守被检查人的秘密。

（2）对纳税人和有关部门配合税务检查的规范。纳税人、扣缴义务人必须接受税务机关依法进行的税务检查，如实反映情况，提供有关资料，不得拒绝、隐瞒。有关部门和单位应当支持、协助税务机关依法进行的税务检查，如实向税务机关反映纳税人、扣缴义务人和其他当事人与纳税或者代扣代缴、代收代缴税款有关的情况，提供有关资料或证明材料。

4. 税务检查的程序。

（1）选案。主要通过采用计算机选案分析系统进行筛选，采取人工归集分类、比例选择或随机抽样进行筛选，根据公民举报、上级交办、有关部门转办、交叉协查、情报交换等资料确定检查对象三种方式。其中，涉税举报是查处涉税违法案件的重要来源之一。

（2）检查。税务检查机构一般应提前以书面形式通知被查对象，向被查的单位和个人下达《税务检查通知书》，告知其检查时间、需要准备的资料等情况，但有下列情况不得事先通知：公民举报有税收违法行为的；稽查机关有根据认为纳税人有违法行为的；预先通知有碍稽查的。税务人员在检查过程中，应依照法定权限和程序向被查对象、证人及利害关系人了解情况，提取和索取物证、书证，进行实物或实地检查等。

（3）审理。在实施检查完毕的基础上，由税务机关专门组织或人员核准案件事实，审查鉴别证据，分析认定案件性质，作出处理决定。对数额较大、情节复杂或征纳双方争议较大的重大案件，税务检查机构应及时提请所属税务机关的重大税务案件审理委员会进行集体审理。

【相关阅读】

苏东坡王安石税改之争

苏东坡（公元1036～1101年）与王安石（公元1021～1086年）均是宋代的文坛巨匠，同在“唐宋八大家”之列，在当时的政治舞台上也各有建树，尤其是王安石变法影响很大。然而，十分敬重王安石学识的苏东坡，却是王安石变法的反对派，特别是在赋役制度改革方面，两人分歧较大。

公元1069年，宋神宗任命王安石为参知政事，主持变法。王安石在赋役制度方面推出了均输法、募役法等改革措施。

当时，政府除了征收田赋外，还要向各地征收土特产作为贡品。每年不论丰歉，州府都要按定额发送京城。改革中，王安石推行均输法，设发运使统管淮南富庶六路（省区），凡京城所需贡品，就近直输京城，过剩贡品就地卖掉。同时，政府拨款五百万缗（贯），丰年低价购储部分物资，移丰补歉。苏东坡却反对均输法，认为这既加重了政府的财政负担，又影响了国家的商税收入。国家“五百万缗以予之，此钱一出，恐不可复。纵使其间薄有所获，而征商（税）之额所损必多”，是“亏商税而取均输之利”（《宋史·食货志》）。

改革中，王安石还推行募役法，规定应服役之户，一律依照政府划分的等级，随同夏秋两税缴纳免役钱，不再服差役。政府用这些免役钱雇人服役。苏东坡认为“自古役人必用乡户，犹食之必用五谷……虽其间或有他物充代，然终非天下所可常行”（《苏东坡集·奏议集》）。改百姓出力为出钱，是对百姓利益的一种损害。尤其是遇灾年可免赋税，但役钱不能免，等于增加一项苛税。“二害轻重，盖略相等，今以彼易此，民未必乐”，因此坚决反对。

但苏东坡并非像司马光一样保守，只是反对王安石急于求利，他希望通过缓和的改革，兴利除弊。他主张“轻赋役”，提出减免零售商的赋税，刺激商业的发展，增加商税收入。“小商人不出税钱，则所在争来分买；大商既不积滞，则轮流贩卖，收税必多。”他在被贬为地方官时，曾减赋赈荒，不断兴革，也颇有政声。

两人虽政见上有分歧，但在许多方面仍互相欣赏。王安石去世后，苏东坡撰文写下了“瑰玮之文，足以藻饰万物；卓绝之行，足以风动四方。”给予王安石高度评价。

资料来源：北京市国家税务局，http：//www. bjsat. gov. cn/bjsat/ssxc/ssls/.

【相关阅读】

内地企业接收首张电子化方式入账的电子发票

2014 年 6 月 27 日，在我国内地首张电子发票开具一周年之际，中国人民财产保险股份有限公司（以下简称“人保财险”）的电子会计档案系统与北京市国税局电子发票平台成功实现对接，该公司接收到我国内地首张以电子化方式入账的电子发票。国家税务总局征管和科技发展司有关人士表示，这一突破有效解决了电子发票入账难的问题，是电子发票推广应用的重要里程碑，对于提高企业会计信息化管理水平具有重要意义。

据介绍，我国开展电子发票应用试点以来，面临着电子发票不便于作为入账凭证的问题。即纳税人在入账时仍需将电子发票打印出来，既失去了电子发票节能环保的意义，也面临发票易复制、唯一性无法保障等使用安全问题，制约了电子发票和会计档案电子化的推广应用。2013 年底，国家发改委、财政部、国家税务总局和国家档案局四部委发出通知，在北京、上海和青岛等 8 个城市组织开展电子发票及电子会计档案综合试点，重点研究解决电子发票以电子化方式入账问题。

作为北京市电子发票接收试点企业、电子发票开具试点企业和电子发票平台技术支持单位，人保财险、京东商城和东港公司在四部委和北京市电子发票应用试点工作联络小组的指导下，以确保电子发票来源可靠、管理可信和长期可用为原则，依托成熟的安全技术方案，实现了电子发票开具、取得、入账、归档和回传的全流程信息化闭环管理，建立了配套标准规范与制度体系，为全国统一制定电子发票及电子会计档案业务和技术标准规范做出了有益探索，为相关制度安排和法律保障提供了决策参考，为在全国推广提供了示范模式。

人保财险执行副总裁王和对记者说，电子发票平台与电子会计档案系统的对接将会带来良好的社会效益和经济效益。一是企业入账的电子发票直接来源于税务机关电子发票平台，并采取多项安全技术手段，有效杜绝了假发票现象，保障了企业会计信息安全；二是税务机关电子发票平台与企业电子会计档案系统实现信息化对接，省去了纸质发票入账时的人工验真、粘贴装订和物流仓储等环节，降低了企业经营成本，提高了财务工作效率，随着综合试点的推广，有助于提升中小企业会计信息化水平；三是企业电子发票入账信息回传电子发票平台，便于政府部门监管，从而促进企业规范经营；四是企业票据档案实现电子化方式保存、异地备份，在有效保证档案资料数据安全的同时，提高了档案管理使用效率。

信息安全是电子发票管理的重点，也是各方面最为关心的问题。东港公司副总裁刘宏表示，企业开具的电子发票经税务机关电子发票平台实时或定时传送至发票接收企业的电子发票应用客户端，同时采取数字签名、加密防伪、发票信息锁定和回传数据比对等安全措施，企业信息安全能得到完全保障。

京东商城是2013年6月27日成功开具我国内地第一张电子发票的企业。京东商城税务与资金副总裁蔡磊表示，此次电子发票平台与电子会计档案系统的成功对接，将进一步助推国内电子发票的推广和应用工作。

资料来源：中国税务报，2014-06-30.

财政电子票据管理基本流程见图1-1。

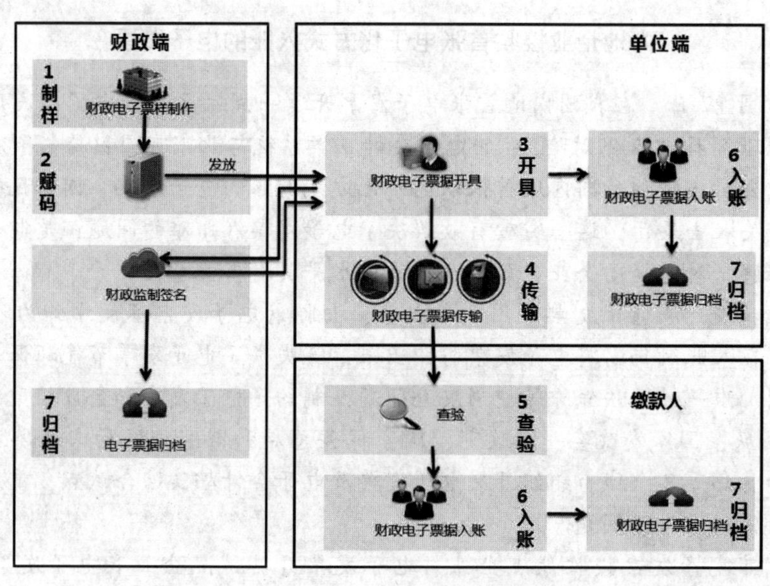

图1-1 财政电子票据管理流程

资料来源：财政部最新政策文件。

【小结】

本项目主要介绍了税收相关概念，税法的基本内容，税法体系和我国税收管理体制。

【课后训练】

一、单选题

1. 下列税法要素中，区别不同税种的主要标志是（　　）。

A. 纳税人　　B. 征税对象　　C. 税率　　D. 税目

2. 负有代扣代缴义务的单位、个人是（　　）。

A. 实际负税人　　B. 扣缴义务人　　C. 纳税义务人　　D. 税务机关

3. 在征税对象的全部数额中，免予征税的数额称为（　　）。

A. 免征额　　B. 起征点　　C. 免予额　　D. 减税额

4. 税收是国家取得财政收入的一种重要工具，其本质是一种（　　）。

A. 生产关系　　B. 社会关系　　C. 分配关系　　D. 阶级关系

5. 纳税人在承担税法规定的义务的同时，也享有相应的权利。下列各项中，属于纳税人应承担的义务的是（　　）。

A. 申请延期纳税　　B. 进行纳税申报　　C. 申请税收复议　　D. 进行税务检查

6. 我国税收法律关系权利主体中，纳税义务人的确定原则是（　　）。

A. 国籍原则　　B. 属地原则　　C. 实际住所原则　　D. 属地兼属人原则

7. 按照税法的基本内容和效力的不同，可以将税法分成（　　）。

A. 中央税法与地方税法　　B. 税收实体法与税收程序法

C. 国际税法与国内税法　　D. 税收基本法与税收普通法

8. 下列税种中，主要由国家税务局系统负责征收的但属于中央、地方共享的税种的是（　　）。

A. 增值税　　B. 资源税　　C. 个人所得税　　D. 城市维护建设税

9. 个人所得税中“工资、薪金”采用的是（　　）。

A. 比例税率　　B. 超率累进税率　　C. 定额税率　　D. 超额累进税率

10. 下列选项中，属于税收法律关系中最实质的东西，也是税法的灵魂的是（　　）。

A. 税收法律关系的产生、变更与消灭　　B. 税收法律关系的内容

C. 权利主体　　D. 税收法律关系的保护

二、多选题

1. 下列有关税法概念的说法正确的有（　　）。

A. 税法是国家制定的用以调整国家与纳税人之间在征纳税方面的权利及义务关系的法律规范的总称

B. 制定税法的目的是保障国家利益和纳税人的合法权益

C. 税收的特征是强制性、无偿性和固定性

D. 税法是国家凭借其权力，利用税收工具参与社会产品和国民收入分配的法律规范的总称

2. 比例税率是指对同一征税对象，不分数额大小，规定相同的征收比例，其在适用中又可以分为的具体形式有（　　）。

A. 单一比例税率　　B. 差别比例税率　　C. 幅度比例税率　　D. 双重比例税率

3. 税收的三大基本要素有（　　）。

A. 纳税人　　B. 纳税环节　　C. 税率　　D. 征税对象

4. 中国现行税制中采用的累进税率有（　　）。

A. 全额累进税率　　B. 超率累进税率　　C. 超额累进税率　　D. 超倍累进税率

5. 按计税依据分类，可分为（　　）。

A. 从价税　　B. 从量税　　C. 直接税　　D. 间接税

项目二　增值税

【学习目标】

1. 掌握增值税的纳税人范围；
2. 掌握增值税应纳税额的计算方法；
3. 熟悉增值税的征收管理、纳税申报；
4. 熟悉出口货物退（免）税的相关规定及退税额的计算；
5. 了解增值税专用发票的使用规定。

【案例导入】

刚从某大学计算机学院毕业的大学生洪伟达决定自己创业成立一家公司，根据自己对计算机网络游戏的爱好，公司主营游戏软件的开发、服务。现在他需要了解的是公司应该交哪些税？税率是多少？另外，公司成立后购买的计算机等设备应该开什么发票？增值税进项税能否抵扣，国家对这类经营业务的公司有什么税收优惠政策？

任务四　认识增值税

一、增值税的含义

增值税是对我国境内销售货物和提供加工、修理修配劳务，以及进口货物的单位和个人，就其取得的货物或应税劳务的销售额，以及进口货物的金额计算税款，并实行税款抵扣制的一种流转税。

现行增值税的基本规范是 1993 年 12 月 13 日国务院颁布的《增值税暂行条例》。2008 年，我国对《增值税暂行条例》及《增值税暂行条例实施细则》进行了全面修订，自 2009 年 1 月 1 日起正式施行。

依据《增值税暂行条例实施细则》（财税〔2016〕36 号）及后续发布的系列“营改增”的政策文件，全面更新“营改增”内容。

所称在中华人民共和国境内（以下简称“境内”）销售货物或者提供加工、修理修配劳务，是指：（1）销售货物的起运地或者所在地在境内；（2）提供的应税劳务发生在境内。

二、增值税转型

根据对外购固定资产已纳的增值税税金是否允许扣除，扣除方式不同，在会计处理上也不尽相同，由此产生了不同类型的增值税。

1. 生产型增值税，以纳税人的销售收入减去用于生产、经营的外购原材料、燃料、动力等物质资料价值后的余额作为法定的增值额。但对购入的固定资产及其折旧均不允许扣除。其内容从整个社会来说相当于国民生产总值，所以称为生产型增值税。

2. 收入型增值税，只允许纳税人从本期销项税额中抵扣用于生产经营的固定资产的当期折旧价值额的进项税额。

3. 消费型增值税，允许纳税人从本期销项税额中抵扣用于生产经营的固定资产的全部进项税额。与生产型增值税比较，它的税基最小，消除重复征税最彻底。目前世界上绝大多数国家实行的是消费型增值税。

【练一练】

我国现行增值税的类型是（　　）。

A. 生产型　　B. 消费型　　C. 支出型　　D. 收入型

答案：B

【知识链接】

增值税转型改革若干问题通知

1993 年 12 月 13 日，国务院颁布《增值税暂行条例》，我国实行的是生产型增值税。

自 2009 年 1 月 1 日起，在维持现行增值税税率不变的前提下，允许全国范围内（不分地区和行业）的所有增值税一般纳税人抵扣其新购进设备所含的进项税额，未抵扣完的进项税额结转下期继续抵扣。为预防出现税收漏洞，将与企业技术更新无关，且容易混为个人消费的应征消费税的小汽车、摩托车和游艇排除在上述设备范围之外。

修订后的条例第 10 条中，将原条例中购进固定资产不允许抵扣的条款删除。也就是说允许抵扣固定资产进项税额，是增值税转型的具体体现。同时，《财政部、国家税务总局关于全国实施增值税转型改革若干问题的通知》（财税〔2008〕170 号）又规定，自 2009 年 1 月 1 日起，增值税一般纳税人购进（包括接受捐赠、实物投资）或者自制（包括改扩建、安装）固定资产发生的进项税额，可根据有关规定，凭增值税专用发票、海关进口增值税专用缴款书和运输费用结算单据（从销项税额中抵扣，其进项税额应当记入“应交税金——应交增值税（进项税额）”科目）。

资料来源：财税〔2008〕170 号。

三、增值税的征税范围

《增值税暂行条例》第 1 条规定，增值税征税范围是在中华人民共和国境内销售货物或者提供加工、修理修配劳务以及进口货物。

1. 销售货物。货物，是指有形动产，包括电力、热力、气体在内。销售货物，是指有偿转让货物的所有权。

2. 提供加工、修理修配劳务。加工，是指受托加工货物，即委托方提供原料及主要材料，受托方按照委托方的要求，制造货物并收取加工费的业务。修理修配，是指受托对损伤和丧失功能的货物进行修复，使其恢复原状和功能的业务。提供加工、修理修配劳务（以下称"应税劳务"），是指有偿提供加工、修理修配劳务。单位或者个体工商户聘用的员工为本单位或者雇主提供加工、修理修配劳务，不包括在内。

3. 销售服务。

（1）交通运输业：包括陆路、水路、航空、管道运输服务。

（2）部分现代服务业（主要是部分生产性服务业）。① 研发和技术服务。② 信息技术服务。③ 文化创意服务（设计服务、广告服务、会议展览服务等）。④ 物流辅助服务。⑤ 有形动产租赁服务。⑥ 鉴证咨询服务。⑦ 广播影视服务。

（3）邮政服务业。邮政服务，是指中国邮政集团公司及其所属邮政企业提供邮件寄递、邮政汇兑、机要通信和邮政代理等邮政基本服务的业务活动。包括邮政普通服务、邮政特殊服务和其他邮政服务。

（4）电信服务。包括基础电信服务和增值电信服务。

（5）建筑服务。建筑服务，是指各类建筑物、构筑物及其附属设备的建造、修缮、装饰、线路、设备、设施等的安装以及其他工程作业的业务活动。包括工程服务、安装服务、修缮服务、装饰服务和其他建筑服务。

（6）金融服务。金融服务，是指经营金融保险的业务活动。包括贷款服务、直接收费金融服务、保险服务和金融商品转让。

4. 销售无形资产及不动产。

5. 进口货物。

【提示】

《增值税暂行条例》第4条规定，单位或者个体工商户的下列行为，视同销售货物：(1) 将货物交付其他单位或者个人代销；(2) 销售代销货物；(3) 设有两个以上机构并实行统一核算的纳税人，将货物从一个机构移送其他机构用于销售，但相关机构设在同一县（市）的除外；(4) 将自产或者委托加工的货物用于非增值税应税项目；(5) 将自产、委托加工的货物用于集体福利或者个人消费；(6) 将自产、委托加工或者购进的货物作为投资，提供给其他单位或者个体工商户；(7) 将自产、委托加工或者购进的货物分配给股东或者投资者；(8) 将自产、委托加工或者购进的货物无偿赠送其他单位或者个人。

资料来源：《中华人民共和国增值税暂行条例》。

【提示】

营业税改征增值税

2011年，经国务院批准，财政部、国家税务总局联合下发营业税改征增值税试点方案。从2012年1月1日起，在上海交通运输业和部分现代服务业开展营业税改征增值税试点。至此，货物劳务税收制度的改革拉开序幕。自2012年8月1日起至2014年底，国务院将扩大"营改增"试点至10省市，北京9月启动。截至2013年8月1日，"营改增"范围已推广到全国试行。国务院总理李克强2013年12月4日主持召开国务院常务会议，决定从2014

年1月1日起，将铁路运输和邮政服务业纳入营业税改征增值税试点，至此交通运输业已全部纳入“营改增”范围。自2014年6月1日起，将电信业纳入营业税改征增值税试点范围。

2014年4月25日全融业“营改增”试点方案完成。自2016年5月1日起全面实现“营改增”。

【相关链接】

应税服务范围注释

一、销售服务

销售服务，是指提供交通运输服务、邮政服务、电信服务、建筑服务、金融服务、现代服务、生活服务。

（一）交通运输服务。

交通运输服务，是指利用运输工具将货物或者旅客送达目的地，使其空间位置得到转移的业务活动。包括陆路运输服务、水路运输服务、航空运输服务和管道运输服务。

1. 陆路运输服务，是指通过陆路（地上或者地下）运送货物或者旅客的运输业务活动，包括铁路运输服务和其他陆路运输服务。

（1）铁路运输服务，是指通过铁路运送货物或者旅客的运输业务活动。

（2）其他陆路运输服务，是指铁路运输以外的陆路运输业务活动。包括公路运输、缆车运输、索道运输、地铁运输、城市轻轨运输等。

出租车公司向使用本公司自有出租车的出租车司机收取的管理费用，按照陆路运输服务缴纳增值税。

2. 水路运输服务，是指通过江、河、湖、川等天然、人工水道或者海洋航道运送货物或者旅客的运输业务活动。

水路运输的程租、期租业务，属于水路运输服务。

程租业务，是指运输企业为租船人完成某一特定航次的运输任务并收取租赁费的业务。

期租业务，是指运输企业将配备有操作人员的船舶承租给他人使用一定期限，承租期内听候承租方调遣，不论是否经营，均按天向承租方收取租赁费，发生的固定费用均由船东负担的业务。

3. 航空运输服务，是指通过空中航线运送货物或者旅客的运输业务活动。

航空运输的湿租业务，属于航空运输服务。

湿租业务，是指航空运输企业将配备有机组人员的飞机承租给他人使用一定期限，承租期内听候承租方调遣，不论是否经营，均按一定标准向承租方收取租赁费，发生的固定费用均由承租方承担的业务。

航天运输服务，按照航空运输服务缴纳增值税。

航天运输服务，是指利用火箭等载体将卫星、空间探测器等空间飞行器发射到空间轨道的业务活动。

4. 管道运输服务，是指通过管道设施输送气体、液体、固体物质的运输业务活动。

无运输工具承运业务，按照交通运输服务缴纳增值税。

无运输工具承运业务，是指经营者以承运人身份与托运人签订运输服务合同，收取运费并承担承运人责任，然后委托实际承运人完成运输服务的经营活动。

（二）邮政服务。

邮政服务，是指中国邮政集团公司及其所属邮政企业提供邮件寄递、邮政汇兑和机要通信等邮政基本服务的业务活动。包括邮政普遍服务、邮政特殊服务和其他邮政服务。

1. 邮政普遍服务，是指函件、包裹等邮件寄递，以及邮票发行、报刊发行和邮政汇兑等业务活动。

函件，是指信函、印刷品、邮资封片卡、无名址函件和邮政小包等。

包裹，是指按照封装上的名址递送给特定个人或者单位的独立封装的物品，其重量不超过50千克，任何一边的尺寸不超过150厘米，长、宽、高合计不超过300厘米。

2. 邮政特殊服务，是指义务兵平常信函、机要通信、盲人读物和革命烈士遗物的寄递等业务活动。

3. 其他邮政服务，是指邮册等邮品销售、邮政代理等业务活动。

（三）电信服务。

电信服务，是指利用有线、无线的电磁系统或者光电系统等各种通信网络资源，提供语音通话服务，传送、发射、接收或者应用图像、短信等电子数据和信息的业务活动。包括基础电信服务和增值电信服务。

1. 基础电信服务，是指利用固网、移动网、卫星、互联网，提供语音通话服务的业务活动，以及出租或者出售带宽、波长等网络元素的业务活动。

2. 增值电信服务，是指利用固网、移动网、卫星、互联网、有线电视网络，提供短信和彩信服务、电子数据和信息的传输及应用服务、互联网接入服务等业务活动。

卫星电视信号落地转接服务，按照增值电信服务缴纳增值税。

（四）建筑服务。

建筑服务，是指各类建筑物、构筑物及其附属设施的建造、修缮、装饰，线路、管道、设备、设施等的安装以及其他工程作业的业务活动。包括工程服务、安装服务、修缮服务、装饰服务和其他建筑服务。

1. 工程服务，是指新建、改建各种建筑物、构筑物的工程作业，包括与建筑物相连的各种设备或者支柱、操作平台的安装或者装饰工程作业，以及各种窑炉和金属结构工程作业。

2. 安装服务，是指生产设备、动力设备、起重设备、运输设备、传动设备、医疗实验设备以及其他各种设备、设施的装配、安置工程作业，包括与被安装设备相连的工作台、梯子、栏杆的装设工程作业，以及被安装设备的绝缘、防腐、保温、油漆等工程作业。

固定电话、有线电视、宽带、水、电、燃气、暖气等经营者向用户收取的安装费、初装费、开户费、扩容费以及类似收费，按照安装服务缴纳增值税。

3. 修缮服务，是指对建筑物、构筑物进行修补、加固、养护、改善，使之恢复原来的使用价值或者延长其使用期限的工程作业。

4. 装饰服务，是指对建筑物、构筑物进行修饰装修，使之美观或者具有特定用途的工程作业。

5. 其他建筑服务，是指上列工程作业之外的各种工程作业服务，如钻井（打井）、拆除建筑物或者构筑物、平整土地、园林绿化、疏浚（不包括航道疏浚）、建筑物平移、搭脚手架、爆破、矿山穿孔、表面附着物（包括岩层、土层、沙层等）剥离和清理等工程作业。

（五）金融服务。

金融服务，是指经营金融保险的业务活动。包括贷款服务、直接收费金融服务、保险服务和金融商品转让。

1. 贷款服务。贷款，是指将资金贷与他人使用而取得利息收入的业务活动。

各种占用、拆借资金取得的收入，包括金融商品持有期间（含到期）利息（保本收益、报酬、资金占用费、补偿金等）收入、信用卡透支利息收入、买入返售金融商品利息收入、融资融券收取的利息收入，以及融资性售后回租、押汇、罚息、票据贴现、转贷等业务取得的利息及利息性质的收入，按照贷款服务缴纳增值税。

融资性售后回租，是指承租方以融资为目的，将资产出售给从事融资性售后回租业务的企业后，从事融资性售后回租业务的企业将该资产出租给承租方的业务活动。

以货币资金投资收取的固定利润或者保底利润，按照贷款服务缴纳增值税。

2. 直接收费金融服务，是指为货币资金融通及其他金融业务提供相关服务并且收取费用的业务活动。包括提供货币兑换、账户管理、电子银行、信用卡、信用证、财务担保、资产管理、信托管理、基金管理、金融交易场所（平台）管理、资金结算、资金清算、金融支付等服务。

3. 保险服务，是指投保人根据合同约定，向保险人支付保险费，保险人对于合同约定的可能发生的事故因其发生所造成的财产损失承担赔偿保险金责任，或者当被保险人死亡、伤残、疾病或者达到合同约定的年龄、期限等条件时承担给付保险金责任的商业保险行为。包括人身保险服务和财产保险服务。

人身保险服务，是指以人的寿命和身体为保险标的的保险业务活动。

财产保险服务，是指以财产及其有关利益为保险标的的保险业务活动。

4. 金融商品转让，是指转让外汇、有价证券、非货物期货和其他金融商品所有权的业务活动。

其他金融商品转让包括基金、信托、理财产品等各类资产管理产品和各种金融衍生品的转让。

（六）现代服务。

现代服务，是指围绕制造业、文化产业、现代物流产业等提供技术性、知识性服务的业务活动。包括研发和技术服务、信息技术服务、文化创意服务、物流辅助服务、租赁服务、鉴证咨询服务、广播影视服务、商务辅助服务和其他现代服务。

1. 研发和技术服务，包括研发服务、合同能源管理服务、工程勘察勘探服务、专业技术服务。

(1) 研发服务，也称技术开发服务，是指就新技术、新产品、新工艺或者新材料及其系统进行研究与试验开发的业务活动。

(2) 合同能源管理服务，是指节能服务公司与用能单位以契约形式约定节能目标，节能服务公司提供必要的服务，用能单位以节能效果支付节能服务公司投入及其合理报酬的业务活动。

(3) 工程勘察勘探服务，是指在采矿、工程施工前后，对地形、地质构造、地下资源蕴藏情况进行实地调查的业务活动。

(4) 专业技术服务，是指气象服务、地震服务、海洋服务、测绘服务、城市规划、环境与生态监测服务等专项技术服务。

2. 信息技术服务，是指利用计算机、通信网络等技术对信息进行生产、收集、处理、加工、存储、运输、检索和利用，并提供信息服务的业务活动。包括软件服务、电路设计及测试服务、信息系统服务、业务流程管理服务和信息系统增值服务。

(1) 软件服务，是指提供软件开发服务、软件维护服务、软件测试服务的业务活动。

(2) 电路设计及测试服务，是指提供集成电路和电子电路产品设计、测试及相关技术支持服务的业务活动。

(3) 信息系统服务，是指提供信息系统集成、网络管理、网站内容维护、桌面管理与维护、信息系统应用、基础信息技术管理平台整合、信息技术基础设施管理、数据中心、托管中心、信息安全服务、在线杀毒、虚拟主机等业务活动。包括网站对非自有的网络游戏提供的网络运营服务。

(4) 业务流程管理服务，是指依托信息技术提供的人力资源管理、财务经济管理、审计管理、税务管理、物流信息管理、经营信息管理和呼叫中心等服务的活动。

(5) 信息系统增值服务，是指利用信息系统资源为用户附加提供的信息技术服务。包括数据处理、分析和整合、数据库管理、数据备份、数据存储、容灾服务、电子商务平台等。

3. 文化创意服务，包括设计服务、知识产权服务、广告服务和会议展览服务。

(1) 设计服务，是指把计划、规划、设想通过文字、语言、图画、声音、视觉等形式传递出来的业务活动。包括工业设计、内部管理设计、业务运作设计、供应链设计、造型设计、服装设计、环境设计、平面设计、包装设计、动漫设计、网游设计、展示设计、网站设计、机械设计、工程设计、广告设计、创意策划、文印晒图等。

(2) 知识产权服务，是指处理知识产权事务的业务活动。包括对专利、商标、著作权、软件、集成电路布图设计的登记、鉴定、评估、认证、检索服务。

(3) 广告服务，是指利用图书、报纸、杂志、广播、电视、电影、幻灯、路牌、招贴、橱窗、霓虹灯、灯箱、互联网等各种形式为客户的商品、经营服务项目、文体节目或者通告、声明等委托事项进行宣传和提供相关服务的业务活动。包括广告代理和广告的发布、播映、宣传、展示等。

(4) 会议展览服务，是指为商品流通、促销、展示、经贸洽谈、民间交流、企业沟通、国际往来等举办或者组织安排的各类展览和会议的业务活动。

4. 物流辅助服务，包括航空服务、港口码头服务、货运客运场站服务、打捞救助服务、装卸搬运服务、仓储服务和收派服务。

(1) 航空服务，包括航空地面服务和通用航空服务。

航空地面服务，是指航空公司、飞机场、民航管理局、航站等向在境内航行或者在境内机场停留的境内外飞机或者其他飞行器提供的导航等劳务性地面服务的业务活动。包括旅客安全检查服务、停机坪管理服务、机场候机厅管理服务、飞机清洗消毒服务、空中飞行管理服务、飞机起降服务、飞行通讯服务、地面信号服务、飞机安全服务、飞机跑道管理服务、空中交通管理服务等。

通用航空服务，是指为专业工作提供飞行服务的业务活动，包括航空摄影、航空培训、航空测量、航空勘探、航空护林、航空吊挂播洒、航空降雨、航空气象探测、航空海洋监测、航空科学实验等。

（2）港口码头服务，是指港务船舶调度服务、船舶通讯服务、航道管理服务、航道疏浚服务、灯塔管理服务、航标管理服务、船舶引航服务、理货服务、系解缆服务、停泊和移泊服务、海上船舶溢油清除服务、水上交通管理服务、船只专业清洗消毒检测服务和防止船只漏油服务等为船只提供服务的业务活动。

港口设施经营人收取的港口设施保安费按照港口码头服务缴纳增值税。

（3）货运客运场站服务，是指货运客运场站提供货物配载服务、运输组织服务、中转换乘服务、车辆调度服务、票务服务、货物打包整理、铁路线路使用服务、加挂铁路客车服务、铁路行包专列发送服务、铁路到达和中转服务、铁路车辆编解服务、车辆挂运服务、铁路接触网服务、铁路机车牵引服务等业务活动。

（4）打捞救助服务，是指提供船舶人员救助、船舶财产救助、水上救助和沉船沉物打捞服务的业务活动。

（5）装卸搬运服务，是指使用装卸搬运工具或者人力、畜力将货物在运输工具之间、装卸现场之间或者运输工具与装卸现场之间进行装卸和搬运的业务活动。

（6）仓储服务，是指利用仓库、货场或者其他场所代客贮放、保管货物的业务活动。

（7）收派服务，是指接受寄件人委托，在承诺的时限内完成函件和包裹的收件、分拣、派送服务的业务活动。

收件服务，是指从寄件人收取函件和包裹，并运送到服务提供方同城的集散中心的业务活动。

分拣服务，是指服务提供方在其集散中心对函件和包裹进行归类、分发的业务活动。

派送服务，是指服务提供方从其集散中心将函件和包裹送达同城的收件人的业务活动。

5. 租赁服务，包括融资租赁服务和经营租赁服务。

（1）融资租赁服务，是指具有融资性质和所有权转移特点的租赁活动。即出租人根据承租人所要求的规格、型号、性能等条件购入有形动产或者不动产租赁给承租人，合同期内租赁物所有权属于出租人，承租人只拥有使用权，合同期满付清租金后，承租人有权按照残值购入租赁物，以拥有其所有权。不论出租人是否将租赁物销售给承租人，均属于融资租赁。

按照标的物的不同，融资租赁服务可分为有形动产融资租赁服务和不动产融资租赁服务。

融资性售后回租不按照本税目缴纳增值税。

（2）经营租赁服务，是指在约定时间内将有形动产或者不动产转让他人使用且租赁物所有权不变更的业务活动。

按照标的物的不同，经营租赁服务可分为有形动产经营租赁服务和不动产经营租赁服务。

将建筑物、构筑物等不动产或者飞机、车辆等有形动产的广告位出租给其他单位或者个人用于发布广告，按照经营租赁服务缴纳增值税。

车辆停放服务、道路通行服务（包括过路费、过桥费、过闸费等）等按照不动产经营租赁服务缴纳增值税。

水路运输的光租业务、航空运输的干租业务，属于经营租赁。

光租业务，是指运输企业将船舶在约定的时间内出租给他人使用，不配备操作人员，不承担运输过程中发生的各项费用，只收取固定租赁费的业务活动。

干租业务，是指航空运输企业将飞机在约定的时间内出租给他人使用，不配备机组人员，不承担运输过程中发生的各项费用，只收取固定租赁费的业务活动。

6. 鉴证咨询服务，包括认证服务、鉴证服务和咨询服务。

（1）认证服务，是指具有专业资质的单位利用检测、检验、计量等技术，证明产品、服务、管理体系符合相关技术规范、相关技术规范的强制性要求或者标准的业务活动。

（2）鉴证服务，是指具有专业资质的单位受托对相关事项进行鉴证，发表具有证明力的意见的业务活动。包括会计鉴证、税务鉴证、法律鉴证、职业技能鉴定、工程造价鉴证、工程监理、资产评估、环境评估、房地产土地评估、建筑图纸审核、医疗事故鉴定等。

（3）咨询服务，是指提供信息、建议、策划、顾问等服务的活动。包括金融、软件、技术、财务、税收、法律、内部管理、业务运作、流程管理、健康等方面的咨询。

翻译服务和市场调查服务按照咨询服务缴纳增值税。

7. 广播影视服务，包括广播影视节目（作品）的制作服务、发行服务和播映（含放映，下同）服务。

（1）广播影视节目（作品）制作服务，是指进行专题（特别节目）、专栏、综艺、体育、动画片、广播剧、电视剧、电影等广播影视节目和作品制作的服务。具体包括与广播影视节目和作品相关的策划、采编、拍摄、录音、音视频文字图片素材制作、场景布置、后期的剪辑、翻译（编译）、字幕制作、片头、片尾、片花制作、特效制作、影片修复、编目和确权等业务活动。

（2）广播影视节目（作品）发行服务，是指以分账、买断、委托等方式，向影院、电台、电视台、网站等单位和个人发行广播影视节目（作品）以及转让体育赛事等活动的报道及播映权的业务活动。

（3）广播影视节目（作品）播映服务，是指在影院、剧院、录像厅及其他场所播映广播影视节目（作品），以及通过电台、电视台、卫星通信、互联网、有线电视等无线或者有线装置播映广播影视节目（作品）的业务活动。

8. 商务辅助服务，包括企业管理服务、经纪代理服务、人力资源服务、安全保护服务。

（1）企业管理服务，是指提供总部管理、投资与资产管理、市场管理、物业管理、日常综合管理等服务的业务活动。

（2）经纪代理服务，是指各类经纪、中介、代理服务。包括金融代理、知识产权代理、货物运输代理、代理报关、法律代理、房地产中介、职业中介、婚姻中介、代理记账、拍卖等。

货物运输代理服务，是指接受货物收货人、发货人、船舶所有人、船舶承租人或者船舶经营人的委托，以委托人的名义，为委托人办理货物运输、装卸、仓储和船舶进出港口、引航、靠泊等相关手续的业务活动。

代理报关服务，是指接受进出口货物的收、发货人委托，代为办理报关手续的业务活动。

(3) 人力资源服务，是指提供公共就业、劳务派遣、人才委托招聘、劳动力外包等服务的业务活动。

(4) 安全保护服务，是指提供保护人身安全和财产安全，维护社会治安等的业务活动。包括场所住宅保安、特种保安、安全系统监控以及其他安保服务。

9. 其他现代服务，是指除研发和技术服务、信息技术服务、文化创意服务、物流辅助服务、租赁服务、鉴证咨询服务、广播影视服务和商务辅助服务以外的现代服务。

(七) 生活服务。

生活服务，是指为满足城乡居民日常生活需求提供的各类服务活动。包括文化体育服务、教育医疗服务、旅游娱乐服务、餐饮住宿服务、居民日常服务和其他生活服务。

1. 文化体育服务，包括文化服务和体育服务。

(1) 文化服务，是指为满足社会公众文化生活需求提供的各种服务。包括：文艺创作、文艺表演、文化比赛，图书馆的图书和资料借阅，档案馆的档案管理，文物及非物质遗产保护，组织举办宗教活动、科技活动、文化活动，提供游览场所。

(2) 体育服务，是指组织举办体育比赛、体育表演、体育活动，以及提供体育训练、体育指导、体育管理的业务活动。

2. 教育医疗服务，包括教育服务和医疗服务。

(1) 教育服务，是指提供学历教育服务、非学历教育服务、教育辅助服务的业务活动。

学历教育服务，是指根据教育行政管理部门确定或者认可的招生和教学计划组织教学，并颁发相应学历证书的业务活动。包括初等教育、初级中等教育、高级中等教育、高等教育等。

非学历教育服务，包括学前教育、各类培训、演讲、讲座、报告会等。

教育辅助服务，包括教育测评、考试、招生等服务。

(2) 医疗服务，是指提供医学检查、诊断、治疗、康复、预防、保健、接生、计划生育、防疫服务等方面的服务，以及与这些服务有关的提供药品、医用材料器具、救护车、病房住宿和伙食的业务。

3. 旅游娱乐服务，包括旅游服务和娱乐服务。

(1) 旅游服务，是指根据旅游者的要求，组织安排交通、游览、住宿、餐饮、购物、文娱、商务等服务的业务活动。

(2) 娱乐服务，是指为娱乐活动同时提供场所和服务的业务。

具体包括歌厅、舞厅、夜总会、酒吧、台球、高尔夫球、保龄球、游艺（包括射击、狩猎、跑马、游戏机、蹦极、卡丁车、热气球、动力伞、射箭、飞镖)。

4. 餐饮住宿服务，包括餐饮服务和住宿服务。

(1) 餐饮服务，是指通过同时提供饮食和饮食场所的方式为消费者提供饮食消费服务的业务活动。

(2) 住宿服务，是指提供住宿场所及配套服务等的活动。包括宾馆、旅馆、旅社、度假村和其他经营性住宿场所提供的住宿服务。

5. 居民日常服务，是指主要为满足居民个人及其家庭日常生活需求提供的服务，包括市容市政管理、家政、婚庆、养老、殡葬、照料和护理、救助救济、美容美发、按摩、桑拿、氧吧、足疗、沐浴、洗染、摄影扩印等服务。

6. 其他生活服务，是指除文化体育服务、教育医疗服务、旅游娱乐服务、餐饮住宿服务和居民日常服务之外的生活服务。

二、销售无形资产

销售无形资产，是指转让无形资产所有权或者使用权的业务活动。无形资产，是指不具实物形态，但能带来经济利益的资产，包括技术、商标、著作权、商誉、自然资源使用权和其他权益性无形资产。

技术，包括专利技术和非专利技术。

自然资源使用权，包括土地使用权、海域使用权、探矿权、采矿权、取水权和其他自然资源使用权。

其他权益性无形资产，包括基础设施资产经营权、公共事业特许权、配额、经营权（包括特许经营权、连锁经营权、其他经营权）、经销权、分销权、代理权、会员权、席位权、网络游戏虚拟道具、域名、名称权、肖像权、冠名权、转会费等。

三、销售不动产

销售不动产，是指转让不动产所有权的业务活动。不动产，是指不能移动或者移动后会引起性质、形状改变的财产，包括建筑物、构筑物等。

建筑物，包括住宅、商业营业用房、办公楼等可供居住、工作或者进行其他活动的建造物。

构筑物，包括道路、桥梁、隧道、水坝等建造物。

转让建筑物有限产权或者永久使用权的，转让在建的建筑物或者构筑物所有权的，以及在转让建筑物或者构筑物时一并转让其所占土地的使用权的，按照销售不动产缴纳增值税。

资料来源：《增值税暂行条例实施细则》及财税〔2016〕36号文件规定。

【小贴士】

"营改增"的好处

1. 有利于减少营业税重复征税，使市场细化和分工协作不受税制影响。

2. 有利于完善和延伸第二、第三产业增值税抵扣链条，促进第二、第三产业融合发展。

3. 有利于建立货物和劳务领域的增值税出口退税制度，全面改善我国的出口税收环境。

【练一练】

按照现行增值税法有关规定，纳税人提供下列劳务，应当征收增值税的是（　　）。

A. 汽车的修配　　B. 土地使用权的转让

C. 房屋的装修　　D. 机器设备的修理

答案：ABCD

四、增值税的纳税义务人

1. 纳税义务人的基本规定。《增值税暂行条例》规定在中华人民共和国境内销售货物或者提供加工、修理修配劳务以及进口货物的单位和个人，为增值税的纳税人，应当依照本条例缴纳增值税。

单位，是指企业、行政单位、事业单位、军事单位、社会团体及其他单位。

个人，是指个体工商户和其他个人。

单位租赁或者承包给其他单位或者个人经营的，以承租人或者承包人为纳税人。

境外的单位或个人在境内销售应税劳务而在境内未设有经营机构的，其应纳税款以代理人为扣缴义务人；没有代理人的以购买者为扣缴义务人。

2. 纳税义务人的分类。根据条例的规定纳税义务人划分为一般纳税人和小规模纳税人，划分的基本依据是纳税人的会计核算是否健全，是否能够提供准确的税务资料及企业规模的大小。

（1）小规模纳税人是指年销售额在规定标准以下，并且会计核算不健全，不能按规定报送有关税务资料的增值税纳税人。2018 年 5 月 1 日之前小规模纳税人的标准为：

① 从事货物生产或者提供应税劳务的纳税人，以及以从事货物生产或者提供应税劳务为主，并兼营货物批发或者零售的纳税人，年应征增值税销售额（以下简称“应税销售额”）在 50 万元以下（含本数，下同）；

② 除第①项规定以外的纳税人，年应税销售额在 80 万元以下的。

③ 销售服务、无形资产、不动产的纳税人。

应税服务年销售额未超过 500 万元的试点纳税人。

以从事货物生产或者提供应税劳务为主，是指纳税人的年货物生产或者提供应税劳务的销售额占年应税销售额的比重在 50% 以上。

年应税销售额超过小规模纳税人标准的其他个人按小规模纳税人纳税；非企业性单位、不经常发生应税行为的企业可选择按小规模纳税人纳税。

2018 年 5 月 1 日以后，增值税小规模纳税人标准为年应征增值税销售额 500 万元及以下。

按照《中华人民共和国增值税暂行条例实施细则》第 28 条规定已登记为增值税一般纳税人的单位和个人，在 2018 年 12 月 31 日前，可转登记为小规模纳税人，其未抵扣的进项税额作转出处理。

（2）一般纳税人是指年应征增值税销售额超过小规模纳税人规定标准的企业和企业性单位。纳税人必须按照《增值税一般纳税人申请认定办法》的规定，向税务机关申请办理一般纳税人认定手续，以取得法定资格。

自 2015 年 3 月 30 日起，增值税一般纳税人资格实行登记制度，登记事项由增值税纳税人向其主管税务机关办理。

【小贴士】

有下列情形之一者，应按销售额依照增值税税率计算应纳税额，不得抵扣进项税额，也不得使用增值税专用发票：

1. 一般纳税人会计核算不健全，或者不能够提供准确税务资料的；

2. 除本细则第29条规定外，纳税人销售额超过小规模纳税人标准，未申请办理一般纳税人认定手续的。

【提示】

“营改增”试点实施前，应税服务年销售额超过500万元的试点纳税人，应向国税主管税务机关（以下简称“主管税务机关”）申请办理增值税一般纳税人资格认定手续。

试点纳税人试点实施前的应税服务年销售额按以下公式换算：

应税服务年销售额 = 连续不超过12个月应税服务营业额合计 ÷ (1 + 3%)

按照现行营业税规定差额征收营业税的试点纳税人，其应税服务营业额按未扣除之前的营业额计算。

2016年3月5日，国务院总理李克强在第十二届全国人民代表大会第四次会议上作政府工作报告时表示，2016年要全面实施“营改增”，从2016年5月1日起，将试点范围扩大到建筑业、房地产业、金融业、生活服务业，并将所有企业新增不动产所含增值税纳入抵扣范围，确保所有行业税负只减不增。

资料来源：《营业税改征增值税试点实施办法》。

【练一练】

按现行增值税规定，下列单位和个人可认定为增值税一般纳税人的有（　　）。

A. 某医院某年只销售了一次医用材料，销售额200万元

B. 某广告公司，年营业额为600万元

C. 年销售额为110万元，财务核算健全的锅炉修配厂

D. 只生产并销售免税药品，年利润额120万元的药厂

答案：B

五、增值税的税率与征收率

（一）基本税率

基本税率，又称标准税率，试用于大多数征税对象，体现了增值税税负的轻重。

我国增值税的基本税率2018年5月1日之后调整为16%。

（二）低税率

低税率，又称轻税率，适用于税法列举的体现一定税收优惠政策的项目（见表2-1）。

1. 10%的低税率。

2. 6%的低税率。

纳税人销售服务、无形资产，除另有规定外，税率为6%。

表 2－1

10%低税率	所属类别及注释
1. 粮食、食用植物油 2. 自来水、暖气、冷气、热水、煤气、石油液化气、天然气、沼气、居民用煤炭制品	【解释】 1. 这类都属于生活必需品 2. 居民用煤炭制品，不包括原煤和工业用煤［粉煤灰(渣)］也要征税
3. 图书、报纸、杂志音像制品电子出版物	【解释】 1. 这类都属于文化类产品 2. 低税率指的是销售图书报刊，印刷刊物属于加工劳务，适用17%的税率 3. 境内图书、境外图书，国际标准书号10%
4. 饲料、化肥、农药、农机、农膜	【解释】 1. 这些都属于农业生产资料类产品 2. 农机指农机整机、农机零部件的税率10%
5. 农产品	【解释】 1. 农产品，指的是广义的农业，农林牧渔 2. 强调初级农产品，不包括深加工 3. 对鲜奶按10%的低税率征收增值税 4. 淀粉应按16%征收增值税
6. 音像制品	【解释】 正式出版录有音带、录像带、唱片、激光唱片和激光视盘
7. 电子出版物	【解释】 载体形态和格式主要包括只读光盘、一次写入式光盘等
8. 二甲醚	【解释】节约资源的产品，低税率照顾
9. 食用盐	【解释】包括海盐、井矿盐和湖盐

（三）零税率

纳税人出口货物，境内单位和个人发生符合规定的跨境应税行为，税率为零。

1. 境内单位和个人销售的下列服务和无形资产，适用增值税零税率：

（1）国际运输服务。①在境内载运旅客或者货物出境；②在境外载运旅客或者货物入境；③在境外载运旅客或者货物。

（2）航天运输服务。

（3）向境外单位提供的完全在境外消费的下列服务：研发服务、合同能源管理服务、设计服务、广播影视节目（作品）的制作和发行服务、软件服务、电路设计及测试服务、信息系统服务、业务流程管理服务、离岸服务外包业务、转让技术。

（4）财政部和国家税务总局规定的其他服务。

2. 其他零税率政策。

（1）按规定应取得相关资质的国际运输服务项目。

（2）境内单位和个人提供程租、期租、湿租服务时，如果租赁的交通工具用于国际运输服务和港澳台运输服务，适用零税率政策。

（3）境内单位和个人以无运输工具承运方式提供的国际运输服务，由境内实际承运人适用增值税零税率；无运输工具承运业务的经营者适用免税政策。

3. 境内单位和个人发生的与港澳台有关的应税行为，除另有规定外，参照上述规定执行。

增值税的税率及征收率如表 2－2 所示。

表 2－2　　增值税税目税率

应税服务	税率	具体征税范围解释
交通运输业	10%	陆路运输服务、水路运输服务、航空运输服务和管道运输服务 【解释】水路运输的程租、期租；航空运输的湿租按照交通运输业征收增值税
邮政业	10%	包括邮政普遍服务、邮政特殊服务和其他邮政服务。不包括邮政储蓄业务 【解释】邮政储蓄业务按金融保险业税目征收 【解释】邮政代理按邮政服务缴纳增值税（10%）
电信业	10%	基础电信服务
	6%	增值电信服务
物流辅助服务	6%	包括航空服务、港口码头服务、货运客运场站服务、打捞救助服务、装卸搬运服务、仓储服务和收派服务 （重点，全都掌握）
研发和技术服务	6%	包括研发服务、技术转让服务、技术咨询服务、合同能源管理服务、工程勘察勘探服务 技术转让服务，是指转让专利或者非专利技术的所有权或者使用权的业务活动（注意后面的免税规定）
租赁	16%或10%	（1）形式包括融资租赁和经营性租赁；范围包括动产、不动产 （2）经营性租赁中： ①水路运输的光租业务、航空运输的干租业务（16%）； ②将不动产或飞机、车辆等动产的广告位出租给其他单位或个人用于发布广告； ③车辆停放服务、道路通行服务，按不动产经营租赁（10%） （3）水路运输和航空运输中的干租、光租业务 （4）融资租赁中的售后回租业务，属于金融业。其他融资租赁业务属于租赁业
信息技术服务	6%	包括软件服务、电路设计及测试服务、信息系统服务和业务流程管理服务
文化创意服务	6%	包括设计服务、知识产权服务、广告服务和会议展览服务

续表

应税服务	税率	具体征税范围解释
鉴证咨询服务	6%	包括认证服务、鉴证服务和咨询服务
广播影视服务	6%	包括广播影视节目（作品）的制作服务、发行服务和播映（含放映）服务
商务辅助服务	6%	包括企业管理服务、经纪代理服务、人力资源服务、安全保护服务（如武装守护押运服务） 如金融代理、知识产权代理、货物运输代理、代理报关、法律代理、房地产中介、婚姻中介、代理记账、拍卖等
建筑服务 10%	（1）工程服务	新建、改建各种建筑物、构筑物的工程作业
	（2）安装服务	包括固话、有线电视、宽带、水、电、燃气、暖气等经营者向用户收取的安装费、初装费、开户费、扩容费以及类似收费
	（3）修缮服务	对建筑物进行修补、加固、养护、改善
	（4）装饰服务	包括物业服务企业为业主提供的装修服务
	（5）其他建筑服务	如钻井（打井）、拆除建筑物、平整土地、园林绿化；纳税人将建筑施工设备出租给他人使用并配备操作人员等
金融服务 6%	（1）贷款服务	各种占用、拆借资金取得的收入，以及融资性售后回租、罚息、票据贴现、转贷等业务取得的利息 以货币资金投资收取的固定利润或者保底利润 不征收增值税：金融商品持有期间取得的非保本收益；纳税人购入基金、信托、理财产品等各类资产管理产品持有至到期
	（2）直接收费金融服务	包括提供信用卡、基金管理、金融交易场所管理、资金结算、资金清算等
	（3）保险服务	包括人身保险服务和财产保险服务
	（4）金融商品转让	包括转让外汇、有价证券、非货物期货和其他金融商品所有权的业务活动
生活服务 6%	（1）文化体育服务	文艺表演、提供游览场所等 【解释】纳税人在游览场所经营索道、摆渡车、电瓶车、游船等取得的收入；提供游览场所等
	（2）教育医疗服务	教育服务，是指提供学历教育服务、非学历教育服务、教育辅助服务的业务活动
	（3）旅游娱乐服务	包括旅游服务和娱乐服务
	（4）餐饮住宿服务	【解释】提供餐饮服务的纳税人销售的外卖食品，按照“餐饮服务”缴纳增值税
	（5）居民日常服务	包括市容市政管理、家政、婚庆、养老、殡葬、护理、美容美发、按摩、桑拿、沐浴、洗染、摄影扩印等服务
	（6）其他	

续表

应税服务	税率	具体征税范围解释
销售无形资产 10%、6%	转让 无形资产所有权	包括技术、商标、著作权、商誉、自然资源使用权和其他权益性无形资产（如公共事业特许权、特许经营权、配额、代理权、会员权、肖像权等）
	转让 无形资产使用权	
销售不动产 10%	转让不动产所有权的业务活动	【提示】转让建筑物或构筑物时一并转让其所占土地的使用权的，按照销售不动产缴纳增值税

（四）征收率

1. 征收率适用。

（1）小规模纳税人。

（2）增值税一般纳税人简易计税。

2. 征收率类型。

（1）常规的3%。

（2）“营改增”后新增5%（不动产为主）。

（3）减按2%、1.5%等计税。

①一般规定：小规模纳税人增值税征收率为3%（含“营改增”的小规模纳税人提供的应税服务）（见表2－3）。

表2－3

小规模纳税人	销售自己使用过的固定资产	减按2%征收率征收增值税	增值税＝售价÷（1＋3%）×2%
	销售自己使用过的除固定资产以外的物品	按3%的征收率征收增值税	增值税＝售价÷（1＋3%）×3%

②纳税人涉及固定资产的征收率总结（见表2－4）。

表2－4

<table>
<tr><th>销售标的</th><th>纳税人类型</th><th colspan="2">税务处理</th></tr>
<tr><td rowspan="2">固定资产以外的货物</td><td>小规模纳税人</td><td colspan="2">增值税＝售价÷（1＋3%）×3%</td></tr>
<tr><td>一般纳税人</td><td colspan="2">按适用17%税率征增值税</td></tr>
<tr><td rowspan="3">固定资产</td><td>小规模纳税人</td><td colspan="2">增值税＝售价÷（1＋3%）×2%</td></tr>
<tr><td rowspan="2">一般纳税人</td><td>销售使用过的、已抵扣进项税额的固定资产</td><td>适用17%税率</td></tr>
<tr><td>销售使用过的、不得抵扣且未抵扣进项税额的固定资产</td><td>增值税＝售价÷（1＋3%）×2%</td></tr>
<tr><td>旧货</td><td>纳税人</td><td colspan="2">增值税＝售价÷（1＋3%）×2%</td></tr>
<tr><td>物品</td><td>其他个人</td><td colspan="2">免税</td></tr>
</table>

【解释】纳税人销售自己使用过的固定资产，适用简易办法依照3%征收率减按2%征收增值税政策的，可以放弃减税，按照简易办法依照3%征收率缴纳增值税，并可以开具增值税专用发票。

【小结】销售固定资产的征税原则：进项16%，销项就16%；进项不能抵扣销项征收率。

③传统增值税的征收率事项（见表2－5）。

表2－5

传统增值税的征收率事项	政策
县级及县级以下小型水力发电单位生产的电力	一般纳税人销售自产的下列货物，可选择按3%征收率计算纳税
建筑用和生产建筑材料所用的砂、土、石料	
以自己采掘的砂、土、石料或其他矿物连续生产的砖、瓦、石灰（不含黏土实心砖、瓦）	
用微生物、微生物代谢产物、动物毒素、人或动物的血液或组织制成的生物制品以及临床用人体血液	
自产的自来水、自来水公司销售自来水	
商品混凝土（仅限以水泥为原料生产的水泥混凝土）	
一般纳税人药品经营企业销售生物制品	
寄售商店代销寄售物品	暂按3%征收率计算纳税
典当业销售死当物品	

④“营改增”中的3%征收率规定。

• 提供物业管理服务的纳税人，向服务接受方收取的自来水水费，差额计税，以扣除其对外支付的自来水水费后的余额为销售额，征收率3%。

• 非企业性单位中的一般纳税人提供的研发和技术服务、信息技术服务、鉴证咨询服务，以及销售技术、著作权等无形资产，可选简易3%。

• 一般纳税人提供教育辅助服务，可选简易3%。

• 建筑业的老项目、甲供工程、清包，可以选择3%。

• 一般纳税人提供的公共交通运输服务简易计税3%。

• 经认定的动漫企业为开发动漫产品提供的动漫脚本编撰设计等服务，以及在境内转让动漫版权简易计税3%。

• 电影放映服务、仓储服务、装卸搬运服务、收派服务和文化体育服务简易计税3%。

⑤不动产出售的征收率5%。

• 小规模纳税人的不动产出售，除另有规定外5%。

• 一般纳税人销售原有不动产、转让房地产老项目5%。

• 纳税人转让原有土地使用权，可选简易5%。

• 自然人销售住房，可选简易5%，也可能免税（见表2－6）。

表 2－6　　自然人销售住房

<table>
<tr><td rowspan="2"></td><td rowspan="2">购买不足 2 年</td><td colspan="2">购买超过 2 年（含 2 年）</td></tr>
<tr><td>其他地区</td><td>北上广深</td></tr>
<tr><td>普通住房</td><td rowspan="2">全额征收 5% 增值税</td><td rowspan="2">免征增值税</td><td>免征增值税</td></tr>
<tr><td>非普通住房</td><td>（卖出价－买入价）/1.05×5%</td></tr>
<tr><td colspan="4">向住房所在地主管地税机关申报纳税</td></tr>
</table>

⑥不动产租赁的征收率 5%。

- 一般纳税人出租原有不动产。
- 原有不动产融资租赁合同。
- 收取试点前开工的一级公路、二级公路、桥、闸通行费，可选简易。
- 个人（含个体工商户和自然人）出租住房减按 1.5%，出租非住房 5%。

⑦其他的 5% 征收率。

一般纳税人提供人力资源外包服务，选择适用简易计税方法的。

一般纳税人劳务派遣企业，可以选择差额计税：扣除代用工单位支付给劳务派遣员工的工资、福利和为其办理社会保险及住房公积金，简易征收 5%。扣除部分，只能开普票。

一般纳税人劳务派遣企业，可以选择全额计税，税率 6%，可以开专票。

⑧3% 或者 5% 征收率。

小规模纳税人可按取得的全部价款和价外费用为销售额，依 3% 的征收率计算缴纳增值税。

小规模纳税人也可以选择差额纳税，以取得的全部价款和价外费用，扣除代用工单位支付给劳务派遣员工的工资、福利和为其办理社会保险及住房公积金后的余额为销售额，依 5% 的征收率计算缴纳增值税（向用工单位不得开具增值税专用发票，可以开具普通发票）。

【案例分析】

现在回到洪伟达的公司，该公司主营游戏软件的开发、服务。现在他需要了解的是公司应该交哪些税，税率是多少，另外，公司成立后购买的计算机等设备应该开什么发票，增值税进项税能否抵扣，国家对这类经营业务的公司有什么税收优惠政策？

【解析】 该公司主营的软件开发、服务属于“现代服务业”的“信息技术服务”，应缴纳的主要税之一是增值税，税率为 6%。

【提示】

根据《增值税一般纳税人资格认定管理办法》（国家税务总局令第 22 号）、《国家税务总局关于北京等 8 省市营业税改征增值税试点增值税一般纳税人资格认定有关事项的公告》（国家税务总局公告 2012 年第 38 号，以下简称“38 号公告”）等相关文件，并结合本市实际情况，对增值税一般纳税人资格认定有关事项明确如下：

符合 38 号公告规定一般纳税人认定资格条件的单位和个人，应按下列要求向主管税务机关确认一般纳税人资格或申请办理认定手续。

新开业的纳税人，符合条件的可向主管税务机关申请一般纳税人资格认定。应提供资料如下：

1. 《增值税一般纳税人资格通用申请书》（以下简称《申请书》）。
2. 《税务登记证》副本。
3. 财务负责人和办税人员的身份证明及其复印件。
4. 会计人员的从业资格证明或者与中介机构签订的代理记账协议及其复印件。
5. 经营场所产权证明或者租赁协议，或者其他可使用场地证明及其复印件。
6. 国家税务总局规定的其他有关资料。

【提示】

国家税务总局公告2015年第18号《关于调整增值税一般纳税人管理有关事项的公告》规定一般纳税人资格实行登记制，自2015年4月1日起施行（见表2－7）。

表2－7　　办理一般纳税人资格的条件

一般纳税人（必须登记）	会计核算健全、销售额500万元以上的企业
小规模纳税人	（1）不同时符合一般标准的纳税人标准的企业 （2）其他个人
一般纳税人（可以登记）	年销售额未超过规定的小规模纳税人标准的纳税人，可以申请一般纳税人。简化前置条件，会计核算健全，能准确提供税务资料
一般纳税人（可以选择）	非企业性单位

【提示】

一般纳税人与小规模纳税人的对比见表2－8。

表2－8　　一般纳税人与小规模纳税人的对比

	特点	一般纳税人	小规模纳税人
1	是否可以使用专票	能使用	不能使用专票（特殊可使用、可代开）
2	是否可以抵扣进项税金	可以抵扣	不可以抵扣
3	采取的计税方法	可以采用一般计税方法 有些事项可采用简易计税方法	只可采用简易计税方法
4	采取的公式	应纳税额＝当期销项税额－当期进项税额	应纳税额＝销售额×征收率

任务五　增值税应纳税额的计算

纳税人销售货物或者提供应税劳务（以下简称销售货物或者应税劳务），应纳税额为当期销项税额抵扣当期进项税额后的余额。应纳税额计算公式：

应纳税额 = 当期销项税额 – 当期进项税额

当期销项税额小于当期进项税额不足抵扣时，其不足部分可以结转下期继续抵扣。

一、增值税销项税额

纳税人销售货物或者应税劳务，按照销售额和《增值税暂行条例》第 2 条规定的税率计算并向购买方收取的增值税额，为销项税额。销项税额计算公式为：

销项税额 = 销售额 × 税率

根据不同的销售方式销售额的计算方法也不太一样，下面详细地介绍计算方法：

1. 一般销售方式下的销售额。

销售额：是纳税人销售货物或提供应税劳务和应税服务向购买方收取的全部价款和价外费用（如违约金、滞纳金、赔偿金、延期付款利息、包装费、包装物租金、运输装卸费等）。

销售额 = 价款 + 价外费用

【解释】 价外费用视为含增值税的收入，必须换算为不含税收入再并入销售额。

【提示】

价外费用，包括价外向购买方收取的手续费、补贴、基金、集资费、返还利润、奖励费、违约金、滞纳金、延期付款利息、赔偿金、代收款项、代垫款项、包装费、包装物租金、储备费、优质费、运输装卸费以及其他各种性质的价外收费。

但下列项目不包括在内：

1. 受托加工应征消费税的消费品所代收代缴的消费税。

2. 同时符合以下条件的代垫运输费用：（1）承运部门的运输费用发票开具给购买方的；（2）纳税人将该项发票转交给购买方的。

3. 同时符合以下条件代为收取的政府性基金或者行政事业性收费：（1）由国务院或者财政部批准设立的政府性基金，由国务院或者省级人民政府及其财政、价格主管部门批准设立的行政事业性收费；（2）收取时开具省级以上财政部门印制的财政票据；（3）所收款项全额上缴财政；（4）销售货物的同时代办保险等而向购买方收取的保险费，以及向购买方收取的代购买方缴纳的车辆购置税、车辆牌照费。

资料来源：《增值税暂行条例实施细则》。

【提示】

纳税人销售货物或者应税劳务的价格明显偏低并无正当理由的，由主管税务机关核定其销售额。

【例 2 – 1】 某零售商店为一般纳税人，增值税税率为 17%，2014 年 11 月取得零售商品销售额468 000元，请计算该月的销项税额。

【解析】 首先将含税销售额换算为不含税销售额：

不含税销售额＝468 000÷（1＋17%）＝400 000（元）

根据不含税销售额计算销项税额：

销项税额＝400 000×17%＝68 000（元）

或：销项税额＝468 000－400 000＝68 000（元）

2. 特殊销售方式下的销售额。

（1）折扣折让方式销售。折扣销售，是指销货方在销售货物或应税劳务时，因购货方购货数量较大等原因，而给予购货方的价格优惠。

由于折扣是在实现销售时同时发生，因此税法规定：

① 如果是在同一张发票上注明的，按折扣后的余额作为销售额；如果折扣额另开发票，不论财务如何处理，均不得从销售额中减除折扣额。

② 这里的折扣额仅限于货物价格的折扣，如果是实物折扣应按视同销售中"无偿赠送"处理，实物款额不能从原销售额中减除。

销售折扣发生在售货之后，属于一种融资行为，折扣额不得从销售额中扣除。

销售折让也发生在售货之后，作为已售产品出现品种、质量问题而给予购买方的补偿，是原销售额的减少，折让额可以从销售额中减除。

折扣销售仅限于货物价格的折扣，如果销货者将自产、委托加工和购买的货物用于实务折扣，则该实务款额不能从货物的销售额中减除，且该实务应按"视同销售货物"中的"赠送他人"计算征税增值税（见表2－9）。

表2－9　　折扣折让方式下的销售额

类型	税务处理
（1）折扣销售（商业折扣）	一般指的是价格折扣，是由于促销而发生的。销售额和折扣额在同一张发票上的"金额"栏分别注明的，可按折扣后的销售额征收增值税。否则，折扣额不得从销售额中减除
（2）实物折扣	视同销售，赠送折扣的物品也要缴纳增值税
（3）销售折扣（现金折扣）	不得从销售额中减除现金折扣额。计算企业所得税时，现金折扣记入"财务费用"，可税前扣除
（4）销售折让	一般因产品质量问题发生的折让，税法承认。按规定开具红字发票，可以从销售额中减除折让额

（2）以旧换新销售。指纳税人在销售自己的货物时，有偿收回旧货物的行为。

一般政策：纳税人采取以旧换新方式销售货物的（金银首饰除外），应按新货物的同期销售价格确定销售额并计算纳税。

特殊政策：对于金银首饰的以旧换新，则按照实际收取的款项还原计算缴纳增值税（16%、3%）、消费税（5%）。

（3）还本销售，是指纳税人在销售货物后，到一定期限由销售方一次或分次退还给购货方全部或部分价款。这种方式实际上是一种筹集资金行为，是以货物换取资金使用价值，到期还本不付息的方法。

税法规定采取还本销售方式销售货物，其销售额是货物的销售价格，不得从销售额中减除还本支出。

（4）以物易物销售。以物易物，是一种特殊的购销活动，一般是指购销双方不是以货币结算，而是以同等价款的货物相互结算，实现相互购销的一种行为。

根据税法规定，以物易物双方都应作购销处理，以各自发出货物核算销售额并计算销项税额，以各自收到的货物按规定核算购货额并计算进项税额。

（5）包装物押金处理。

① 纳税人为销售货物而出租出借包装物收取的押金，如果单独记账核算、时间在一年以内且未过期，不并入销售额征税。

② 因逾期未收回包装物不再退还的押金，应并入销售额征税。在征税时应注意以下三点：一是逾期界限（有合同规定按合同时间；无合同规定 1 年为限）；二是包装物押金为含税收入，需换算成不含税价格再并入销售额；三是征税税率为包装货物适用税率。

③ 对酒类产品包装物押金：对销售除啤酒、黄酒外的其他酒类产品收取的包装物押金，无论是否返还以及会计上如何核算，均应并入当期销售额征税。啤酒、黄酒押金按是否逾期处理。

【例 2－2】某造纸企业为一般纳税人，增值税税率为 16%，给批发商的优惠为每次购买 10 万元以上的，给予 5% 的折扣。2018 年 6 月批发给某企业 A4 复印纸一批，原价 12 万元，开具增值税发票，并把 5% 的折扣与原销售额开在同一张发票上，请计算该笔业务的销项税额。

【解析】折扣和原价开在同一张发票上，按税法规定可以按净额计算销项税额。

销项税额 = 120 000 ×（1 －5%）×16% = 18 240（元）

【例 2－3】某商场采用以旧换新销售电冰箱，2018 年 6 月，以旧换新方式销售冰箱 200 台，每台旧冰箱作价 100 元，实际收到价款 349 720 元。计算以旧换新业务的销项税额。

【解析】销项税额 =（349 720 + 200 × 100）÷（1 + 16%）×16% = 50 995.86（元）

【例 2－4】某生产白酒的企业为一般纳税人，2018 年 6 月向一小规模纳税人销售白酒，并开具普通发票，发票上注明金额 10 440 元；同时收取单独核算的包装物押金 2 340 元（尚未逾期），计算酒厂该笔业务的销项税额。

【解析】对酒类产品包装物押金：对销售除啤酒、黄酒外的其他酒类产品收取的包装物押金，无论是否返还以及会计上如何核算，均应并入当期销售额征税。

销项税额 =［10 440 ÷（1 + 16%）+ 2 340 ÷（1 + 16%）］×16% = 1 760（元）

（6）直销企业增值税销售额确定。

①（两次结算）直销企业——直销员——消费者：

企业先将货物销售给直销员，直销员再将货物销售给消费者的，直销企业的销售额为其向直销员收取的全部价款和价外费用。直销员将货物销售给消费者时，应按照现行规定缴纳增值税。

②（一次结算）直销企业（直销员）——消费者：直销企业通过直销员向消费者销售

货物，直接向消费者收取货款，直销企业的销售额为其向消费者收取的全部价款和价外费用。

(7) 贷款服务的销售额。贷款服务，以提供贷款服务取得的全部利息及利息性质的收入为销售额。

银行提供贷款服务按期计收利息的，结息日当日计收的全部利息收入，均计入结息日所属期销售额，缴纳增值税。

(8) 直接收费金融服务的销售额。以提供直接收费金融服务收取的手续费、佣金、酬金、管理费、服务费、经手费、开户费、过户费、结算费、转托管费等各类费用为销售额。

3. 按差额确定销售额。

(1) 金融商品转让：销售额 = 卖出价 - 买入价

①不得扣除买卖交易中的其他税费。

②转让金融商品出现的正负差，按盈亏相抵后的余额为销售额。

若相抵后出现负差，可结转下一纳税期与下期转让金融商品销售额相抵，但年末时仍出现负差的，不得转入下一个会计年度。

③金融商品的买入价，可以选择按照加权平均法或者移动加权平均法进行核算，选择后36个月内不得变更。

④金融商品转让，不得开具增值税专用发票。

(2) 经纪代理服务。

销售额 = 取得的全部价款和价外费用 - 向委托方收取并代为支付的政府性基金或者行政事业性收费

注意：向委托方收取的政府性基金或者行政事业性收费，不得开具增值税专用发票。

(3) 航空运输企业的销售额，不包括代收的机场建设费和代售其他航空运输企业客票而代收转付的价款。

(4) 融资租赁和融资性售后回租业务（见表2-10）。

表2-10

经中国人民银行、商务部、银监会批准	融资性售后回租服务	以收取的全部价款和价外费用（不含本金），扣除对外支付的借款利息（包括外汇借款和人民币借款利息）、发行债券利息后的余额为销售额
	其他融资租赁服务	以收取的全部价款和价外费用，扣除支付的借款利息（包括外汇借款和人民币借款利息）、发行债券利息、车辆购置税后的余额为销售额
商务部授权的省级商务主管部门和开发区批准	2016年5月1日以后实收资本达到1.7亿元的，可参照以上规则实行	

(5) 客运场站服务。试点纳税人中的一般纳税人提供的客运场站服务，以其取得的全部价款和价外费用，扣除支付给承运方运费后的余额为销售额。

(6) 旅游服务。销售额，可以选择以取得的全部价款和价外费用，扣除向旅游服务购买方收取并支付给其他单位或者个人的住宿费、餐饮费、交通费、签证费、门票费和支付给其他接团旅游企业的旅游费用。

选择上述办法计算销售额的试点纳税人，向旅游服务购买方收取并支付的上述费用，不得开具增值税专用发票，可以开具普通发票。

（7）建筑服务——简易计税方法才能差额。试点纳税人提供建筑服务适用简易计税方法的，以取得的全部价款和价外费用扣除支付的分包款后的余额为销售额。

（8）劳务派遣——差额计税。扣除代用工单位支付给劳务派遣员工的工资、福利和为其办理社会保险及住房公积金，差额部分只能开普票。

（9）房地产开发企业销售自行开发不动产。房地产开发企业中的一般纳税人销售其开发的房地产项目采用一般计税方法的，以取得的全部价款和价外费用，扣除受让土地时向政府部门支付的土地价款后的余额为销售额。

受让土地时向政府部门支付的土地价款：

①土地受让人向政府部门支付的征地和拆迁补偿费用、土地前期开发费用和土地出让收益；

②在取得土地时向其他单位或个人支付的拆迁补偿费也允许差额。

（10）转让不动产。纳税人转让 2016 年 4 月 30 日前取得非自建不动产（不含住房），可以选择适用简易计税方法依 5% 计税。

销售额 = 取得的全部价款和价外费用 – 该项不动产购置原价或取得不动产时的作价

确定差额的依据，有不动产发票，按发票。无发票，其他可以确认契税计税金额进行差额扣除。

【解释】纳税人从全部价款和价外费用中扣除价款，应当取得符合法律、行政法规和国家税务总局规定的有效凭证。否则，不得扣除。

4. 视同销售方式下的销售。

（1）纳税人销售价格明显偏低或者偏高并无合理商业目的（有价税务不认可）。

（2）有视同销售货物行为而无销售额（没有价格）（见表 2 – 11）。

表 2 – 11

	销售额确定方法
视同销售货物行为	按照下列顺序确定： 1. 按纳税人最近时期同类货物的平均销售价格确定 2. 按其他纳税人最近时期同类货物的平均价格确定 3. 按组成计税价格确定
有售价，但售价明显偏低且无正当理由	按组成计税价格确定： 组成计税价格 = 成本 ×（1 + 成本利润率） 或者 = 成本 ×（1 + 成本利润率）+ 消费税 = 成本 ×（1 + 成本利润率）÷（1 – 消费税税率）

注：（1）“成本”分为两种情况：①销售自产货物的为实际生产成本；②销售外购货物的为实际采购成本；“成本利润率”根据规定统一为 10%。（2）组成计税价格的适用，必须在纳税人没有平均价格可以参考的前提下才能适用。

【提示】

含税销售额的换算

（1）根据发票类型：普通发票中的价款一般含税；专用发票中的"销售额"肯定不含税。

（2）"价外费用和逾期包装物押金"视为含税收入。

（3）零售额、零售价一定含税。

（4）混合销售中的"应税服务"（如安装费）视为含税收入。

（5）小规模纳税人的销售额一般含税。（税务机关代开发票除外）

【解释】不含税销售额的计算公式为：

不含税销售额 = 含税销售额 ÷(1 + 增值税税率)

二、增值税进项税额

纳税人购进货物或者接受应税劳务（以下简称"购进货物"或者"应税劳务"）支付或者负担的增值税额，为进项税额。

1. 准予从销项税额中抵扣的进项税额。下列进项税额准予从销项税额中抵扣：

（1）从销售方取得的增值税专用发票上注明的增值税额。

（2）从海关取得的海关进口增值税专用缴款书上注明的增值税额。

（3）购进农产品，除取得增值税专用发票或者海关进口增值税专用缴款书外，按照农产品收购发票或者销售发票上注明的农产品买价和10%的扣除率计算的进项税额。进项税额计算公式：

进项税额 = 买价 × 扣除率

准予抵扣的项目和扣除率的调整，由国务院决定。

纳税人购进货物或者应税劳务，取得的增值税扣税凭证不符合法律、行政法规或者国务院税务主管部门有关规定的，其进项税额不得从销项税额中抵扣。

【练一练】

一般纳税人购进某国有农场自产玉米，收购凭证注明价款为6 000元。准予抵扣的进项税额为（　　）元。

A. 420　　B. 600　　C. 780　　D. 1 020

答案：B

[解析] 购进农产品准予抵扣的税额为6 000 ×10% =600

2. 不得从销项税额中抵扣的进项税额。下列项目的进项税额不得从销项税额中抵扣：

（1）用于非增值税应税项目、免征增值税项目、集体福利或者个人消费的购进货物或者应税劳务。

（2）非正常损失的购进货物及相关的应税劳务。

（3）非正常损失的在产品、产成品所耗用的购进货物或者应税劳务。

（4）国务院财政、税务主管部门规定的纳税人自用消费品。

（5）本条第（1）项至第（4）项规定的货物的运输费用和销售免税货物的运输费用。

（6）纳税人购进货物或者应税劳务，取得的增值税扣税凭证不符合法律、行政法规或者国务院税务主管部门有关规定的，其进项税额不得从销项税额中抵扣。

【提示】

《财政部、国家税务总局关于在全国开展交通运输业和部分现代服务业营业税改征增值税试点税收政策的通知》（财税〔2013〕37号附件2），《交通运输业和部分现代服务业营业税改征增值税试点有关事项的规定》第2条第1项第2款规定：原增值税一般纳税人自用的应征消费税的摩托车、汽车、游艇，其进项税额准予从销项税额中抵扣。从2013年8月1日起自用的应征消费税的摩托车、汽车、游艇，其进项税额均可抵扣。

但下列进项税额不能从销项税额中抵扣：用于简易计税方法计税项目、非增值税应税项目、免征增值税项目、集体福利或个人消费。

三、一般纳税人应纳税额的计算

应纳税额的基本计算公式为：

应纳税额＝当期销项税额－当期进项税额

为了正确运用该公式，需要掌握以下几个重要规定：

1. 应纳税额计算时的时间限定。“当期”是重要的时间限定，具体是指税务机关依照税法规定对纳税人确定的纳税期限。只有在纳税期限内实际发生的销项税额、进项税额，才是法定的当期销项税额或进项税额。

（1）销项税额的“当期”限定。总的要求是：确认时间不得滞后。

（2）进项税额的“当期”限定。总的要求是：抵扣时间不得提前。

自2010年1月1日起，增值税一般纳税人取得防伪税控系统开具的增值税专用发票，应在开具之日起180日内到税务机关认证，并在认证通过的次月申报期内，向主管税务机关申报抵扣进项税额。

实行海关进口增值税专用缴款书“先比对后抵扣”管理办法的增值税一般纳税人，取得2010年1月1日以后开具的海关缴款书，应在开具之日起180日内向主管税务机关报送“海关完税凭证抵扣清单”申请稽核比对。

未实行海关进口增值税专用缴款书“先比对后抵扣”管理办法的增值税一般纳税人，取得2010年1月1日以后开具的海关缴款书，应在开具之日起180日后的第一个纳税申报期结束以前，向主管税务机关申报抵扣进项税额。

2. 扣减当期销项税额的规定。纳税人在销售货物时，因货物质量、规格等原因发生销货退回或折让，由于销货退回或折让不仅涉及销货价款或折让价款的退回，还涉及增值税的退回。税法规定，一般纳税人因销货退回或折让而退还给购买方的增值税税额，应从发生销货退回或折让当期的销项税额中扣减。

3. 扣减当期进项税额的规定。

（1）进货退出或折让的税务处理。因进货退出或折让而收回的增值税额，应从发生进货退出或折让当期的进项税额中抵减。

（2）向供货方收取的返还收入的税务处理。对商业企业向供货方收取的与商品销售量、销售额挂钩的各种返还收入，均应按平销返利行为的有关规定冲减当期增值税进项税额。

$$当期应冲减的进项税额 = 当期取得的返还资金 \div (1 + 所购进货物适用增值税税率) \times 所购进货物适用增值税税率$$

（3）已经抵扣进项税额的购进货物或应税劳务发生用途改变的税务处理。由于增值税采用"购进扣税法"，当期购进的货物或应税劳务如果未确定用于非经营性项目，其进项税额会在当期销项税额中予以抵扣；但已经抵扣进项税额的购进货物或应税劳务如果事后改变用途，用于以下项目，则根据税法规定，应将购进货物或应税劳务的进项税额从当期进项税额中扣减：

① 用于非应税项目、免税项目、集团福利或个人消费。

② 进项税额发生非正常损失，在产品或产成品发生非正常损失。

4. 进项税额不足抵扣的处理。在计算应纳税额时，出项当期销项税额小于当期进项税额不足抵扣的税额，可以结转下期继续抵扣。

【例 2－5】某手机生产企业，为一般纳税人，增值税税率 16%。2018 年 6 月发生如下业务：

（1）销售手机 500 台，单价 1 200 元，取得收入 60 万元开具增值税专用发票。

（2）作为国庆节礼物优惠销售给本企业员工 100 台，单价 585 元，实际收到 58 500 元。

（3）销售给"小规模"零售企业 20 台，取得收入 28 080 元，开具普通发票。

（4）购买原材料 45 万元，增值税专用发票注明税额 76 500 元。

（5）支付广告费 100 万元，增值税专用发票注明税额 6 万元。

（6）购入一批健身器材 2 000 元，用于本企业职工活动中心，增值税专用发票上注明税额 340 元。

上述购进的货物，均已验收入库，且专用发票已认证。

要求：计算 9 月应纳增值税额。

【解析】

（1）进项税额：用于集体福利的购进货物的进项税额不得抵扣：

进项税额 = 76 500 + 60 000 = 136 500（元）

（2）应税销售额：销售给本企业员工 100 台，价格偏低，应按同类商品价格计算应税销售额：100 × 1 200 = 120 000（元）

销售给"小规模"零售企业，取得的收入为含税收入：

不含税收入 = 28 080 ÷ (1 + 16%) = 24 207（元）

应税销售额 = 600 000 + 120 000 + 24 207 = 744 207（元）

销项税额 = 744 000 × 16% = 119 073. 12（元）

（3）应纳税额 = 119 073. 12 － 136 500 = －17 426. 88（元）

应纳税额为负数，表示为未抵扣完的进项税额，留待下月继续抵扣。

【例 2－6】某纺织厂（一般纳税人）主要生产棉纱、棉型涤纶沙、棉坯布、棉型涤纶坯布和印染布2014年12月经营业务如下：

（1）外购染料价款3万元，发票注明进项税额5 100元。

（2）外购低值易耗品价款1.5万元，发票注明进项税额2 550元。

（3）从供销社棉麻公司购进棉花价款16万元，发票注明进项税额2.72万元；发生运费2万元，发票注明进项税额2 200元。

（4）从农业生产者手中购进棉花价款4万元。

（5）从“小规模纳税人”企业购进修理用配件0.6万元，取得普通发票。

（6）生产用外购电力，价款3.1万元，发票注明进项税额5 270元。

（7）购入气流纺纱机一台，价款5万元，发票注明进项税额8 500元。

（8）企业为赠送客户生产一批礼品布料，本月赠送给客户礼品布料成本共计1万元。

（9）采用托收承付结算方式销售棉布，价款24万元，货已发出，已在银行办妥托收。

（10）采用分期收款结算方式销售棉布，价款31万元，货已发出，合同规定本月到期货款20万元，但实际只收回货款15万元。

（11）采用支票结算方式销售棉布给小规模纳税人，价税混合收取计4.68万元。货已发出，款已收到。

（12）上月结转待扣进项税额1.5万元。

上述（1）~（7）购进的货物，均已验收入库，且专用发票已认证。成本利润率为10%。

要求计算：本月进项税额、销项税额、应纳增值税额。

【解析】

（1）进项税额：从“小规模纳税人”企业购进修理用配件0.6万元，取得普通发票。因为未取得增值税专用发票，所以这笔业务不能抵扣进项税。

从农业生产者手中购进棉花的进项税额＝40 000×13%＝5 200（元）

进项税额＝5 100＋2 550＋27 200＋2 200＋5 200＋5 270＋8 500＝56 020（元）

（2）应税销售额：分期收款结算方式销售商品，根据合同注明的到期货款，计算销项税额，而不是根据实际收到的货款。

销售给小规模纳税人税额4.68万元，为含税销售额。

不含税销售额＝46 800÷（1＋17%）＝40 000（元）

赠送给客户做礼品共计1万元，视同销售，因为没有销售价格，采用组成计税价格：

组成计税价格＝成本×（1＋成本利润率）＝1×（1＋10%）＝1.1（万元）

应税销售额＝（1.1＋24＋20＋4）×10 000＝491 000（元）

（3）销项税额＝491 000×17%＝83 470（元）

（4）应纳税额＝83 470－56 020－15 000＝12 450（元）

【提示】

为完善增值税制度，2018年5月1日以后，现将调整增值税税率有关政策通知如下：

一、纳税人发生增值税应税销售行为或者进口货物，原适用17%和11%税率的，税率分别调整为16%、10%。

二、纳税人购进农产品，原适用11%扣除率的，扣除率调整为10%。

三、纳税人购进用于生产销售或委托加工16%税率货物的农产品，按照12%的扣除率计算进项税额。

四、小规模纳税人应纳税额的计算

小规模纳税人销售货物或者应税劳务，实行按照销售额和征收率计算应纳税额的简易办法，并不得抵扣进项税额。应纳税额计算公式：

应纳税额=(不含税)销售额×征收率(3%)

公式中的销售额应为不含增值税税额，含价外费用的销售额。

由于小规模纳税人销售货物只能开具普通发票，上面注明的是含税价格，需按下面公式换算为不含税销售额：

(不含税)销售额=含税销售额÷(1+征收率)

【例2-7】某会计师事务所，主要从事代理记账业务，为小规模纳税人，2018年6月取得收入36 050元，请计算该事务所6月的应纳税额。

【解析】属于“营改增”的范围，代理记账、翻译服务按照“咨询服务”征收增值税。

应税销售额=36 050÷(1+3%)=35 000（元）

应纳增值税额=35 000×3%=1 050（元）

五、进口货物增值税

1. 进口货物征税范围。申报进入我国海关境内的货物。

2. 进口货物的纳税人。进口货物的收货人或办理报关手续的单位和个人，为进口货物增值税的纳税义务人，包括国内一切从事进口业务的企事业单位、机关团体和个人。

3. 进口货物适用的税率。进口货物的增值税税率与增值税一般纳税人在国内销售同类货物的税率相同。

4. 进口增值税的计算办法。纳税人进口货物，按照组成计税价格和规定税率（10%或16%）计算应纳税额，不得抵扣任何税额。

纳税人进口货物，按照组成计税价格和规定的税率计算应纳税额。组成计税价格和应纳税额计算公式：

组成计税价格=关税完税价格+关税+消费税

应纳税额=组成计税价格×税率

5. 进口货物增值税纳税义务发生时间及期限。进口货物的增值税，纳税义务发生时间为报关进口当天；纳税地点为进口货物报关地海关；纳税期限为海关填发税控缴纳证之日起15日内。

【例2-8】某进出口公司2018年6月进口一批货物，海关审定的关税完税价格为500

万元，该批货物关税税率为15%，增值税税率为16%；当月销售货物取得的不含税销售额为800万元。请计算该公司6月应纳增值税额。

【解析】 进口货物应纳关税 = 500 × 15% = 75（万元）

进口货物组成计税价格 = 500 + 75 = 575（万元）

进口环节应纳增值税额 = 575 × 16% = 92（万元）

当月销项税额 = 800 × 16% = 128（万元）

进口环节已缴纳的增值税可以凭海关完税凭证从销项税额中抵扣。

当月应纳增值税额 = 128 − 92 = 36（万元）

六、"营改增"的应纳税额的计算

试点增值税的计税方法，包括一般计税方法和简易计税方法。原则上，交通运输业、建筑业、邮电通信业、现代服务业、文化体育业、销售不动产和转让无形资产适用增值税一般计税方法。而金融保险业和生活性服务业适用增值税简易计税方法。

一般纳税人提供财政部和国家税务总局规定的特定应税服务，可以选择适用简易计税方法计税，但一经选择，36个月内不得变更。

1. 一般计税方法。一般计税方法的应纳税额，是指当期销项税额抵扣当期进项税额后的余额。

应纳税额 = 当期销项税额 − 当期进项税额

计税销售额 =（取得的全部含税价款和价外费用 − 支付给其他单位或个人的含税价款）÷（1 + 对应征税应税服务适用的增值税税率或征收率）

2. 简易计税方法。简易计税方法的应纳税额，是指按照销售额和增值税征收率计算的增值税额，不得抵扣进项税额。

应纳税额 = 销售额 × 征收率

计税销售额 =（取得的全部含税价款和价外费用 − 支付给其他单位或个人的含税价款）÷（1 + 征收率）

3. 计税销售额的确认。《财政部、国家税务总局关于上海市开展交通运输业和部分现代服务业营业税改征增值税试点的通知》规定，试点纳税人提供应税服务，按照国家有关营业税政策规定差额征收营业税的，允许其以取得的全部价款和价外费用，扣除支付给非试点纳税人价款后的余额为销售额。

根据上述规定纳税人计税销售额原则上为发生应税交易取得的全部收入，对一些存在大量代收转付或代垫资金的行业，其代收代垫金额可予以合理扣除。

【例2-9】"营改增"试点地区某广告公司被认定为一般纳税人，2017年9月10日，该公司与客户签订了一份广告代理合同，合同含税总价为106万元，该公司又与河北（当时属于非试点地区）某电视台签订广告发布合同，金额为53万元。该广告于9月10日发布，广告公司收到河北某电视台开具的营业税发票53万元。要求：计算该广告公司应缴纳的增值税额。

【解析】 销项税额 = 106 ÷（1 + 6%）× 6% = 6（万元）

可以抵减的销项税额 =53 ÷（1 +6%）×6% =3（万元）

应缴纳增值税 =6 －3 =3（万元）

【知识链接】

关于纳税人销售自己使用过的固定资产征税问题

《财政部　国家税务总局关于全国实施增值税转型改革若干问题的通知》（财税〔2008〕170号）规定，自2009年1月1日起，纳税人销售自己使用过的固定资产，应区分不同情形征收增值税：

1. 销售自己使用过的2009年1月1日以后购进或者自制的固定资产，按照适用税率征收增值税。

2. 2008年12月31日以前未纳入扩大增值税抵扣范围试点的纳税人，销售自己使用过的2008年12月31日以前购进或者自制的固定资产，按照4%征收率减半征收增值税。

3. 2008年12月31日以前已纳入扩大增值税抵扣范围试点的纳税人，销售自己使用过的在本地区扩大增值税抵扣范围试点以前购进或者自制的固定资产，按照4%征收率减半征收增值税；销售自己使用过的在本地区扩大增值税抵扣范围试点以后购进或者自制的固定资产，按照适用税率征收增值税。

已使用过的固定资产，是指纳税人根据财务会计制度已经计提折旧的固定资产。

资料来源：《财政部　国家税务总局关于全国实施增值税转型改革若干问题的通知》（财税〔2008〕170号）。

【案例分析】

基本案情：某造纸毛毯制造股份有限公司是增值税一般纳税人，主要从事各种规格型号的造纸毛毯的生产销售，其下设运输部门负责所售货物的运输服务并对外承接其他运输服务。公司所在地区从2012年9月1日起试点营业税改征增值税，公司的运输劳务年收入较大，8月提交所需资料后经税务机关认定为一般纳税人。公司销售产品和运输劳务分别独立核算，公司销售产品的增值税适用税率为17%，运输劳务的增值税适用税率为11%。“营改增”试点开始时，期初留抵税额为100万元。

2012年9月公司发生如下业务：

（1）销售产品一批，不含税销售收入500万元，开具的增值税专用发票；向某建筑企业提供运输服务取得含税货运收入55.5万元，开具普通发票，价款已经全部收到。

（2）与试点地区乙运输企业（一般纳税人）共同承接一项联运业务，收取全程不含税货运收入30万元，并全额开具了增值税专用发票，同时支付给乙运输企业不含税运费10万元，并取得乙运输企业开具的增值税发票。

（3）与试点地区丙运输企业（小规模纳税人）共同承接一项联运业务，收取全程不含税货运收入15万元，并全额开具了增值税专用发票，同时支付给丙运输企业不含税运费2万元，并取得丙运输企业找税务机关代开的增值税专用发票。

（4）初次购买一套增值税税控系统专用设备，用银行存款支付，取得增值税专用发票，不含税价款2 000元，增值税税额340元。设备当月开始使用，预计使用5年。

(5) 公司购入汽油用于运输业务，取得增值税专用发票，发票上货款70.6万元，增值税税额为12万元，款项已经支付。

(6) 购入原材料取得增值税专用发票，发票上货款200万元，增值税税额为34万元，材料已验收入库。

注：取得的增值税专用发票都已经税务机关认证相符。

要求：计算2012年9月应该缴纳的增值税税额。

【解析】(1) 销项税额：

业务1：500×17%+55.5/(1+11%)×11%=90.5（万元）

业务2：(30-10)×11%=2.2（万元）

业务3：15×11%-2×3%=1.59（万元）

(2) 销售货物部分的应纳税额=500×17%-34-100=-49（万元）

说明上期留抵的进项税额，可以冲抵销售货物产生的销项税额51（500×17%-34）万元，剩下的49万元，留待以后期限抵扣销售货物产生的销项税额。

(3) 2012年9月应纳增值税=(90.5+2.2+1.59)-(85+34-49)=24.29（万元）

扣减税控机的2 340元，应纳税额=242 900-2 340=240 560（元）

【提示】

《财政部　国家税务总局关于增值税税控系统专用设备和技术维护费用抵减增值税税额有关政策的通知》(财税〔2012〕5号) 规定，增值税纳税人2011年12月1日以后初次购买增值税税控系统专用设备（包括开票机）支付的费用，可凭购买增值税税控系统专用设备取得的增值税专用发票，在增值税应纳税额中全额抵减（抵减额为价税合计额），不足抵减的可结转下期继续抵减。增值税纳税人非初次购买增值税税控系统专用设备支付的费用，由其自行负担，不得在增值税应纳税额中抵减。

增值税税控系统包括：增值税防伪税控系统、货物运输业增值税专用发票税控系统、机动车销售统一发票税控系统和公路、内河货物运输业发票税控系统。

增值税防伪税控系统的专用设备包括金税卡、IC卡、读卡器或金税盘和报税盘；货物运输业增值税专用发票税控系统专用设备包括税控盘和报税盘；机动车销售统一发票税控系统和公路、内河货物运输业发票税控系统专用设备包括税控盘和传输盘。

任务六　增值税的税收优惠及纳税申报

一、税收优惠

1. 起征点。对个人销售额未达到起征点的，免征增值税。

增值税起征点：(1) 销售货物的，为月销售额2 000~5 000元；(2) 销售应税劳务的，为月销售额1 500~3 000元；(3) 按次纳税的，为每次（日）销售额150~200元。

销售额，是指小规模纳税人的销售额。

省、自治区、直辖市财政厅（局）和国家税务局应在规定的幅度内，根据实际情况确定本地区适用的起征点，并报财政部、国家税务总局备案。

2013 年 7 月 24 日，国务院常务会议，决定从 2013 年 8 月 1 日起，对小微企业中月销售额不超过 2 万元的增值税小规模纳税人和营业税纳税人，暂免征收增值税和营业税。

财政部、国家税务总局联合发布的《关于进一步支持小微企业增值税和营业税政策的通知》明确规定，2014 年 10 月 1 日至 2015 年 12 月 31 日，对月销售额 2 万～3 万元的增值税小规模纳税人，免征增值税。

《财政部、税务总局关于延续小微企业增值税政策的通知》（财税〔2017〕76 号）为支持小微企业发展，自 2018 年 1 月 1 日至 2020 年 12 月 31 日，继续对月销售额 2 万元（含本数）至 3 万元的增值税小规模纳税人，免征增值税。

【小贴士】

按照《中小企业划型标准规定》，从业人员 300 人及以上，且营业收入 2 000 万元及以上的为中型企业；从业人员 20 人及以上，且营业收入 300 万元及以上的为小型企业；从业人员 20 人以下或营业收入 300 万元以下的为微型企业。目前小规模纳税人的营业税为 5%，增值税为 3%，营业税和增值税并不能并用，以一个月销售额 2 万元销售企业来讲，一个月最多可以减少税负为 1 000 元（2 万元 ×5%）。

资料来源：《中小企业划型标准规定》。

2. 免征增值税范围。(1) 农业生产者销售的自产农产品；(2) 避孕药品和用具；(3) 古旧图书；(4) 直接用于科学研究、科学试验和教学的进口仪器、设备；(5) 外国政府、国际组织无偿援助的进口物资和设备；(6) 由残疾人的组织直接进口供残疾人专用的物品；(7) 销售的自己使用过的物品。

除前款规定外，增值税的免税、减税项目由国务院规定。任何地区、部门均不得规定免税、减税项目。

【小贴士】

关于延续动漫产业增值税政策的通知

各省、自治区、直辖市、计划单列市财政厅（局）、国家税务局、地方税务局，新疆生产建设兵团财政局：

为促进我国动漫产业发展，继续实施动漫产业增值税政策。现将有关事项通知如下：

一、自 2018 年 1 月 1 日至 2018 年 4 月 30 日，对动漫企业增值税一般纳税人销售其自主开发生产的动漫软件，按照 17% 的税率征收增值税后，对其增值税实际税负超过 3% 的部分，实行即征即退政策。

二、自 2018 年 5 月 1 日至 2020 年 12 月 31 日，对动漫企业增值税一般纳税人销售其自主开发生产的动漫软件，按照 16% 的税率征收增值税后，对其增值税实际税负超过 3% 的部分，实行即征即退政策。

三、动漫软件出口免征增值税。

四、动漫软件，按照《财政部　国家税务总局关于软件产品增值税政策的通知》（财税

〔2011〕100 号）中软件产品相关规定执行。

动漫企业和自主开发、生产动漫产品的认定标准和认定程序，按照《文化部　财政部　国家税务总局关于印发〈动漫企业认定管理办法（试行）〉的通知》（文市发〔2008〕51 号）的规定执行。

五、《财政部　国家税务总局关于动漫产业增值税和营业税政策的通知》（财税〔2013〕98 号）到期停止执行。

财政部　国家税务总局

2018 年 4 月 19 日

资料来源：财税〔2018〕38 号。

二、增值税纳税义务发生时间

（1）销售货物或者应税劳务，为收讫销售款项或者取得索取销售款项凭据的当天；先开具发票的，为开具发票的当天。

（2）进口货物，为报关进口的当天。

增值税扣缴义务发生时间为纳税人增值税纳税义务发生的当天。

第（1）项规定的收讫销售款项或者取得索取销售款项凭据的当天，按销售结算方式的不同，具体为：

① 采取直接收款方式销售货物，不论货物是否发出，均为收到销售款或者取得索取销售款凭据的当天。

② 采取托收承付和委托银行收款方式销售货物，为发出货物并办妥托收手续的当天。

③ 采取赊销和分期收款方式销售货物，为书面合同约定的收款日期的当天，无书面合同的或者书面合同没有约定收款日期的，为货物发出的当天。

④ 采取预收货款方式销售货物，为货物发出的当天，但生产销售生产工期超过 12 个月的大型机械设备、船舶、飞机等货物，为收到预收款或者书面合同约定的收款日期的当天。

⑤ 委托其他纳税人代销货物，为收到代销单位的代销清单或者收到全部或者部分货款的当天。未收到代销清单及货款的，为发出代销货物满 180 天的当天。

⑥ 销售应税劳务，为提供劳务同时收讫销售款或者取得索取销售款的凭据的当天。

⑦ 纳税人发生本细则第 4 条第 3 项至第 8 项所列视同销售货物行为，为货物移送的当天。

三、增值税纳税地点

1. 固定业户应当向其机构所在地的主管税务机关申报纳税。总机构和分支机构不在同一县（市）的，应当分别向各自所在地的主管税务机关申报纳税；经国务院财政、税务主管部门或者其授权的财政、税务机关批准，可以由总机构汇总向总机构所在地的主管税务机关申报纳税。

2. 固定业户到外县（市）销售货物或者应税劳务，应当向其机构所在地的主管税务机关申请开具外出经营活动税收管理证明，并向其机构所在地的主管税务机关申报纳税；未开具证明的，应当向销售地或者劳务发生地的主管税务机关申报纳税；未向销售地或者劳务发生地的主管税务机关申报纳税的，由其机构所在地的主管税务机关补征税款。

3. 非固定业户销售货物或者应税劳务，应当向销售地或者劳务发生地的主管税务机关申报纳税；未向销售地或者劳务发生地的主管税务机关申报纳税的，由其机构所在地或者居住地的主管税务机关补征税款。

4. 进口货物，应当向报关地海关申报纳税。

扣缴义务人应当向其机构所在地或者居住地的主管税务机关申报缴纳其扣缴的税款。

四、增值税的纳税期限

增值税的纳税期限分别为 1 日、3 日、5 日、10 日、15 日、1 个月或者 1 个季度。纳税人的具体纳税期限，由主管税务机关根据纳税人应纳税额的大小分别核定；不能按照固定期限纳税的，可以按次纳税。

纳税人以 1 个月或者 1 个季度为 1 个纳税期的，自期满之日起 15 日内申报纳税；以 1 日、3 日、5 日、10 日或者 15 日为 1 个纳税期的，自期满之日起 5 日内预缴税款，于次月 1 日起 15 日内申报纳税并结清上月应纳税款。

扣缴义务人解缴税款的期限，依照前两款规定执行。

纳税人进口货物，应当自海关填发海关进口增值税专用缴款书之日起 15 日内缴纳税款。

五、纳税申报方式

根据《税收征收管理法》的规定，纳税人、扣缴义务人可以直接到税务机关的纳税大厅申报税款或报送扣缴表，也可以采取邮寄、网上申报、数据电文或其他方式进行办理。目前主要采用网上申报、数据电文方式进行。

【相关链接】增值税纳税申报表（见表 2-12 ~ 表 2-18）

表 2-12 **增值税纳税申报表**

（适用于一般纳税人）

根据《中华人民共和国增值税暂行条例》第 22 条和第 23 条的规定。纳税人不论有无销售额，均应按主管税务机关核定的纳税期限按期填报本表，并于次月 1 ~ 15 日内，向当地税务机关申报。

金额单位：元（列至角分）

税款所属时间：自　　年　月　日至　　年　月　日　　　　填表日期：　　年　月　日

纳税人识别号															

增值税纳税类型：　　所属行业：
电脑编码：

纳税人名称	（公章）	法定代表人姓名		注册地址		营业地址	
开户银行及账号		企业登记注册类型				电话号码	

续表

	项　目	行　次	一般货物及劳务		即征即退货物及劳务	
			本月数	本年累计	本月数	本年累计
销售额	（一）按适用税率征税货物及劳务销售额	1				
	其中：应税货物销售额	2				
	应税劳务销售额	3				
	纳税检查调整的销售额	4				
	（二）按简易征收办法征税货物销售额	5				
	其中：纳税检查调整的销售额	6				
	（三）免、抵、退办法出口货物销售额	7			—	—
	（四）免税货物及劳务销售额	8			—	—
	其中：免税货物销售额	9			—	—
	免税劳务销售额	10			—	—
税款计算	销项税额	11				
	进项税额	12				
	上期留抵税额	13		—		—
	进项税额转出	14				
	免抵退货物应退税额	15			—	—
	按适用税率计算的纳税检查应补缴税额	16			—	—
	应抵扣税额合计	17 = 12 + 13 − 14 − 15 + 16		—		—
	实际抵扣税额	18（若17 < 11则为17，否则为11）				
	应纳税额	19 = 11 − 18				
	期末留抵税额	20 = 17 − 18		—		—
	简易征收办法计算的应纳税额	21				
	按简易征收办法计算的纳税检查应补缴税额	22			—	—
	应纳税额减征额	23				
	应纳税额合计	24 = 19 + 21 − 23				

续表

税款缴纳	期初未缴税额（多缴为负数）	25				
	实收出口开具专用缴款书退税额	26			—	—
	本期已缴税额	27 = 28 + 29 + 30 + 31				
	其中：① 分次预缴税额	28		—		—
	② 出口开具专用缴款书预缴税额	29		—	—	—
	③ 本期缴纳上期应纳税额	30				
	④ 本期缴纳欠缴税额	31				
	期末未缴税额（多缴为负数）	32 = 24 + 25 + 26 − 27				
	其中：欠缴税额（≥0）	33		—		—
	本期应补（退）税额	34 = 24 − 28 − 29		—		—
	即征即退实际退税额	35	—	—		
	期初未缴查补税额	36			—	—
	本期入库查补税额	37			—	—
	期末未缴查补税额	38 = 16 + 22 + 36 − 37			—	—

授权声明	如果你已委托代理人申报，请填写下列资料： 为代理一切税务事宜， （地址）　　　　　　　为本纳税人的代理申报人，任何与本申报表有关的往来文件，都可寄予此人。 授权人签字：	申报人声明	此纳税申报表是根据《中华人民共和国增值税暂行条例》的规定填报的，我相信它是真实的、可靠的、完整的。 声明人签字：

以下由税务机关填写：

收到日期：　　　　　　　　接收人：　　　　　　　　主管税务机关盖章：

表 2－13

增值税纳税申报表附列资料（表一）

（本期销售情况明细）

税款所属时间：　　年　　月

纳税人名称：（公章）　　填表日期：　　年　　月　　日　　金额单位：元（列至角分）

<table>
<tr><td colspan="6" rowspan="2">项　目</td><td rowspan="2">行次</td><td rowspan="2">防伪税控系统开具的增值税专用发票 1</td><td rowspan="2">税控收款机开具的发票 2</td><td rowspan="2">开具普通发票 3</td><td rowspan="2">未开具发票 4</td><td rowspan="2">小计 5＝1＋2＋3＋4</td><td colspan="2">纳税检查调整事项</td><td rowspan="2">合计 8＝5＋6</td></tr>
<tr><td>纳税检查调整 6</td><td>其中：调整以前年度 7</td></tr>
<tr><td rowspan="18">一、按适用税率征收增值税货物及劳务的销售额和销项税额明细</td><td rowspan="12">应税货物</td><td rowspan="6">16%税率</td><td colspan="3">发票份数</td><td>1</td><td></td><td></td><td></td><td>—</td><td></td><td>—</td><td>—</td><td></td></tr>
<tr><td rowspan="4">销售额</td><td rowspan="3">货物名称</td><td></td><td>2</td><td></td><td></td><td></td><td></td><td></td><td></td><td></td><td></td></tr>
<tr><td></td><td>3</td><td></td><td></td><td></td><td></td><td></td><td></td><td></td><td></td></tr>
<tr><td></td><td>4</td><td></td><td></td><td></td><td></td><td></td><td></td><td></td><td></td></tr>
<tr><td colspan="2">小计</td><td>5＝2＋3＋4</td><td></td><td></td><td></td><td>—</td><td></td><td>—</td><td>—</td><td></td></tr>
<tr><td colspan="3">销项税额</td><td>6</td><td></td><td></td><td></td><td></td><td></td><td></td><td></td><td></td></tr>
<tr><td rowspan="6">10%税率</td><td colspan="3">发票份数</td><td>7</td><td></td><td></td><td></td><td>—</td><td></td><td>—</td><td>—</td><td></td></tr>
<tr><td rowspan="4">销售额</td><td rowspan="3">货物名称</td><td></td><td>8</td><td></td><td></td><td></td><td></td><td></td><td></td><td></td><td></td></tr>
<tr><td></td><td>9</td><td></td><td></td><td></td><td></td><td></td><td></td><td></td><td></td></tr>
<tr><td></td><td>10</td><td></td><td></td><td></td><td></td><td></td><td></td><td></td><td></td></tr>
<tr><td colspan="2">小计</td><td>11＝8＋9＋10</td><td></td><td></td><td></td><td>—</td><td></td><td>—</td><td>—</td><td></td></tr>
<tr><td colspan="3">销项税额</td><td>12</td><td></td><td></td><td></td><td></td><td></td><td></td><td></td><td></td></tr>
<tr><td rowspan="3">应税劳务</td><td colspan="4">发票份数</td><td>13</td><td></td><td></td><td></td><td>—</td><td></td><td>—</td><td>—</td><td></td></tr>
<tr><td colspan="4">销售额</td><td>14</td><td></td><td></td><td></td><td></td><td></td><td></td><td></td><td></td></tr>
<tr><td colspan="4">销项税额</td><td>15</td><td></td><td></td><td></td><td></td><td></td><td></td><td></td><td></td></tr>
<tr><td rowspan="3">小计</td><td colspan="4">发票份数</td><td>16＝1＋7＋13</td><td></td><td></td><td></td><td></td><td></td><td></td><td></td><td></td></tr>
<tr><td colspan="4">销售额</td><td>17＝5＋11＋14</td><td></td><td></td><td></td><td></td><td></td><td></td><td></td><td></td></tr>
<tr><td colspan="4">销项税额</td><td>18＝6＋12＋15</td><td></td><td></td><td></td><td></td><td></td><td></td><td></td><td></td></tr>
</table>

续表

项目				行次	防伪税控系统开具的增值税专用发票1	税控收款机开具的发票2	开具普通发票3	未开具发票4	小计 5 = 1 + 2 + 3 + 4	纳税检查调整事项		合计 8 = 5 + 6
										纳税检查调整 6	其中：调整以前年度 7	
二、简易征收办法征收增值税货物的销售额和应纳税额明细	征收率项目	3%征收率	份数	19				—		—	—	
			货物或劳务名称	20								
			应纳税额	21								
		征收率(可选)	份数	22				—		—	—	
			货物或劳务名称	23								
			应纳税额	24								
	小计	发票份数		25 = 19 + 22				—		—	—	
		销售额		26 = 20 + 23								
		应纳税额		27 = 21 + 24								
三、出口免征增值税货物及劳务销售额明细	发票份数			28				—		—	—	
	销售额	货物或劳务名称		29								
				30								
				31								
		小计		32 = 29 + 30 + 31								
四、免征增值税货物及劳务销售额明细	免税货物	发票份数		33				—		—	—	
		销售额	货物或劳务名称	34								
				35								
				36								
		小计		37 = 34 + 35 + 36								
		税额		38								
	免税劳务	发票份数		39								
		销售额		40				—		—	—	
		税额		41								
	小计	发票份数		42 = 33 + 39								
		销售额		43 = 37 + 40								
		税额		44 = 38 + 41								

表 2 – 14

增值税纳税申报表附列资料（二）

（本期进项税额明细）

税款所属时间：　　年　　月　日至　　年　　月　　日

纳税人名称：（公章）　　　　　　　　　　　　金额单位：元（列至角分）

一、申报抵扣的进项税额				
项　　目	栏　次	份数	金额	税　额
（一）认证相符的税控增值税专用发票	1 = 2 + 3			
其中：本期认证相符且本期申报抵扣	2			
前期认证相符且本期申报抵扣	3			
（二）其他扣税凭证	4 = 5 + 6 + 7 + 8			
其中：海关进口增值税专用缴款书	5			
农产品收购发票或者销售发票	6			
代扣代缴税收通用缴款书	7		—	
运输费用结算单据	8			
	9	—	—	—
	10	—	—	—
（三）外贸企业进项税额抵扣证明	11	—	—	
当期申报抵扣进项税额合计	12 = 1 + 4 + 11			
二、进项税额转出额				
项　　目	栏　次	税　额		
本期进项税转出额	13 = 14 至 23 之和			
其中：免税项目用	14			
非应税项目用、集体福利、个人消费	15			
非正常损失	16			
简易计税方法征税项目用	17			
免抵退税办法不得抵扣的进项税额	18			
纳税检查调减进项税额	19			
红字专用发票通知单注明的进项税额	20			
上期留抵税额抵减欠税	21			
上期留抵税额退税	22			
其他应作进项税额转出的情形	23			
三、待抵扣进项税额				
项　　目	栏　次	份数	金额	税　额
（一）认证相符的税控增值税专用发票	24	—	—	—
期初已认证相符但未申报抵扣	25	—	—	—
本期认证相符且本期未申报抵扣	26	—	—	—
期末已认证相符但未申报抵扣	27			
其中：按照税法规定不允许抵扣	28	—	—	—

续表

（二）其他扣税凭证	29＝30至33之和			
其中：海关进口增值税专用缴款书	30			
农产品收购发票或者销售发票	31			
代扣代缴税收通用缴款书	32		—	
运输费用结算单据	33			
	34			
四、其他				
项　　目	栏　次	税　额		
本期认证相符的税控增值税专用发票	35	—		

表2－15　　增值税纳税申报表附列资料（三）

（应税服务扣除项目明细）

税款所属时间：　　年　　月　　日至　　年　　月　　日

纳税人名称：（公章）　　　　金额单位：元（列至角分）

项目及栏次	本期应税服务价税合计额（免税销售额）	应税服务扣除项目				
		期初余额	本期发生额	本期应扣除金额	本期实际扣除金额	期末余额
	1	2	3	4＝2＋3	5（5≤1且5≤4）	6＝4－5
16%税率的有形动产租赁服务						
10%税率的应税服务						
6%税率的应税服务						
3%征收率的应税服务						
免抵退税的应税服务						
免税的应税服务						

表2－16　　固定资产进项税额抵扣情况

纳税人识别号：　　　　纳税人名称（公章）：

填表日期：　　年　　月　　日　　　　金额单位：元（列至角分）

项　　目	当期申报抵扣的固定资产进项税额	当期申报抵扣的固定资产进项税额累计
增值税专用发票		
海关进口增值税专用缴款书		
合　　计		

表 2－17　　**增值税纳税申报表**（适用于增值税小规模纳税人）

纳税人识别号 □□□□□□□□□□□□□□□□□□□□

纳税人名称（公章）：　　　　　　　　　　　　　　　　　　　　　金额单位：元（列至角分）

税款所属期：　　年　　月　　日至　　年　　月　　日　　　　　　填表日期：　　年　　月　　日

<table>
<tr><td rowspan="2"></td><td rowspan="2">项　目</td><td rowspan="2">栏次</td><td colspan="2">本期数</td><td colspan="2">本年累计</td></tr>
<tr><td>应税货物及劳务</td><td>应税服务</td><td>应税货物及劳务</td><td>应税服务</td></tr>
<tr><td rowspan="9">一、计税依据</td><td>（一）应征增值税不含税销售额</td><td>1</td><td></td><td></td><td></td><td></td></tr>
<tr><td>税务机关代开的增值税专用发票不含税销售额</td><td>2</td><td></td><td></td><td></td><td></td></tr>
<tr><td>税控器具开具的普通发票不含税销售额</td><td>3</td><td></td><td></td><td></td><td></td></tr>
<tr><td>（二）销售使用过的应税固定资产不含税销售额</td><td>4（4≥5）</td><td></td><td>—</td><td></td><td>—</td></tr>
<tr><td>其中：税控器具开具的普通发票不含税销售额</td><td>5</td><td></td><td>—</td><td></td><td>—</td></tr>
<tr><td>（三）免税销售额</td><td>6（6≥7）</td><td></td><td></td><td></td><td></td></tr>
<tr><td>其中：税控器具开具的普通发票销售额</td><td>7</td><td></td><td></td><td></td><td></td></tr>
<tr><td>（四）出口免税销售额</td><td>8（8≥9）</td><td></td><td></td><td></td><td></td></tr>
<tr><td>其中：税控器具开具的普通发票销售额</td><td>9</td><td></td><td></td><td></td><td></td></tr>
<tr><td rowspan="5">二、税款计算</td><td>本期应纳税额</td><td>10</td><td></td><td></td><td></td><td></td></tr>
<tr><td>本期应纳税额减征额</td><td>11</td><td></td><td></td><td></td><td></td></tr>
<tr><td>应纳税额合计</td><td>12＝10－11</td><td></td><td></td><td></td><td></td></tr>
<tr><td>本期预缴税额</td><td>13</td><td></td><td></td><td>—</td><td>—</td></tr>
<tr><td>本期应补（退）税额</td><td>14＝12－13</td><td></td><td></td><td>—</td><td>—</td></tr>
<tr><td rowspan="4">纳税人或代理人声明：
此纳税申报表是根据国家税收法律的规定填报的，我确定它是真实的、可靠的、完整的</td><td colspan="6">如纳税人填报，由纳税人填写以下各栏：</td></tr>
<tr><td colspan="6">办税人员（签章）：　　　　　　　　财务负责人（签章）：
法定代表人（签章）：　　　　　　　联系电话：</td></tr>
<tr><td colspan="6">如委托代理人填报，由代理人填写以下各栏：</td></tr>
<tr><td colspan="6">代理人名称：　　　　经办人（签章）：　　　　联系电话：
代理人（公章）：</td></tr>
</table>

受理人：　　　　　　　　　受理日期：　　年　　月　　日　受理税务机关（签章）：

注：本表为 A3 竖式一式三份，一份纳税人留存、一份主管税务机关留存、一份征收部门留存。

表 2-18　　增值税纳税申报表（适用于增值税小规模纳税人）附列资料

税款所属期：　　年　月　　日至　　年　　月　　日　　　　　　　　填表日期：　　年　　月　　日

纳税人名称（公章）：　　　　　　　　　　　　　　　　　　　　　　　金额单位：元（列至角分）

应税服务扣除额计算			
期初余额	本期发生额	本期扣除额	期末余额
1	2	3（3≤1+2之和，且3≤5）	4=1+2-3
应税服务计税销售额计算			
全部含税收入	本期扣除额	含税销售额	不含税销售额
5	6=3	7=5-6	8=7÷1.03

资料来源：国家税务局网站，http：//www. chinatax. gov. cn/.

任务七　认识增值税专用发票

一、增值税专用发票概述

增值税专用发票（以下简称“专用发票”），是增值税一般纳税人（以下简称“一般纳税人”）销售货物或者提供应税劳务开具的发票，是购买方支付增值税额并可按照增值税有关规定据以抵扣增值税进项税额的凭证。

一般纳税人应通过增值税防伪税控系统（以下简称“防伪税控系统”）使用专用发票。使用，包括领购、开具、缴销、认证纸质专用发票及其相应的数据电文。

1. 专用发票的联次。专用发票由基本联次或者基本联次附加其他联次构成，基本联次为三联：发票联、抵扣联和记账联。发票联，作为购买方核算采购成本和增值税进项税额的记账凭证。抵扣联，作为购买方报送主管税务机关认证和留存备查的凭证。记账联，作为销售方核算销售收入和增值税销项税额的记账凭证。其他联次用途由一般纳税人自行确定。通常用于工业企业。

2. 专用发票的限额管理。专用发票实行最高开票限额管理。最高开票限额，是指单份专用发票开具的销售额合计数不得达到的上限额度。

最高开票限额由一般纳税人申请，税务机关依法审批。最高开票限额为10万元及以下的，由区县级税务机关审批；最高开票限额为100万元的，由地市级税务机关审批；最高开票限额为1 000万元及以上的，由省级税务机关审批。防伪税控系统的具体发行工作由区县级税务机关负责。

税务机关审批最高开票限额应进行实地核查。批准使用最高开票限额为10万元及以下的，由区县级税务机关派人实地核查；批准使用最高开票限额为100万元的，由地市级税务机关派人实地核查；批准使用最高开票限额为1 000万元及以上的，由地市级税务机关派人实地核查后将核查资料报省级税务机关审核。

一般纳税人申请最高开票限额时，需填报《最高开票限额申请表》。税务机关审批最高开票限额要进行实地核查。

税务机关核定的增值税专用发票领购数量不能满足日常经营需要时，可向主管税务机关申请进行增次增量。

3. 专用发票的初始发行。一般纳税人领购专用设备后，凭《最高开票限额申请表》《发票领购簿》到主管税务机关办理初始发行。

初始发行，是指主管税务机关将一般纳税人的下列信息载入空白金税卡和IC卡的行为。(1) 企业名称；(2) 税务登记代码；(3) 开票限额；(4) 购票限量；(5) 购票人员姓名、密码；(6) 开票机数量；(7) 国家税务总局规定的其他信息。

一般纳税人发生上列第 (1)、(3)、(4)、(5)、(6)、(7) 项信息变化，应向主管税务机关申请变更发行；发生第 (2) 项信息变化，应向主管税务机关申请注销发行。

4. 专用发票的领购开具范围。一般纳税人凭《发票领购簿》、IC卡和经办人身份证明领购专用发票。

一般纳税人有下列情形之一的，不得领购开具专用发票：

(1) 会计核算不健全，不能向税务机关准确提供增值税销项税额、进项税额、应纳税额数据及其他有关增值税税务资料的。上列其他有关增值税税务资料的内容，由省、自治区、直辖市和计划单列市国家税务局确定。

(2) 有《税收征管法》规定的税收违法行为，拒不接受税务机关处理的。

(3) 有下列行为之一，经税务机关责令限期改正而仍未改正的：①虚开增值税专用发票；②私自印制专用发票；③向税务机关以外的单位和个人买取专用发票；④借用他人专用发票；⑤未按本规定第11条开具专用发票；⑥未按规定保管专用发票和专用设备；⑦未按规定申请办理防伪税控系统变更发行；⑧未按规定接受税务机关检查。

有上列情形的，如已领购专用发票，主管税务机关应暂扣其结存的专用发票和IC卡。

上述“未按规定保管专用发票和专用设备”：①未设专人保管专用发票和专用设备；②未按税务机关要求存放专用发票和专用设备；③未将认证相符的专用发票抵扣联、《认证结果通知书》和《认证结果清单》装订成册；④未经税务机关查验，擅自销毁专用发票基本联次。

二、专用发票的开具

1. 一般规定。一般纳税人销售货物或者提供应税劳务，应向购买方开具专用发票，并在增值税专用发票上分别注明销售额和销项税额。

2. 代开发票。增值税小规模纳税人（以下简称“小规模纳税人”）需要开具专用发票的，可向主管税务机关申请代开。

3. 不得开具情形。一般纳税人有下列销售情形，不得开具专用发票：

(1) 商业企业一般纳税人零售的烟、酒、食品、服装、鞋帽（不包括劳保专用部分）、化妆品等消费品不得开具专用发票。

(2) 销售免税货物不得开具专用发票，法律、法规及国家税务总局另有规定的除外。

(3) 向消费者个人提供应税服务。

(4) 适用免征增值税规定的应税服务。

4. 专用发票的开具要求。专用发票应按下列要求开具：（1）项目齐全，与实际交易相符；（2）字迹清楚，不得压线、错格；（3）发票联和抵扣联加盖财务专用章或者发票专用章；（4）按照增值税纳税义务的发生时间开具。

对不符合上列要求的专用发票，购买方有权拒收。

一般纳税人销售货物或者提供应税劳务可汇总开具专用发票。汇总开具专用发票的，同时使用防伪税控系统开具《销售货物或者提供应税劳务清单》（附件2），并加盖财务专用章或者发票专用章。

5. 专用发票的作废处理。一般纳税人在开具专用发票当月，发生销货退回、开票有误等情形，收到退回的发票联、抵扣联符合作废条件的，按作废处理；开具时发现有误的，可即时作废。

作废专用发票须在防伪税控系统中将相应的数据电文按“作废”处理，在纸质专用发票（含未打印的专用发票）各联次上注明“作废”字样，全联次留存。

【知识链接】

红字专用发票

一般纳税人取得专用发票后，发生销货退回、开票有误等情形但不符合作废条件的，或者因销货部分退回及发生销售折让的，购买方应向主管税务机关填报《开具红字增值税专用发票申请单》(以下简称《申请单》)。

《申请单》所对应的蓝字专用发票应经税务机关认证。

经认证结果为“认证相符”并且已经抵扣增值税进项税额的，一般纳税人在填报《申请单》时不填写相对应的蓝字专用发票信息。

经认证结果为“纳税人识别号认证不符”“专用发票代码、号码认证不符”的，一般纳税人在填报《申请单》时应填写相对应的蓝字专用发票信息。

《申请单》一式两联：第一联由购买方留存；第二联由购买方主管税务机关留存。《申请单》应加盖一般纳税人财务专用章。

主管税务机关对一般纳税人填报的《申请单》进行审核后，出具《开具红字增值税专用发票通知单》(以下简称《通知单》)。《通知单》应与《申请单》一一对应。

《通知单》一式三联：第一联由购买方主管税务机关留存；第二联由购买方送交销售方留存；第三联由购买方留存。《通知单》应加盖主管税务机关印章。

《通知单》应按月依次装订成册，并比照专用发票保管规定管理。

购买方必须暂依《通知单》所列增值税税额从当期进项税额中转出，未抵扣增值税进项税额的可列入当期进项税额，待取得销售方开具的红字专用发票后，与留存的《通知单》一并作为记账凭证。属于本规定第14条第4款所列情形的，不作进项税额转出。

销售方凭购买方提供的《通知单》开具红字专用发票，在防伪税控系统中以销项负数开具。红字专用发票应与《通知单》一一对应。

资料来源：《增值税专用发票使用规定》。

同时具有下列情形的，为作废条件：（1）收到退回的发票联、抵扣联时间未超过销售方开票当月；（2）销售方未抄税并且未记账；（3）购买方未认证或者认证结果为“纳税人识别号认证不符”“专用发票代码号码认证不符”。

抄税，是报税前用IC卡或者IC卡和软盘抄取开票数据电文。

三、专用发票的认证管理

一般纳税人开具专用发票应在增值税纳税申报期内向主管税务机关报税，在申报所属月份内可分次向主管税务机关报税。

报税，是纳税人持IC卡或者IC卡和软盘向税务机关报送开票数据电文。因IC卡、软盘质量等问题无法报税的，应更换IC卡、软盘；因硬盘损坏、更换金税卡等原因不能正常报税的，应提供已开具未向税务机关报税的专用发票记账联原件或者复印件，由主管税务机关补采开票数据。

一般纳税人注销税务登记或者转为小规模纳税人，应将专用设备和结存未用的纸质专用发票送交主管税务机关。

主管税务机关应缴销其专用发票，并按有关安全管理的要求处理专用设备。

【小贴士】

专用发票的缴销，是指主管税务机关在纸质专用发票监制章处按“V”字剪角作废，同时作废相应的专用发票数据电文。

被缴销的纸质专用发票应退还纳税人。

用于抵扣增值税进项税额的专用发票应经税务机关认证相符（国家税务总局另有规定的除外）。认证相符的专用发票应作为购买方的记账凭证，不得退还销售方。

认证，是税务机关通过防伪税控系统对专用发票所列数据的识别、确认。

认证相符，是指纳税人识别号无误，专用发票所列密文解译后与明文一致。

1. 认证结果的处理。

（1）经认证，有下列情形之一的，不得作为增值税进项税额的抵扣凭证，税务机关退还原件，购买方可要求销售方重新开具专用发票。

① 无法认证。本规定所称无法认证，是指专用发票所列密文或者明文不能辨认，无法产生认证结果。

② 纳税人识别号认证不符。纳税人识别号认证不符，是指专用发票所列购买方纳税人识别号有误。

③ 专用发票代码、号码认证不符。专用发票代码、号码认证不符，是指专用发票所列密文解译后与明文的代码或者号码不一致。

（2）经认证，有下列情形之一的，暂不得作为增值税进项税额的抵扣凭证，税务机关扣留原件，查明原因，分别情况进行处理。

① 重复认证，是指已经认证相符的同一张专用发票再次认证。

② 密文有误，是指专用发票所列密文无法解译。

③ 认证不符，是指纳税人识别号有误，或者专用发票所列密文解译后与明文不一致。

④ 列为失控专用发票，是指认证时的专用发票已被登记为失控专用发票。

2. 丢失已开具专用发票的处理。

（1）一般纳税人丢失已开具专用发票的发票联和抵扣联。如果丢失前已认证相符的，购买方凭销售方提供的相应专用发票记账联复印件及销售方所在地主管税务机关出具的《丢失增值税专用发票已报税证明单》，经购买方主管税务机关审核同意后，可作为增值税进项税额的抵扣凭证；如果丢失前未认证的，购买方凭销售方提供的相应专用发票记账联复印件到主管税务机关进行认证，认证相符的凭该专用发票记账联复印件及销售方所在地主管税务机关出具的《丢失增值税专用发票已报税证明单》，经购买方主管税务机关审核同意后，可作为增值税进项税额的抵扣凭证。

（2）一般纳税人丢失已开具专用发票的抵扣联。如果丢失前已认证相符的，可使用专用发票的发票联复印件留存备查；如果丢失前未认证的，可使用专用发票的发票联到主管税务机关认证，专用发票的发票联复印件留存备查。

（3）一般纳税人丢失已开具专用发票的发票联。可将专用发票抵扣联作为记账凭证，专用发票抵扣联复印件留存备查。

【提示】

专用发票抵扣联无法认证的，可使用专用发票的发票联到主管税务机关认证。专用发票的发票联复印件留存备查。

四、红字专用发票的开具

根据税务机关出具的《开具红字增值税专用发票通知单》（以下简称《通知单》）方可开具。《通知单》一式三联：第一联由购买方主管税务机关留存；第二联由购买方送交销售方留存；第三联由购买方留存。《通知单》应加盖主管税务机关印章。《通知单》应按月依次装订成册，并比照专用发票保管规定管理。

销售方凭购买方提供的《通知单》开具红字专用发票，在防伪税控系统中以销项负数开具。红字专用发票应与《通知单》一一对应。

1. 由购方向主管税务机关填报《开具红字增值税专用发票申请单》、购方税务机关出具《开具红字增值税专用发票通知单》的情形。（1）发生销货退回、销售折让、开票有误等情况且发票已认证相符的；（2）专用发票认证结果为“纳税人识别号认证不符”、“专用发票代码、号码认证不符”或抵扣联、发票联均无法认证的；（3）购买方所购货物不属于增值税扣税项目范围。

2. 由销方向主管税务机关填报《开具红字增值税专用发票申请单》、销方税务机关出具《开具红字增值税专用发票通知单》的情形。（1）因开票有误购买方拒收专用发票的（开具的当月内）；（2）因开票有误等原因尚未将专用发票交付购买方的（开具的次月内）。

【提示】

税务机关为小规模纳税人代开专用发票需要开具红字专用发票的，比照一般纳税人开具红字专用发票的处理办法，通知单第二联交代开税务机关。

五、增值税专用发票的保管

1. 设置专人保管专用发票和专用设备。

2. 按税务机关要求存放专用发票和专用设备。

3. 认证相符的专用发票抵扣联、《认证结果通知书》和《认证结果清单》应装订成册。

4. 不得擅自销毁专用发票基本联次。

六、防伪税控系统增值税专用发票的管理

防伪税控系统增值税专用发票的管理，有关规定如下：

1. 税务机关专用发票管理部门在运用防伪税控发售系统进行发票入库管理或向纳税人发售专用发票时，要认真录入发票代码、号码，并与纸质专用发票进行仔细核对，确保发票代码、号码电子信息与纸质发票的代码、号码完全一致。

2. 纳税人在运用防伪税控系统开具专用发票时，应认真检查系统中的电子发票代码、号码与纸质发票是否一致。发现税务机关错填电子发票代码、号码的，应持纸质专用发票和税控 IC 卡到税务机关办理退回手续。

3. 对税务机关错误录入代码或号码后又被纳税人开具的专用发票，按以下办法处理：

（1）纳税人当月发现上述问题的，应按照专用发票使用管理的有关规定，对纸质专用发票和防伪税控开票系统中专用发票电子信息同时进行作废，并及时报主管税务机关。纳税人在以后月份发现的，应按有关规定开具负数专用发票。

（2）主管税务机关按照有关规定追究有关人员责任，同时将有关情况，如发生原因、主管税务机关名称、编号、纳税人名称、纳税人识别号、发票代码号码（包括错误的和正确的）、发生时间、责任人以及处理意见或请求等，逐级上报至国家税务总局。

（3）对涉及发票数量多、影响面较大的，国家税务总局将按规定程序对“全国作废发票数据库”进行修正。

4. 在未收回专用发票抵扣联及发票联，或虽已收回专用发票抵扣联及发票联但购货方已将专用发票抵扣联报送税务机关认证的情况下，销货方一律不得作废已开具的专用发票。

七、防伪税控系统增值税专用发票数据采集

防伪税控报税子系统和防伪税控认证子系统采集的增值税专用发票存根联数据和抵扣联数据，是增值税计算机稽核系统发票比对的唯一数据来源。为了保证专用发票数据的及时性、准确性和完整性，有关规定如下：

1. 征收机关采集专用发票存根联数据时，对使用 DOS 版防伪税控开票子系统的企业，必须要求其报送专用发票存根联明细数据软盘和 IC 卡；对使用 Windows 版开票子系统的企业，只要求其报送 IC 卡。

2. 对有主、分开票机且使用 DOS 版开票子系统的企业，征收机关必须要求其报送汇总软盘和汇总的主开票机 IC 卡，或所有软盘（软盘数量不小于开票机数量）和汇总的主开票

机IC卡；对使用Windows版开票子系统的企业，征收机关必须要求其报送所有主机、分开票机IC卡。

3. 征收机关通过报税子系统，对使用DOS版开票子系统企业报送的软盘数据和IC卡数据进行核对；对使用Windows版企业报送的IC卡中明细数据和汇总数据进行核对，两者一致的，存入报税子系统。

4. 征收机关对使用DOS版开票子系统企业报送的软盘数据和IC卡数据，通过报税子系统核对不一致的，区别不同情况处理：

（1）因企业硬盘损坏等原因造成软盘中专用发票存根联份数小于IC卡的，必须要求企业提供当月全部专用发票存根联（或其他联，下同），通过认证子系统进行扫描补录，并经过报税子系统中的“非常规报税/存根联补录补报”采集。

（2）因企业更换金税卡等原因造成软盘中专用发票存根联份数大于IC卡（不含IC卡为零的情况）的，其软盘中所含专用发票存根联明细数据可经过“非常规报税/软盘补报”采集，但当月必须查明产生此种不一致情况的原因并采取措施解决。

（3）因企业计算机型号不匹配造成IC卡中专用发票存根联数据为零的，根据系统提示，其软盘数据存入报税子系统或要求企业持专用发票存根联到征收机关通过认证子系统进行扫描补录，并经过报税子系统中的“非常规报税/存根联补录补报”采集。

（4）征收机关因企业软盘质量问题致使无法采集专用发票存根联数据的，必须要求企业重新报送软盘。

5. 征收机关对使用Windows版开票子系统的企业因更换金税卡或硬盘损坏等原因，不能报税的，区别不同情况处理：

（1）因企业更换金税卡等原因造成企业实际开具专用发票存根联份数大于IC卡的，应要求企业提供当月全部专用发票存根联，通过认证子系统进行扫描补录，并经过报税子系统的“非常规报税/存根联补录补报”采集；如扫描补录有困难的，可以通过企业开票子系统传出报税软盘，并经过报税子系统的“非常规报税/软盘补报”采集。

（2）因企业硬盘、金税卡同时损坏等原因不能报税的，必须要求企业提供当月全部专用发票存根联，通过认证子系统进行扫描补录并经过报税子系统的“非常规报税/存根联补录补报”采集。

6. 纳税申报期结束后，征收机关必须运用报税子系统查询未申报企业，并要求其限期报税，以便采集专用发票存根联数据。

在专用发票存根联数据传入稽核系统前，对逾期来报税的企业，可经过报税子系统中的“非常规报税/逾期报税”采集。

7. 征收机关对上月漏采的专用发票存根联数据必须经过“非常规报税/逾期报税”采集。

8. 对注销或取消增值税一般纳税人资格的企业当月开具的专用发票存根联数据，必须经过“非常规报税/注销一般纳税人资格企业报税”采集。

9. 征收机关运用认证子系统对企业报送的专用发票抵扣联或专用发票抵扣联软盘数据进行识伪认证，认证相符（包括计算机自动认证相符和人工校正认证相符）的，读入认证子系统。

10. 征收机关应要求利用软盘认证的企业，认证时必须同时携带专用发票抵扣联原件。

11. 征收机关运用认证子系统对企业报送的专用发票抵扣联或专用发票抵扣联软盘数据进行识伪认证时，对认证不符或密文有误的专用发票，必须当即扣留；对网上认证结果为“认证未通过”的专用发票抵扣联，应在发现的当日通知企业于2日内持专用发票抵扣联原件到税务机关再次认证，对认证不符的或密文有误的专用发票，必须当即扣留。征收机关应将扣留的专用发票抵扣联原件及电子数据移送稽查局查处。

12. 企业报送的专用发票抵扣联，如果报送征收机关时已褶皱、揉搓，无法运用认证子系统进行认证，征收机关可对企业所取得相应的发票联进行认证（采集）。上述所称“认证相符”是指打印在增值税专用发票抵扣联票上的84位密文，经解密后的数据与同一增值税专用发票票面上的“发票代码”“发票号码”“开票时间”“购货方纳税人识别号”“销货方纳税人识别号”“金额”“税额”7项数据比对完全相符，且增值税专用发票购货方纳税人识别号与所申报企业纳税人识别号一致。“认证不符”是指上述数据有一项或多项不符，或识别号不一致。“密文有误”是指打印在增值税专用发票抵扣联票上的84位密文清晰可辨且识别或录入正确无误，但防伪税控认证子系统无法解密。

“无法认证”是指上述密文或数据有一项或多项由于污损、褶皱、揉搓等原因无法辨认，导致防伪税控认证子系统不能产生认证结果。

八、税务机关代开增值税专业发票管理的规定

代开专用发票是指主管税务机关为所辖范围内的增值税纳税人代开专用发票，其他单位和个人不得代开。增值税纳税人是指已办理税务登记的小规模纳税人（包括个体经营者）以及国家税务总局确定的其他可予代开增值税专用发票的纳税人。

为加强税务机关代开增值税专用发票的管理工作，国家税务总局下发了《税务机关代开增值税专用发票管理办法（试行）》（国税发〔2004〕153号）和《关于加强税务机关代开增值税专用发票管理问题的通知》（国税函〔2004〕1404号），主要内容包括：

1. 从2005年1月1日起，凡税务机关代开增值税专用发票必须通过防伪税控系统开具，通过防伪税控报税子系统采集代开增值税专用发票开具信息，不再填报《代开发票开具清单》，同时停止使用非防伪税控系统为纳税人代开增值税专用发票（包括手写版增值税专用发票和计算机开具不带密码的电脑版增值税专用发票）。

2. 增值税一般纳税人取得的税务机关用非防伪税控系统代开的增值税专用发票，应当在2005年3月纳税申报期结束以前向主管税务机关申报抵扣，并填报《代开发票抵扣清单》，逾期不得抵扣进项税额。

3. 对实行定期定额征收方法的纳税人正常申报时，按以下方法进行清算：

（1）每月开票金额大于应征增值税税额的，以开票金额数为依据征收税款，并作为下一年度核定定期定额的依据。

（2）每月开票金额小于应征增值税税额的，按应征增值税税额数征收税款。

4. 增值税纳税人发生增值税应税行为、需要开具专用发票时，可向其主管税务机关申请代开。申请代开专用发票时，应填写《代开增值税专用发票缴纳税款申报单》，连同税务登记证副本，到主管税务机关税款征收岗位按专用发票上注明的税额全额申报缴纳税款，同时缴纳专用发票工本费。

5. 增值税纳税人缴纳税款后，凭《申报单》和税收完税凭证及税务登记证副本，到代开专用发票岗位申请代开专用发票。

增值税纳税人应在代开专用发票的备注栏上，加盖本单位的财务专用章或发票专用章。

6. 代开专用发票遇有填写错误、销货退回或销售折让等情形的，按照专用发票有关规定处理。

7. 税务机关要加强对认证通过的代开增值税专用发票和纳税人申报表的比对。对票表比对异常的要查清原因，依照有关规定分别进行处理。要对小规模纳税人申报的应纳税销售额进行审核，其当期申报的应纳税销售额不得小于税务机关为其代开的增值税专用发票上所注明的金额。

【提示】

按规定，小规模纳税人不得领购和使用增值税专用发票。若一般纳税人向小规模纳税人购进货物，不能取得增值税专用发票，无法抵扣进项税额，会使小规模纳税人的销售受到一定影响。为了既有利于加强增值税专用发票的管理，又不影响小规模纳税人的销售，税法规定由税务机关为小规模企业代开增值税专用发票。

凡是能够认真履行纳税义务的小规模纳税人，经县（市）税务局批准，其销售货物或应税劳务可由税务机关代开增值税专用发票。税务机关应将代开增值税专用发票的情况造册，详细登记备查。但销售免税货物或将货物、应税劳务销售给消费者以及小额零星销售，不得代开增值税专用发票。对于不能认真履行纳税义务的小规模纳税人，不能代开增值税专用发票。

资料来源：《增值税专用发票使用规定》。

九、增值税专用发票管理中若干问题的处理规定

1. 对代开、虚开增值税专用发票的处理。代开发票是指为与自己没有发生直接购销关系的他人开具发票的行为，虚开发票是指在没有任何购销事实的前提下为他人、为自己或让他人为自己或介绍他人开具发票的行为。代开、虚开发票的行为都是严重的违法行为。

对代开、虚开专用发票的，一律按票面所列货物的适用税率全额征补税款，并按《税收征管法》规定按偷税给予处罚。对纳税人取得代开、虚开的增值税专用发票不得作为增值税合法抵扣凭证抵扣进项税额。代开、虚开发票构成犯罪的，按全国人大常委会发布的《关于惩治虚开、伪造和非法出售增值税专用发票犯罪的决定》处以刑罚。

2. 对取得虚开的增值税专用发票处理。

（1）依据《国家税务总局关于纳税人取得虚开的增值税专用发票处理问题的通知》（国税发〔1997〕134 号）规定，纳税人取得虚开的增值税专用发票的处理是：

① 受票方利用他人虚开的专用发票，向税务机关申报抵扣税款进行偷税的，应当依照《税收征管法》及有关规定追缴税款，处以偷税数额 5 倍以下的罚款；进项税金大于销项税金的，还应当调减其留抵的进项税额。利用虚开的专用发票进行骗取出口退税的，应当依法追缴税款，处以骗税数额 5 倍以下的罚款。

② 在货物交易中，购货方从销售方取得第三方开具的专用发票，或者从销货地以外的

地区取得专用发票，向税务机关申报抵扣税款或者申请出口退税的，应当按偷税、骗取出口退税处理，依照《税收征管法》及有关规定追缴税款，处以偷税、骗税数额5倍以下的罚款。

③ 纳税人以上述第①条、第②条所列的方式取得专用发票未申报抵扣税款，或者未申请出口退税的，应当依照《发票管理办法》及有关规定，按所取得专用发票的份数，分别处以1万元以下的罚款；但知道或者应当知道取得的是虚开的专用发票，或者让他人为自己提供虚开的专用发票的，应当从重处罚。

④ 利用虚开的专用发票进行偷税、骗税，构成犯罪的，税务机关依法进行追缴税款等行政处理，并移送司法机关追究刑事责任。

（2）依据《国家税务总局关于〈税人取得虚开的增值税专用发票处理问题的通知〉的补充通知》（国税发〔2000〕182号），有下列情形之一的，无论购货方（受票方）与销售方是否进行了实际的交易，增值税专用发票所注明的数量、金额与实际交易是否相符，购货方向税务机关申请抵扣进项税款或者出口退税的对其均应按偷税或者骗取出口退税处理：

① 购货方取得的增值税专用发票所注明的销售方名称、印章与其进行实际交易的销售方不符的，即《国家税务总局关于纳税人取得虚开的增值税专用发票处理问题的通知》（国税发〔1997〕134号）第2条规定的“购货方从销售方取得第三方开具的专用发票”的情况。

② 购货方取得的增值税专用发票为销售方所在省（自治区、直辖市和计划单列市）以外地区的，即《国家税务总局关于纳税人取得虚开的增值税专用发票处理问题的通知》（国税发〔1997〕134号）第2条规定的从销货地以外的地区获得专用发票的情况。

③ 其他有证据表明购货方明知取得的增值税专用发票系销售方以非法手段获得的，即《国家税务总局关于纳税人取得虚开的增值税专用发票处理问题的通知》（国税发〔1997〕134号）第1条规定的受票方利用他人虚开的专用发票，向税务机关申报抵扣税款进行偷税的情况。

（3）根据《国家税务总局关于纳税人善意取得虚开的增值税专用发票处理问题的通知》（国税发〔2000〕187号）规定：

① 购货方与销售方存在真实的交易，销售方使用的是其所在省（自治区、直辖市和计划单列市）的专用发票，专用发票注明的销售方名称、印章、货物数量、金额及税额等全部内容与实际相符，且没有证据表明购货方知道销售方提供的专用发票是以非法手段获得的，对购货方不以偷税或者骗取出口退税论处。但应按有关规定不予抵扣进项税款或者不予出口退税；购货方已经抵扣的进项税款或者取得的出口退税，应依法追缴。

② 购货方能够重新从销售方取得防伪税控系统开出的合法、有效专用发票的，或者取得手工开出的合法、有效专用发票且取得了销售方所在地税务机关已经或者正在依法对销售方虚开专用发票行为进行查处证明的，购货方所在地税务机关应依法准予抵扣进项税款或者出口退税。

③ 如有证据表明购货方在进项税款得到抵扣或者获得出口退税前知道该专用发票是销售方以非法手段获得的，对购货方应按《国家税务总局关于纳税人取得虚开的增值税专用发票处理问题的通知》（国税发〔1997〕134号）和《国家税务总局关于〈纳税人取得虚开的增值税专用发票处理问题的通知〉的补充通知》（国税发〔2000〕182号）的规

定处理。

(4) 根据《国家税务总局关于纳税人善意取得虚开增值税专用发票已抵扣税款加收滞纳金问题的批复》(国税函〔2007〕1240 号) 规定，纳税人善意取得虚开的增值税专用发票被依法追缴已抵扣税款的，不再加收滞纳金。

3. 失控增值税专用发票的处理。在税务机关按非正常户登记失控增值税专用发票后，增值税一般纳税人又向税务机关申请防伪税控报税的，可通过防伪税控报税子系统的逾期报税功能受理办报税。购买方主管税务机关对认证发现的失控发票，属于销售方已申报纳税的，可由销售方主管税务机关出具书面证明，可作为购买方抵扣增值税进项税额的凭证。

4. 关于被盗、丢失增值税专用发票的处理。

(1) 纳税人必须严格按《增值税专用发票使用规定》保管使用专用发票，对违反规定发生被盗、丢失专用发票的纳税人，按《税收征收管理法》和《发票管理办法》的规定，处以 1 万元以下的罚款，并可视具体情况，对丢失专用发票的纳税人，在一定期限内（最长不超过半年）停止领购专用发票，对纳税人申报遗失的专用发票，如发现非法代开、虚开问题的，该纳税人应承担偷税、骗税的连带责任。

(2) 纳税人丢失专用发票后，必须按规定程序向当地主管税务机关、公安机关报失。各地税务机关对丢失专用发票的纳税人按规定进行处罚的同时，代收取“挂失登报费”，并将丢失专用发票的纳税人名称、发票份数、字轨号码、盖章与否等情况，统一传（寄）中国税务报刊“遗失声明”。传（寄）中国税务报社的“遗失声明”，必须经县（市）国家税务机关审核盖章、签署意见。

十、关于辅导期增值税一般纳税人增购增值税专用发票预缴增值税的处理

1. 纳税人在辅导期内增购专用发票，继续实行预缴增值税的办法，预缴的增值税可在本期增值税应纳税额中抵减，抵减后预缴增值税仍有余额的，应于下期增购专用发票时，按次抵减。

2. 主管税务机关应加强对纳税人预缴税款抵减的审核工作。

(1) 纳税人发生预缴税款抵减的，应自行计算需抵减的税款并向主管税务机关提出抵减申请。

(2) 主管税务机关接到申请后，经审核，纳税人缴税和专用发票发售情况无误，且纳税人预缴增值税余额大于本次预缴增值税的，不再预缴税款可直接发售专用发票；纳税人本次预缴增值税大于预缴增值税余额的，应按差额部分预缴后再发售专用发票。

3. 主管税务机关应在纳税人辅导期结束后的第一个月内，一次性退还纳税人因增购专用发票发生的预缴增值税余额。

任务八　出口退（免）税

出口货物退（免）税是指在国际贸易中，对报关出口的货物退还在国内各生产环节和

流转环节按税法规定已缴纳的增值税和消费税，或免征应缴纳的增值税和消费税。它是国际贸易中通常采用的并为世界各国普遍接受，目的在于鼓励各国出口货物公平竞争的一种税收措施。

一、出口货物退（免）税概述

1. 出口货物退（免）税的基本要素。出口货物退（免）税的基本要素包括：退（免）税范围、税种、税率、计税依据、期限、地点、预算级次等。

（1）出口货物退（免）税的企业范围：①经国家商务主管部门及其授权单位批准的有进出口经营权的外贸企业；②经国家商务主管部门及其授权单位批准的有进出口经营权的自营生产企业和生产型集团公司；③外商投资企业；④委托外贸企业代理出口的企业；⑤特准退（免）税企业。

（2）出口货物退（免）税的货物基本范围。

① 一般退（免）税的出口货物范围。对出口的凡属于已征或应征增值税、消费税的货物，除国家明确规定不予退（免）税的货物和出口企业从小规模纳税人购进并持普通发票的部分货物外，都属于出口货物退（免）税的货物范围，均应予以退还已征增值税、消费税或免职应征的增值税、消费税。享受一般退（免）税的出口货物应具备四个条件：一是必须是属于增值税、消费税征税范围的货物；二是必须是报关离境的货物；三是必须是在财务上作销售处理的货物；四是必须是出口收汇并已核销的货物。

② 特准退（免）税货物范围。下列企业的货物特准退还或免征增值税和消费税：对外承包工程公司运出境外用于对外承包项目货物；对外承接修理修配业务的企业用于对外修理修配的货物；外轮供应公司、远洋运输供应公司销售给外轮、远洋国轮而收取外汇的货物；利用国际金融组织或外国政府贷款采取国际招标方式由国内企业中标销售的机电产品、建筑材料；企业在国内采购并运往境外作为在国外投资的货物。

③ 出口免税货物。下列出口货物免征增值税、消费税：来料加工复出口的货物；避孕药品和用具、古旧图书；卷烟；军品以及军队系统企业出口军需工厂生产或军需部门调拨的货物。

国家规定免税的货物不办理退税。

④ 不予退（免）税的出口货物。除经国家批准属于进料加工复出口贸易外，下列出口货物不予退还或免征增值税、消费税：原油；援外出口货物；国家禁止出口的货物。包括天然牛黄、麝香、铜及铜基合金、白金等；糖。

（3）出口货物退（免）税的计税依据：是指具体计算应退（免）税款的依据和标准。目前对外贸企业出口货物计算办理退税，以出口数量和货物购进金额作为计税依据；对生产企业出口货物计算办理退（免）税，以出口货物离岸价格作为计税依据。

（4）出口货物退（免）税的期限及地点：出口货物退（免）税的期限是指货物出口行为发生后，申报办理出口货物退（免）税的时间要求。根据现行规定，企业出口货物后，须在自报关出口之日起 90 日后第一个增值税纳税申报截止之日向税务机关申报退（免）税。未在规定申报期内申报的，除另有规定者外，一律视同内销征税，不再退税。出口货物退（免）税地点是企业按规定申报出口退（免）税的所在地。

2. 出口货物退（免）税的方式。按照现行规定，出口货物退（免）税的方式主要有“免、退税”、“免、抵、退税”和“免税”三种。

二、出口货物退（免）税认定管理

1. 没有出口经营资格的生产企业委托出口自产货物（含视同自产产品，下同），应分别在备案登记、代理出口协议签订之日起30日内持有关资料，填写《出口货物退（免）税认定表》，到所在地税务机关办理出口货物退（免）税认定手续。

特定退（免）税的企业和人员办理出口货物退（免）税认定手续按国家有关规定执行。

2. 已办理出口货物退（免）税认定的出口商，其认定内容发生变化的，须自有关管理机关批准变更之日起30日内，持相关证件向税务机关申请办理出口货物退（免）税认定变更手续。

【提示】

出口商发生解散、破产、撤销以及其他依法应终止出口货物退（免）税事项的，应持相关证件、资料向税务机关办理出口货物退（免）税注销认定。

对申请注销认定的出口商，税务机关应先结清其出口货物退（免）税款，再按规定办理注销手续。

三、外贸企业出口退税计算

外贸企业一般贸易出口货物退还增值税的计算，实行先征后退计算方法。

外贸企业以及实行外贸企业财务制度的工贸企业收购货物出口，其出口销售环节的增值税免征；其收购货物的成本部分，在货物出口后按收购成本与退税率计算退给外贸企业，征、退税之差计入企业成本。

应退税额 = 外贸收购不含增值税购进金额 × 退税率

外贸企业应退税款的计算方法有两种：一是单票对应法；二是加权平均法。

【例2-10】 某进出口公司2014年4月从某小规模纳税人购进传统手工艺品全部出口，取得税务机关代开的增值税专用发票，发票注明金额50 000元，退税税率5%，要求：计算该企业的应退税额。

【解析】 应退税额 = 50 000 × 5% = 2 500（元）

四、生产企业出口货物退（免）税

生产企业出口货物免、抵、退税相关政策规定生产企业自营或委托外贸企业代理出口的自产货物和视同自产货物，除另有规定者外，增值税一律实行免、抵、退税管理办法。生产企业是指独立核算，经主管国税机关认定为增值税一般纳税人，并且具有实际生产能力的企业和企业集团。增值税小规模纳税人出口自产货物实行免征增值税的办法。

【提示】

实行“免、抵、退”税管理办法的“免”税，是指对生产企业出口的自产货物，免征本企业生产销售环节的增值税；“抵”税，是指生产企业出口的自产货物所耗用原材料、零部件等应予退还的进项税额，抵顶内销货物的应纳税款；“退”税，是指生产企业出口的自产货物在当期内因应抵顶的进项税额大于应纳税额而未抵顶完的税额，经主管退税机关批准后，予以退税。

资料来源：《财政部　国家税务总局关于进一步推进出口货物实行免抵退税办法的通知》（财税〔2002〕7号）。

生产企业出口货物免、抵、退税的计算：

1. 当期应纳税额的计算。

当期应纳税额 = 当期内销货物的销项税额 −（当期进项税额 − 当期免抵退税不得免征和抵扣税额）− 上期留抵税额

免抵退税不得免征和抵扣税额 = 出口货物离岸价 × 外汇人民币牌价 ×（出口货物征税率 − 出口货物退税率）− 免抵退税不得免征和抵扣税额抵减额

免抵退税不得免征和抵扣税额抵减额 = 免税购进原材料价格 ×（出口货物征税率 − 出口货物退税率）

【注意】

出口货物离岸价（FOB）以出口发票计算的离岸价为准。出口发票不能如实反映实际离岸价的，企业必须按照实际离岸价向主管国税机关进行申报，同时主管税务机关有权依照《中华人民共和国税收征收管理法》、《中华人民共和国增值税暂行条例》等有关规定予以核定。

2. 免、抵、退税额的计算。

免抵退税额 = 出口货物离岸价 × 外汇人民币牌价 × 出口货物退税率 − 免抵退税额抵减额

其中：

免抵退税额抵减额 = 免税购进原材料价格 × 出口货物退税率

免税购进原材料包括从国内购进免税原材料和进料加工免税进口料件，其中进料加工免税进口料件的价格为组成计税价格。

进料加工免税进口料件的组成计税价格 = 货物到岸价 + 海关实征关税和消费税

3. 当期应退税额和免抵税额。

（1）如当期期末留抵税额≤当期免抵退税额，则：

当期应退税额 = 当期期末留抵税额

$$当期免抵税额 = 当期免抵退税额 - 当期应退税额$$

（2）如当期期末留抵税额 > 当期免抵退税额，则：

$$当期应退税额 = 当期免抵退税额$$

$$当期免抵税额 = 0$$

当期期末留抵税额根据当期《增值税纳税申报表》中“期末留抵税额”确定。

任务九　增值税税收筹划

基本案情：某机械设备制造企业，成立于2012年末，生产、销售大型机械设备，并负责设备的运输、安装及维修服务，为增值税一般收入，税率17%。2013年全年的营业收入为5 000万元，其中产品销售收入占70%，运输收入占10%，安装及维修服务收入占20%。由于设备安装维修业务的成本以人工费为主，所耗的材料费占比较少，这样取得可以抵扣的进项税额很少，安装维修部分的税负每月在12%左右。

根据相关法律规定该公司的销售额为设备价款和全部价外费用的合计，所以使得企业的总体税负较重。2014年初，企业财务处负责人咨询注册税务师，如何在法律范围内减轻税负，提高企业利润。

注册税务师了解企业经营情况后提出如下建议：

对企业进行专业化的组织和经营，成立专业的运输公司、专业安装维修公司，分别进行独立核算。我国有关税收制度政策的设置体现出对专业性生产和协作的认可及支持，但对“大而全、小而全”的全能企业的税收待遇则是从紧掌握的。《增值税暂行条例》第5条规定，一项销售行为如果既涉及货物又涉及非增值税应税劳务，为混合销售行为。除本细则第6条的规定外，从事货物的生产、批发或者零售的企业，企业性单位和个体工商户的混合销售行为，视为销售货物，应当缴纳增值税。所以我国目前税法对企业从事混合业务是从高征税的，价外费用一律并入销售额征税，如运输装卸费、包装物租金、仓储费等。

而在成立专业公司后，运输公司的增值税税率从17%降为11%，降低了6%；而安装公司的业务缴纳营业税，税率为3%，降低了9%左右。

【相关阅读】

财政部　国家税务总局关于调整增值税税率的通知

为完善增值税制度，现将调整增值税税率有关政策通知如下：

一、纳税人发生增值税应税销售行为或者进口货物，原适用17%和11%税率的，税率分别调整为16%、10%。

二、纳税人购进农产品，原适用11%扣除率的，扣除率调整为10%。

三、纳税人购进用于生产销售或委托加工16%税率货物的农产品，按照12%的扣除率计算进项税额。

四、原适用17%税率且出口退税率为17%的出口货物，出口退税率调整至16%。原适用11%税率且出口退税率为11%的出口货物、跨境应税行为，出口退税率调整至10%。

五、外贸企业2018年7月31日前出口的第4条所涉货物、销售的第4条所涉跨境应税行为，购进时已按调整前税率征收增值税的，执行调整前的出口退税率；购进时已按调整后税率征收增值税的，执行调整后的出口退税率。生产企业2018年7月31日前出口的第4条所涉货物、销售的第4条所涉跨境应税行为，执行调整前的出口退税率。

调整出口货物退税率的执行时间及出口货物的时间，以出口货物报关单上注明的出口日期为准，调整跨境应税行为退税率的执行时间及销售跨境应税行为的时间，以出口发票的开具日期为准。

六、本通知自2018年5月1日起执行。此前有关规定与本通知规定的增值税税率、扣除率、出口退税率不一致的，以本通知为准。

七、各地要高度重视增值税税率调整工作，做好实施前的各项准备以及实施过程中的监测分析、宣传解释等工作，确保增值税税率调整工作平稳、有序推进。如遇问题，请及时上报财政部和国家税务总局。

财政部 国家税务总局

2018年4月4日

【小结】

1. 我国现行的增值税是指对在我国境内销售货物或者提供加工、修理修配及其他应税劳务、进口货物的单位和个人，以其增值税额为课税对象征收的一种流转税。

2. 增值税的纳税人分为小规模纳税人和一般纳税人。

3. 增值税税率包括16%、10%、6%和0；征收率为3%。

4. 一般纳税人采用购进扣税法，应纳税额=当期销项税额-当期进项税额。

小规模纳税人采用简易办法，应纳税额=不含税销售额×征收率，不得抵扣进项税额。

进口货物，一律按照组成计税价格和规定的税率计算，应纳税额=(关税完税价格+关税+消费税)×税率，不得抵扣任何进项税额。

5. 税收优惠包括起征点、免税、减税。

6. 按期申报并缴纳，按月申报的时间为期满之日起15日内。固定业户的申报地点为其机构所在地的税务机关，进口货物的申报地为报关地海关。

7. 取得的增值税专用发票必须经过税务机关认证相符后才能在销项税额中抵扣。

8. 我国对出口货物实行退（免）增值税。

【课后训练】

一、单选题

1. 根据增值税规定，下列关于纳税人既欠缴增值税，又有增值税留抵税额的税务处理，正确的是（ ）。

A. 允许以期末留抵税额抵减增值税欠税，但不得抵减欠税滞纳金

B. 抵减欠税时，既可以按欠税时间逐笔抵扣，也可以按欠税额度逐笔抵扣

C. 若期末留抵税额大于欠缴总额，抵减后的余额不得结转下期继续抵扣

D. 查补的增值税款，可以按规定用留抵税额抵减

2. 对于“营改增”试点地区的增值税一般纳税人，下列业务可以抵扣进项税额的是（　　）。

A. 化工厂接受试点地区小规模纳税人提供的交通运输服务

B. 皮具厂接受非试点地区的纳税人提供的鉴证咨询服务

C. 律师事务所购买自用的应征消费税的汽车

D. 广告公司接受旅客运输服务

3. 辅导期纳税人专用发票的领购实行按次限量控制，每次发售增值税专用发票数量不超过（　　）份。

A. 15　　B. 20　　C. 25　　D. 30

4. 根据增值税规定，下列产品适用10%低税率的是（　　）。

A. 酸奶　　B. 鱼罐头　　C. 茶饮料　　D. 玉米胚芽

5. 甲服装厂为增值税一般纳税人，2014 年 9 月销售给乙企业 300 套服装，不含税价格为 700 元/套。由于乙企业购买数量较多，甲服装厂给予乙企业 7 折的优惠，并按原价开具了增值税专用发票，折扣额在同一张发票的“备注”栏注明。甲服装厂当月的销项税额为（　　）元。

A. 24 990　　B. 35 700　　C. 36 890　　D. 47 600

6. 某企业为增值税一般纳税人，2014 年 11 月进行设备的更新换代，将一台旧设备出售，收取价款 20 万元，该设备系 2011 年购进，购进时该企业为小规模纳税人。该企业销售旧设备应纳增值税（　　）万元。

A. 0.38　　B. 0.40　　C. 2.91　　D. 3.40

7. 下列各项中，属于增值税混合销售行为的是（　　）。

A. 建材商店在销售建材的同时又为其他客户提供装饰服务

B. 汽车制造公司在生产销售汽车的同时又为客户提供修理服务

C. 塑钢门窗销售商店在销售产品的同时又为客户提供安装服务

D. 餐馆为客户提供用餐服务的同时又销售酒

8. 某钢琴厂为增值税一般纳税人，本月采取“还本销售”方式销售钢琴，开了普通发票 20 张，共收取了货款 25 万元。企业扣除还本准备金后按规定 23 万元作为销售处理，则增值税计税销售额为（　　）万元。

A. 25　　B. 23　　C. 21.37　　D. 19.66

9. 按照现行增值税制度的规定，下列行为不应按“提供加工和修理修配劳务”征收增值税的是（　　）。

A. 商店服务部为其本店职工修理手表　　B. 企业受托为另一企业加工服装

C. 企业为另一企业修理锅炉　　D. 汽车修配厂为本厂修理汽车

10. 购进农副产品，按照农产品收购发票上注明的农产品和（　　）的扣除率计算进项税额。

A. 3%　　B. 6%　　C. 10%　　D. 16%

11. 下列结算方式中，以货物发出当天为增值税纳税义务发生时间的是（　　）。

A. 直接收款方式销售货物　　B. 预收货款方式销售货物

C. 有书面合同的赊销方式销售货物　　D. 将货物交付他人代销

12. 下列情形可以开具增值税专用发票的是（　　）。

A. 在境外销售应税劳务　　B. 将货物用于非应税项目

C. 向消费者销售应税商品　　D. 将货物无偿赠送一般纳税人

二、多选题

1. 下列各项中，应当征收增值税的有（　　）。

A. 医院提供治疗并销售药品　　B. 邮局提供邮政服务并销售集邮商品
C. 商店销售空调并负责安装　　D. 汽车修理厂修车并提供洗车服务

2. 按现行增值税规定，下列单位和个人可认定为增值税一般纳税人的有（　　）。
A. 某电子配件厂年销售额 20 万元，财务核算健全，其总公司年销售额为 780 万元
B. 某人批发果品，年销售额为 200 万元
C. 年销售额为 110 万元，财务核算健全的锅炉修配厂
D. 只生产并销售免税药品，年利润额 120 万元的药厂

3. 下列货物销售中，免征增值税的是（　　）。
A. 烟丝　　B. 古旧图书　　C. 图书　　D. 农民销售的自产淡水鱼

4. 按照现行增值税制度规定，下列有关增值税纳税人报缴税款限期叙述正确的是（　　）。
A. 以 1 个月为一期纳税的，应当自期满之日起 15 日内申报纳税
B. 进口货物，应当自海关填发税款缴纳凭证的次日起 5 日内缴纳税款
C. 进口货物，应按月向税务机关申报办理该项出口货物退税
D. 以 15 日为一期纳税的，应当自期满之日起 5 日内预缴税款

5. 按照现行增值税制度的规定，下列行为应按"提供加工和修理修配劳务"征收增值税的是（　　）。
A. 商店服务部为其本店职工修理手表　　B. 企业受托为另一企业加工服装
C. 企业为另一企业修理锅炉　　D. 汽车修配厂为本厂修理汽车

6. 按照现行增值税制度的规定，下列行为中，应确认增值税销项税额的有（　　）。
A. 将委托加工的货物用于对外投资　　B. 将购买的货物用于职工福利
C. 销售代销货物向委托方收取的手续费　　D. 将自产的货物用于本企业的在建工程

7. 增值税一般纳税人的下列凭据中，（　　）可据以计算进项税额，从销项税额中准予抵扣。
A. 购进免税农产品取得的普通发票
B. 购进固定资产支付运费取得的普通发票
C. 进口生产设备取得的关税完税凭证
D. 购进原材料取得的增值税专用发票（该原材料用于生产免税药品）

8. 按照现行增值税法有关规定，纳税人提供下列劳务，应当征收增值税的是（　　）。
A. 汽车的修配　　B. 商标权的转让　　C. 房屋的装修　　D. 机器设备的修理

9. 下列（　　）货物适用增值税税率 13%。
A. 图书　　B. 电　　C. 自来水　　D. 农膜

10. 根据《增值税暂行条例》规定，单位和个体经营者的下列行为中，（　　）视同销售货物。
A. 将货物交付其他单位或者个人代销
B. 销售代销货物
C. 将货物移送设在同一县（市）的其他机构
D. 购进货物无须赠送个人

11. 新《增值税暂行条例》规定，属于下列（　　）情形之一的，不得开具增值税专用发票。
A. 一般纳税人销售货物或者应税劳务的
B. 向消费者个人销售货物或者应税劳务的
C. 销售货物或者应税劳务适用免税规定的
D. 小规模纳税人销售货物或者应税劳务的

12. 根据增值税规定，下列各项免征流通环节增值税的有（　　）。
A. 蔬菜　　B. 水果　　C. 鲜奶　　D. 鲜鸡蛋

13. 根据增值税规定，下列说法正确的有（　　）。
A. 企业将实物资产以及与之相关联的债权、负债和劳动力一并转让，免征增值税

B. 融资性售后回租业务中，承租方出售资产，不征收增值税

C. 融资租赁业务中，租赁货物的所有权转让给承租方，征收增值税

D. 融资租赁业务中，租赁货物的所有权未转让给承租方，不征收增值税

三、判断题（如判断为错，请给出正确答案）

1. 对增值税纳税人采取折扣方式销售货物，不论销售额和折扣额是否在同一张发票上分别注明，均可按冲减折扣额后的销售额征收增值税。（　　）

2. 小规模纳税人的征收率为3%。（　　）

3. 纳税人兼营不同税率的货物或应税劳务，应当分别核算不同税率货物或应税劳务的销售额，否则从高适用税率。（　　）

4. 销售额为纳税人销售货物或应税劳务向购买方收取的全部价款和价外费用，包括收取的增值税。（　　）

5. 不论增值税纳税人纳税期限的长短，都应在每月15日前办理上月的增值税纳税申报，向主管税务机关报送纳税申报表和有关的财务报表。（　　）

6. 划分一般纳税人和小规模纳税人的依据是纳税人经营规模的大小。（　　）

7. 采用预收货款方式销售货物，增值税纳税义务发生日期为货物发出的当天。（　　）

8. 增值税一般纳税人在不能开具增值税专用发票的情况下也可以使用普通发票。（　　）

四、计算题

1. 2017年4月，某生产企业销售产品2 000件，不含税单价58元；另将产品1 500件运往外省分支机构用于销售，发生运费支出2 000元，装卸费支出500元，取得了国有运输企业开具的运费发票；将100件产品用于公益性捐赠，营业外支出账户按成本列支公益性捐赠发生额5 000元；购进材料，取得防伪税控系统增值税专用发票上注明销售额100 000元、增值税税额17 000元，该批材料月末未入库；从独立核算的水厂购进自来水，取得增值税专用发票，注明销售额12 000元、增值税税额720元，其中20%的自来水用于职工浴室。本月取得的相关发票均在本月申请并通过认证。需求：计算该企业上述业务应纳增值税税额应为多少？

2. 某自行车厂系增值税一般纳税人，适用增值税税率16%。该企业采用《企业会计制度》进行会计核算。2018年6月发生如下业务：

（1）购进原材料、零部件一批，并取得增值税专用发票，发票上注明的价款为200 000元，增值税税额为32 000元；支付运输费用2 500元，其中运费2 250元，建设基金50元，装卸费120元，保险费80元，已取得运输部门开具的运费发票。上述款项已付，货物已运达企业。

（2）购入一台生产设备并取得增值税专用发票，设备款500 000元，增值税税额为80 000元。款项已经支付，设备已投入使用。

（3）购进办公用品一批，取得增值税专用发票，金额3 000元，增值税税额为480元；该批办公用品已入库并部分地投入使用。

（4）从小规模纳税人购进原材料一批，取得普通发票，金额5 000元，上述款项已付，货物已运达企业。

（5）向当地某商场销售自行车2 000辆，并开具增值税专用发票，单价（不含税）为300元/辆，销售额600 000元。

（6）向外地某商场销售自行车1 500辆，现已发货并向对方开具增值税专用发票，销售额450 000元，双方约定货款分三期等额支付，现已收到首期货款。

（7）向某个体户销售自行车零配件，取得现金收入46 800元，开具普通发票。

要求计算：（1）销项税额；（2）进项税款；（3）应纳税额。

3. 某服装厂（增值税一般纳税人）2018 年 6 月有关业务情况如下：

（1）购进生产用原料（布匹）一批并取得增值税专用发票，价款、税款分别为 210 000 元、33 600 元；该批货物已运抵企业，货款已付。

（2）购进生产用设备 1 台，支付款项 4 680 元；支付运费 200 元（已取得运输部门开具的运费发票）；该台设备已投入使用。

（3）以自制服装 100 套向某纺织厂换取布匹一批，服装厂开具的增值税专用发票上注明的销售额为 50 000元；取得的纺织厂开具的增值税专用发票上列明的价款 40 000 元、税款 6 400 元；其余款以支票结算。

（4）发出各式服装委托某商场代销。月末收到商场送来的代销清单，代销服装的零售金额 81 900 元；服装厂按零售金额的 10% 支付给商场代销手续费 8 190 元。

（5）向某百货公司销售服装一批，货已发出，开具的增值税专用发票上注明的销售额 200 000 元，货款尚未收回。

（6）为某客户加工服装 100 套。双方商定，服装面料由服装厂按客户要求选购，每套服装价格（含税）1 160 元。该厂为加工该批服装从某厂购进面料 300 米并取得增值税专用发票，价款、税款分别为 30 000元、4 800 元，货款已付。该批服装已于当月加工完成并送交客户，货款已结清。

（7）赠送某学校运动服 100 套，实际成本 7 000 元；该批运动服无同类产品销售价格。

（8）上月末抵扣完的进项税额 18 500 元。

该厂取得的法定扣税凭证已在当月通过主管税务机关的认证。

要求：根据税法规定，计算该服装厂本月应纳的增值税税额。

项目三 消费税

【学习目标】

1. 掌握消费税的纳税人、税率等；
2. 能够计算消费税的应纳税额；
3. 熟悉消费税的征收管理、纳税申报。

【案例导入】

某金店（中国人民银行批准的金银首饰经销单位）为增值税一般纳税人，5 月采取“以旧换新”方式销售 24K 纯金项链 100 条，每条新项链对外零售价格 3 000 元，旧项链作价 2 800 元，从消费者手中每条收取新旧项链差价款 200 元，假定该月初无留抵税额，本月没有购进业务。

按照项目二的增值税知识，我们知道，该项“以旧换新”业务应纳增值税应该以实际收到的不含增值税的全部价款作为计税依据计算：

应纳增值税 $=100\times200\div(1+16\%)\times16\%=2\ 758.62$（元）

那么，金银首饰在零售环节有没有产生消费税呢？消费税的计税依据和增值税一样吗？

任务十 认识消费税

一、消费税的含义

消费税是以特定消费品为课税对象所征收的一种税。消费税是以消费品的流转额作为课税对象的，属于流转税的范畴。

我国的消费税是 1994 年税制改革在流转税中设置的一个税种，是在对货物普遍征收增值税的基础上，选择少数消费品再征收一道消费税，目的是调节产品结构，引导消费方向，保证国家财政收入。

消费税现行的主要法规是 1993 年 12 月 13 日国务院发布的《中华人民共和国消费税暂行条例》。该条例于 2008 年 11 月 5 日国务院常务会议修订，修订后的条例自 2009 年 1 月 1 日起施行。

消费税现行的主要规章是 2009 年 1 月 1 日施行的由财政部、国家税务总局制定的《中华人民共和国消费税暂行条例实施细则》。

【知识链接】

消费税的特点

销售税是典型的间接税，税款最终由消费者承担。

消费税实行价内税，一般在应税消费品的生产、委托加工和进口环节缴纳，在以后的批发、零售等环节，因为价款中已包含消费税，除特定商品外，一般不用再缴纳消费税。

消费税的特点：

1. 消费税以税法规定的特定产品为征税对象。即国家可以根据宏观产业政策和消费政策的要求，有目的地、有重点地选择一些消费品征收消费税，以适当地限制某些特殊消费品的消费需求。

2. 按不同的产品设计不同的税率，同一产品同等纳税。

3. 消费税是价内税，是价格的组成部分。

4. 消费税实行从价定率和从量定额的计算方法。

资料来源：智库百科，http：//wiki. mbalib. com.

二、消费税的征税范围

1. 消费税的征税范围。《中华人民共和国消费税暂行条例》（以后简称《条例》）第1条规定，在中华人民共和国境内生产、委托加工和进口本条例规定的消费品的单位和个人，以及国务院确定的销售本条例规定的消费品的其他单位和个人，为消费税的纳税人，应当依照本条例缴纳消费税。

消费税征税范围是在中华人民共和国境内生产、委托加工和进口条例规定的消费品。

【提示】

现行消费税的征税范围：（1）生产应税消费品。（2）委托加工应税消费品。（3）进口应税消费品。（4）商业零售金银首饰。（5）批发销售卷烟。

现行消费税税目主要包括烟、酒，高档化妆品，贵重首饰及珠宝玉石，鞭炮、焰火，成品油，摩托车，小汽车，高尔夫球及球具，高档手表，游艇，木制一次性筷子，实木地板铅蓄电池，涂料共15个税目，有的税目还进一步划分若干子目。

资料来源：《消费税暂行条例》。

2. 消费税改革。自1994年实施新税制以来，消费税在筹集财政收入、引导生产和消费、促进节能环保、调节收入分配等方面发挥了重要作用。但随着我国经济社会情况发生变化，消费税征收范围偏窄、税基偏小、税率结构不尽合理、调节力度不够充分等问题逐渐显现出来，消费税制度亟须改革完善。

按照党的十八届三中全会的部署，消费税改革基本思路就是“调整消费税征收范围、环节、税率，把高耗能、高污染产品及部分高档消费品纳入征收范围”。

2014年11月28日，国务院对成品油等部分消费税相关政策进行调整，不仅意味着财税体制改革中又一大税种“破冰”前行，还将进一步激发消费税的调节作用，促进新能源开发利用，推动我国经济平稳健康可持续发展。

此次消费税改革主要涉及3个主要内容。具体包括，按照“不因提税导致油价上涨”的原则，适当提高汽、柴油等成品油的消费税；取消对小排量摩托车、酒精、汽车轮胎等比较日常化消费品的消费税；停止征收成品油价格调节基金，杜绝乱收费，规范市场行为。

本次对成品油等产品消费税政策进行调整，是我国改革和完善消费税制度的一项重要内容。

此次消费税政策调整大幕的拉开，与“营改增”、小微企业减免税、资源税从价计征一起，成为税制改革的重点环节，标志着深化财税体制改革取得实质性进展，将对我国建立现代财政制度、实现经济健康可持续发展发挥重要作用。

2016年11月30日，财政部、国家税务总局发布《关于调整小汽车进口环节消费税的通知》。

为了引导合理消费，调节收入分配，促进节能减排，经国务院批准，对小汽车进口环节消费税进行调整。现将有关事项通知如下：

对我国驻外使领馆工作人员、外国驻华机构及人员、非居民常住人员、政府间协议规定等应税（消费税）进口自用，且完税价格130万元及以上的超豪华小汽车消费税，按照生产（进口）环节税率和零售环节税率（10%）加总计算，由海关代征。本通知自2016年12月1日起执行。

【相关阅读】

关于对超豪华小汽车加征消费税有关事项的通知

（财税〔2016〕129号）

各省、自治区、直辖市、计划单列市财政厅（局）、国家税务局，新疆生产建设兵团财务局：

为了引导合理消费，促进节能减排，经国务院批准，对超豪华小汽车加征消费税。现将有关事项通知如下：

一、“小汽车”税目下增设“超豪华小汽车”子税目。征收范围为每辆零售价格130万元（不含增值税）及以上的乘用车和中轻型商用客车，即乘用车和中轻型商用客车子税目中的超豪华小汽车。对超豪华小汽车，在生产（进口）环节按现行税率征收消费税基础上，在零售环节加征消费税，税率为10%。

二、将超豪华小汽车销售给消费者的单位和个人为超豪华小汽车零售环节纳税人。

三、超豪华小汽车零售环节消费税应纳税额计算公式：

应纳税额＝零售环节销售额（不含增值税，下同）×零售环节税率

国内汽车生产企业直接销售给消费者的超豪华小汽车，消费税税率按照生产环节税率和零售环节税率加总计算。消费税应纳税额计算公式：

应纳税额＝销售额×（生产环节税率＋零售环节税率）

四、上述规定自2016年12月1日起执行。对于11月30日（含）之前已签订汽车销售合同，但未交付实物的超豪华小汽车，自12月1日（含）起5个工作日内，纳税人持已签

订的汽车销售合同，向其主管税务机关备案。对按规定备案的不征收零售环节消费税，未备案以及未按规定期限备案的，征收零售环节消费税。

2016 年 11 月 30 日

【小贴士】

外国的消费税制度

目前，世界上许多国家开征了消费税。有些国家或地区称为特别消费税或特种货物及劳务税，有些国家或地区对多种消费品分别开征单独的税，如烟税、酒税、汽油税等。虽然税种名称不尽相同，但就其实质而言，都属于消费税的范畴。

与其他开征消费税的国家和地区相比，我国消费税的征收范围还比较窄。美国除联邦政府对汽油、柴油、通信、重型卡车、运动型钓鱼工具、轮胎等征收消费税外，很多州政府还对烟、酒等消费品开征消费税。同为亚洲国家的韩国对 30 余种消费品和 7 种消费行为征收消费税，征收范围包括高尔夫球器具、空调、钢琴、家具、化妆品等消费品，也包括土耳其浴、博彩、沙龙消费等消费行为。我国台湾地区自 2011 年 6 月 1 日起实施的《特种货物及劳务税条例》中也将小客车、游艇等纳入征收范围，除此以外还包括飞机、家具、玳瑁、珊瑚、象牙、毛皮及其制品、土地、房屋，以及特种劳务等。国际经验对于不断完善我国消费税制度都有积极的参考价值和借鉴意义。

资料来源：崔文苑：《外国的消费税制度》，中国经济网—经济日报，2014 年 11 月。

三、消费税的纳税义务人

《条例》第 1 条规定，在中华人民共和国境内生产、委托加工和进口本条例规定的消费品的单位和个人，以及国务院确定的销售本条例规定的消费品的其他单位和个人，为消费税的纳税人，应当依照本条例缴纳消费税。

【小贴士】

《消费税暂行条例》第 4 条

第 4 条规定，纳税人生产的应税消费品，于纳税人销售时纳税。纳税人自产自用的应税消费品，用于连续生产应税消费品的，不纳税；用于其他方面的，于移送使用时纳税。

委托加工的应税消费品，除受托方为个人外，由受托方在向委托方交货时代收代缴税款。委托加工的应税消费品，委托方用于连续生产应税消费品的，所纳税款准予按规定抵扣。

进口的应税消费品，于报关进口时纳税。

四、消费税的税率与征收率

消费税的税率及征收率见表 3－1。

表 3-1　　　　消费税税目税率

税　目	税　率
一、烟	
1. 卷烟	
(1) 甲类卷烟（调拨价 70 元（不含增值税）/条以上（含 70 元））	56%加 0.003 元/支（生产环节）
(2) 乙类卷烟（调拨价 70 元（不含增值税）/条以下）	36%加 0.003 元/支（生产环节）
(3) 商业批发	11%加 0.005 元/支（批发环节）
2. 雪茄烟	36%（生产环节）
3. 烟丝	30%（生产环节）
二、酒	
1. 白酒	20%加 0.5 元/500 克（或者 500 毫升）
2. 黄酒	240 元/吨
3. 啤酒	
(1) 甲类啤酒	250 元/吨
(2) 乙类啤酒	220 元/吨
4. 其他酒	10%
三、高档化妆品	15%
四、贵重首饰及珠宝玉石	
1. 金银首饰、铂金首饰和钻石及钻石饰品	5%
2. 其他贵重首饰和珠宝玉石	10%
五、鞭炮、焰火	15%
六、成品油	
1. 汽油	1.52 元/升
2. 柴油	1.20 元/升
3. 航空煤油	1.20 元/升
4. 石脑油	1.52 元/升
5. 溶剂油	1.52 元/升
6. 润滑油	1.52 元/升
7. 燃料油	1.20 元/升
七、摩托车	
1. 气缸容量（排气量，下同）在 250 毫升（含 250 毫升）以下的	3%
2. 气缸容量在 250 毫升以上的	10%
八、小汽车	
1. 乘用车	
(1) 气缸容量（排气量，下同）在 1.0 升（含 1.0 升）以下的	1%
(2) 气缸容量在 1.0 升以上至 1.5 升（含 1.5 升）的	3%
(3) 气缸容量在 1.5 升以上至 2.0 升（含 2.0 升）的	5%
(4) 气缸容量在 2.0 升以上至 2.5 升（含 2.5 升）的	9%

续表

税　目	税　率
（5）气缸容量在2.5升以上至3.0升（含3.0升）的	12%
（6）气缸容量在3.0升以上至4.0升（含4.0升）的	25%
（7）气缸容量在4.0升以上的	40%
2. 中轻型商用客车	5%
3. 超豪华小汽车	按照子税目1和子税目2的规定征收，然后加收消费税税率为10%
九、高尔夫球及球具	10%
十、高档手表	20%
十一、游艇	10%
十二、木制一次性筷子	5%
十三、实木地板	5%
十四、铅蓄电池	4%
无汞原电池、金属氢化物镍蓄电池、锂原电池、锂离子蓄电池、太阳能电池、燃料电池和全钒液流电池	免征
十五、涂料	4%
施工状态下挥发性有机物（volatile organic compounds，VOC）含量低于420克/升（含）	免征

任务十一　消费税应纳税额的计算

一、销售额（量）的确定

1. 销售额的确定。销售额是纳税人销售应税消费品向购买方收取的全部价款和价外费用，包括消费税但不包括增值税。

价外费用是指价外收取的基金、集资费、返还利润、补贴、违约金（延期付款利息）和手续费、包装费、包装物租金、储备费、优质费、运输装卸费、代收款项、代垫款项以及其他各种性质的价外收费。但承运部门的运费发票开具给购货方的，纳税人将该项发票转交给购货方的代垫运费不包括在内。同时符合条件的代为收取的政府性基金或行政事业收费也不包括在销售额内。

包装物的计税问题与增值税包装物押金规定相同。

2. 销售量的确定。

（1）销售应税消费品的，为应税消费品的销售数量。

（2）自产自用应税消费品的，为应税消费品的移送使用数量。

（3）委托加工应税消费品的，为纳税人收回的应税消费品数量。

（4）进口的应税消费品为海关核定的应税消费品进口征税数量。

3. 含增值税销售额的换算。计算消费税的价格中如含有增值税税金时，应换算为不含增值税的销售额。换算公式为：

应税消费品的销售额 = 含增值税的销售额（以及价外费用）÷（1 + 增值税的税率或征收率）

上述公式中的增值税税率为16%；增值税征收率为3%。

二、应纳税额的计算

1. 生产销售应纳消费税的计算。

（1）实行从价定率计征消费税的，其计算公式为：

应纳税额 = 销售额 × 比例税率

（2）实行从量定额计征消费税的，其计算公式为：

应纳税额 = 销售数量 × 定额税率

（3）实行从价定率和从量定额复合方法计征消费税的，其计算公式为：

应纳税额 = 销售额 × 比例税率 + 销售数量 × 定额税率

现行消费税的征税范围中，只有卷烟、白酒采用复合计算方法。

（4）应纳税额计算举例：

【例3-1】某白酒生产企业为增值税一般纳税人，7月向某烟酒专卖店销售粮食白酒20吨，开具普通发票，取得含税收入200万元，另收取品牌使用费50万元、包装物租金20万元。

要求：计算本月甲企业向专卖店销售白酒应缴纳消费税。

【解析】

应缴纳消费税 = (200 + 50 + 20) ÷ 1.16 × 20% + 20 × 2 000 × 0.5 ÷ 10 000 = 66.55（万元）

2. 自产自用应纳消费税的计算。

（1）实行从价定率办法计征消费税的，其计算公式为：

组成计税价格 =（成本 + 利润）÷（1 − 比例税率）

应纳税额 = 组成计税价格 × 比例税率

（2）实行复合计税办法计征消费税的，其计算公式为：

组成计税价格 =（成本 + 利润 + 自产自用数量 × 定额税率）÷（1 − 比例税率）

应纳税额 = 组成计税价格 × 比例税率 + 自产自用数量 × 定额税率

（3）应纳税额计算举例：

【例3-2】某汽车厂为增值税一般纳税人，主要生产小汽车和商用小客车，小汽车不含税出厂价为12.5万元/辆，小客车不含税出厂价为6.8万元/辆。5月发生如下业务：本月销售小汽车8 600辆，将2辆小汽车移送本厂研究所做破坏性碰撞实验，3辆作为广告样品；销售小客车576辆，将本厂生产的10辆小客车移送改装分厂，将其改装为救护车。请计算该企业上述业务应纳消费税（本题中小汽车消费税税率为3%，小客车消费税税率为5%）。

【解析】应纳消费税 $=(8\ 600+3)\times12.5\times3\%+(576+10)\times6.8\times5\%=3\ 425.37$（万元）

【例3-3】1月，某化妆品厂将一批自产高档护肤类化妆品用于集体福利，生产成本为35 000元，将新研制的香水用于广告样品，生产成本为20 000元，上述货物已全部发出，均无同类产品售价。计算1月该化妆品厂上述业务应纳消费税（本题中成本利润率为5%）。

【解析】应纳消费税 $=(35\ 000+20\ 000)\times(1+5\%)\div(1-30\%)\times30\%=24\ 750$（元）

【例3-4】某汽车厂为增值税一般纳税人，本月特制高性能的B型小轿车（消费税税率9%）6台和电动汽车10台，其中，将2辆B型轿车用于奖励给对汽车研发有突出贡献的科研人员，1辆用于汽车性能试验；本月销售电动汽车5辆，不含税售价26万元/辆。B型小轿车生产成本14万元/辆，成本利润率为8%。

【解析】

将B型轿车用于奖励员工，需要视同销售，缴纳增值税和消费税。电动汽车不在消费税税目之列。

【解析】

增值税销项税额 $=14\times(1+8\%)\div(1-9\%)\times16\%\times2+26\times5\times16\%=26.12$（万元）

应纳消费税 $=14\times(1+8\%)\div(1-9\%)\times9\%\times2=2.99$（万元）

【例3-5】某酒厂12月生产一种新的粮食白酒，广告样品使用0.2吨，已知该种白酒无同类产品出厂价，生产成本每吨35 000元，成本利润率为10%，粮食白酒定额税率为每斤0.5元，比例税率为20%。计算该厂当月应缴纳的消费税。

【解析】

应纳消费税：

从量税 $=0.2\times2\ 000\times0.5=200$（元）

从价税 $=[0.2\times35\ 000\times(1+10\%)+200]\div(1-20\%)\times20\%$

$=1\ 975$（元）

应纳消费税 $=200+1\ 975=2\ 175$（元）

【知识链接】

自产自用应税消费品如何纳税

一、用于连续生产的应税消费品——不纳税

如卷烟厂生产的烟丝，如果直接对外销售，应缴纳消费税。但如果烟丝用于本厂连续生产卷烟，这样，用于连续生产卷烟的烟丝就不缴纳消费税，只对生产销售的卷烟征收消费税。

二、用于其他方面——于移送使用时纳税

用于其他方面是指：

1. 生产非应税消费品；这种情况下消费税需要缴，增值税不缴。

2. 在建工程、管理部门、非生产机构；这种情况下消费税及增值税视同销售，所得税不视同销售。

3. 馈赠、赞助、集资、广告、样品、职工福利、奖励等方面。这种情况下消费税及增值税视同销售，这属于外部移送，所以，所得税确认收入。

（资料来源：国家税务总局官网。

【提示】

自产应税消费品，分三种情况：第一种是连续生产应税消费品，移送环节不征收消费税，在生产的最终消费品销售时，缴纳消费税；第二种是连续生产非应税消费品，则移送环节征收消费税，最后销售产成品时，不征收消费税；第三种是自产应税消费品，内部处置如用于管理部门，外部移送，如用于赠送、投资，均要计算消费税。

资料来源：国家税务总局官网。

3. 委托加工应纳消费税的计算。

（1）实行从价定率办法计征消费税的，其计算公式为：

组成计税价格 =（材料成本 + 加工费）÷（1 − 比例税率）

应纳税额 = 组成计税价格 × 比例税率

（2）实行复合计税办法计征消费税的，其计算公式为：

组成计税价格 =（材料成本 + 加工费 + 委托加工数量 × 定额税率）÷（1 − 比例税率）

应纳税额 = 组成计税价格 × 比例税率 + 委托加工数量 × 定额税率

（3）应纳税额计算举例：

【例 3 − 6】 甲卷烟厂购进烟丝，取得增值税专用发票，注明价款 140 万元、增值税 23.8 万元，支付运费 8 万元并取得货运企业运费发票，领用 80% 烟丝生产 H 牌卷烟，将 10% 的烟丝运往丙企业委托加工雪茄烟，取得丙企业开具的增值税专用发票，注明加工费 1.8 万元、代垫的辅助材料 0.2 万元、增值税 0.34 万元。计算丙企业应代收代缴消费税。

【解析】

丙企业代收代缴消费税 = [（140 + 8 × 93%）× 10% + 1.8 + 0.2] ÷（1 − 36%）× 36% = 9.42（万元）

【例 3 − 7】 某卷烟厂为增值税一般纳税人，主要生产 A 牌卷烟（不含税调拨价 100 元/标准条）及雪茄烟，2014 年 8 月发生如下业务：

从烟农手中购进烟叶，买价 100 万元并按规定支付了 10% 的价外补贴，将其运往甲企业委托加工烟丝，发生运费 8 万元，取得运费发票；向甲企业支付加工费，取得增值税专用发票，注明加工费 12 万元、增值税 2.04 万元，该批烟丝已收回入库，但本月未领用。计算当月甲企业应代收代缴消费税。

【解析】

收购烟叶的成本 = 100 × 1.1 × 1.2 × 87% + 8 × 93% = 122.28（万元）

受托方代收代缴的消费税 =（122.28 + 12）÷（1 − 30%）× 30% = 57.55（万元）

【例 3 − 8】 某市烟草集团公司属增值税一般纳税人，2014 年 3 月购进已税烟丝 800 万元（不含增值税），委托 A 企业加工甲类卷烟 500 箱（250 条/箱，200 支/条），A 企业每箱 0.1 万元收取加工费（不含税），当月 A 企业按正常进度投料加工生产卷烟 200 箱交由集团公司收回。

说明：烟丝消费税率为 30%，甲类卷烟生产环节消费税为 56% 加 150 元/箱。

要求：计算 A 企业当月应当代收代缴的消费税。

【解析】 代收代缴的消费税 =（800 × 200 ÷ 500 + 0.1 × 200 + 200 × 150 ÷ 10 000）/（1 − 0.56）× 0.56 + 200 × 150 ÷ 10 000 = 439.55（万元）

4. 进口环节应纳消费税的计算。

（1）从价定率计征消费税的，其计算公式为：

组成计税价格 =（关税完税价格 + 关税）÷（1 − 消费税比例税率）

应纳税额 = 组成计税价格 × 消费税比例税率

【提示】

关税的计算公式为：关税 = 关税完税价格 × 关税税率。关税完税价格，是指海关核定的关税计税价格。

（2）实行复合计税办法计征消费税的，其计算公式为：

组成计税价格 =（关税完税价格 + 关税 + 进口数量 × 定额税率）÷（1 − 消费税比例税率）

应纳税额 = 组成计税价格 × 消费税比例税率 + 进口数量 × 定额税率

（3）应纳税额计算举例：

【例 3 − 9】 某企业进口烟丝，消费税税率是 30%，关税完税价格 100 万元，关税的税率为 40%，增值税税率为 16%，计算关税和消费税应交多少？

【解析】

关税 = 100 × 40% = 40（万元）

消费税 =（100 + 40）/（1 − 30%）× 30% = 60（万元）

【例 3 − 10】 某汽车销售公司为增值税一般纳税人，2014 年 1 月进口小汽车 20 辆，海关审定的完税价格为 30 万元/辆，关税税率 20%；进口沙滩车 10 辆，海关审定的完税价格为 8 万元/辆，关税税率 10%。已知小汽车的消费税税率为 9%，则该汽车销售公司进口环节应缴纳消费税多少万元？

【解析】

沙滩车不属于消费税的征税范围，不征收消费税。

该汽车销售公司进口环节应缴纳消费税 = 20 × 30 ×（1 + 20%）÷（1 − 9%）× 9% = 71.21（万元）

【提示】

纳税人进口消费税应税产品（如化妆品、香烟）时，需要同时计算关税、进口消费税、进口增值税。但纳税人进口消费税非应税产品（如计算机、机器设备）时，只需要计算关税、进口增值税。

三、已纳消费税的扣除

1. 消费税扣除的范围。税法相关规定明确了外购或委托加工收回的应税消费品已纳消费税扣除的范围，在消费税15个税目中，除酒、小汽车、高档手表、游艇4个税目外，其余税目均有扣税规定。具体包括以下几项：(1) 外购（或以委托加工收回的）已税烟丝生产的卷烟；(2) 外购（或以委托加工收回的）已税化妆品原料生产的化妆品；(3) 外购（或以委托加工收回的）已税珠宝、玉石原料生产的贵重首饰及珠宝、玉石；(4) 外购（或以委托加工收回的）已税鞭炮、焰火原料生产的鞭炮、焰火；(5) 外购（或以委托加工收回的）已税汽车轮胎（内胎和外胎）原料生产的汽车轮胎；(6) 外购（或以委托加工收回的）已税摩托车零件生产的摩托车（如用外购两轮摩托车改装三轮摩托车）；(7) 外购（或以委托加工收回的）已税杆头、杆身和握把为原料生产的高尔夫球杆；(8) 外购（或以委托加工收回的）已税木制一次性筷子原料生产的木制一次性筷子；(9) 外购（或以委托加工收回的）已税实木地板原料生产的实木地板；(10) 外购（或以委托加工收回的）已税石脑油为原料生产的应税消费品；(11) 外购（或以委托加工收回的）已税润滑油原料生产的润滑油。

【提示】

税法规定，将应税消费品用于连续生产应税消费品的，可按当期生产领用数量计算，准予扣除外购的、进口的或委托加工收回的应税消费品已纳的消费税税款。

比如：

国家税务总局2016年第66号《关于高档化妆品消费税征收管理事项的公告》：

根据《财政部、国家税务总局关于调整化妆品消费税政策的通知》（财税〔2016〕103号），现将高档化妆品消费税征收管理事项公告如下：

一、调整《国家税务总局关于调整消费税纳税申报表有关问题的公告》（国家税务总局公告2014年第72号）附件2《其他应税消费品消费税纳税申报表》填写说明中“化妆品”相关内容，调整后的表式及填写说明见附件。

二、自2016年10月1日起，高档化妆品消费税纳税人（以下简称“纳税人”）以外购、进口和委托加工收回的高档化妆品为原料继续生产高档化妆品，准予从高档化妆品消费税应纳税额中扣除外购、进口和委托加工收回的高档化妆品已纳消费税税款。

三、纳税人外购、进口和委托加工收回已税化妆品用于生产高档化妆品的，其取得2016年10月1日前开具的抵扣凭证，应于2016年11月30日前按原化妆品消费税税率计提待抵扣消费税，逾期不得计提。

四、纳税人应按《国家税务总局关于印发〈调整和完善消费税政策征收管理规定〉的通知》（国税发〔2006〕49号）规定，设立高档化妆品消费税抵扣税款台账。

五、本公告自发布之日起施行。《国家税务总局关于调整消费税纳税申报表有关问题的公告》（国家税务总局公告2014年第72号）附件2同时废止。

特此公告。

国家税务总局

2016年10月19日

资料来源：国家税务总局2016年第66号《关于高档化妆品消费税征收管理事项的公告》。

2. 消费税抵扣的注意事项。

(1) 在抵扣的范围上，要注意纳税人所支付的消费税额并不是都可以抵扣的。消费税的抵扣是指对纳税人用已税消费品作为中间投入物生产的应税消费品，应扣除所用已税消费品已纳的消费税税额。按《消费税法》规定，用已税消费品生产的应税消费品主要指以上几种情形。对这些用已税消费品生产的应税消费品，就需要对所耗用的已税消费品已缴纳的消费税予以扣除，以避免重复征税。所用的已税消费品的取得方式主要是外购和委托加工收回两种。

纳税人用外购或是委托加工收回的已税珠宝玉石生产的金银首饰，改在零售环节征收消费税时，一律不得扣除珠宝玉石已纳的消费税税额。

另外，外购或委托加工收回的已税消费品用于直接销售的，不再征收消费税。因此，也不存在消费税的抵扣事项。

（2）在抵扣的时间上，要注意纳税人外购和委托加工收回的应税消费品的已纳消费税额并不是立即可以抵扣的。消费税税额的抵扣时间是在已税消费品（中间投入物）生产领用的时候，在货物购入和委托加工收回时都还不得抵扣、只有当已税消费品投入生产领用时，才准予抵扣相应的已纳消费税税额。

由此可见，一般而言，如果某一纳税事项既要交增值税也要交消费税的话，那么增值税进项税额的抵扣时间往往在已纳消费税税额的抵扣之前。

（3）在抵扣的计量方法上，要注意分清与增值税抵扣的区别。增值税实行规范化的购进扣税和凭增值税专用发票注明税款抵扣的办法。销货企业在开出的增值税专用发票上，不仅要注明价款，还要注明税款。这样对进货企业来讲，进项税额是发票上注明的，而非自己计算的（购进免税农产品、运输费用以及购进废旧物资等按规定扣除率抵扣除外），从而大大减轻了纳税人计算进项税额的工作量，而且使抵扣的税额更加准确。一般纳税人销售货物或提供应税劳务，进项税额的抵扣过程实质上就是应纳税额的计缴过程，其应纳税额为当期销项税额抵扣当期进项税额后的余额，计算公式为：

应纳税额 = 当期销项税额 - 当期进项税额

根据《消费税法》规定，纳税人用外购或委托加工收回的已税应税消费品连续生产应税消费品，在计征消费税时可以按当期生产领用数量计算扣除外购或委托加工收回的应税消费品的已纳消费税税额。这一规定说明，消费税实行的是领用扣税法，即准予抵扣的消费税税额应按当期消费品生产领用数量逐笔计算，只有实际生产领用的数量才是计提准予抵扣的消费税税额的唯一依据。

① 当期准予扣除外购应税消费品已纳消费税税款的计算公式：

当期准予扣除的外购已税消费品已纳消费税税额 = 当期准予扣除的外购应税消费品（当期实际生产领用数量）买价 × 外购应税消费品适用税率

当期准予扣除的外购应税消费品买价 = 期初库存的外购应税消费品买价 + 当期购进的外购应税消费品买价 - 期末库存的外购应税消费品的买价

外购应税消费品的买价是指购货发票上注明的销售额（不包括增值税税额）。

【例 3 - 11】 某化妆品生产企业 8 月生产销售化妆品计 1 000 万元，外购原材料为已缴过消费税的原材料 A，原材料 A 期初库存买价为 100 万元，本期入库买价为 300 万元，期末库存买价为200万元。假定原材料A的消费税税率为30%，增值税税率为16%，则在确定进项税额时，作为生产企业，增值税按入库数量计算。

要求：（1）该企业当期准予抵扣的增值税进项税额。

（2）该企业当期准予抵扣的已纳消费税税额。

【解析】该企业当期准予抵扣的增值税进项税额 = 300 × 16% = 48（万元）

消费税按领用数量计算，该企业当期准予抵扣的已纳消费税税额 =（100 + 300 − 200）× 30% = 60（万元）

② 当期准予扣除委托加工收回的应税消费品已纳消费税税额的计算公式为：

当期准予扣除的委托加工应税消费品已纳消费税税额 = 期初库存的委托加工应税消费品已纳消费税税额 + 当期收回的委托加工应税消费品已纳消费税税额 − 期末库存的委托加工应税消费品已纳消费税税额

（4）在抵扣的会计处理上，要注意消费税价内税的特点以及与纳税申报的协调。

【知识链接】

根据国家税务总局关于印发《调整和完善消费税政策征收管理规定》的通知（国税发〔2006〕49号），《调整和完善消费税政策征收管理规定》自2006年4月1日起实施。其中第4条规定：

四、关于消费税税款抵扣

（一）（省略）

（二）抵扣税款的计算方法

通知第7条规定的准予从消费税应纳税额中扣除原料已纳消费税税款的计算公式按照不同行为分别规定如下：

1. 外购应税消费品连续生产应税消费品。

（1）实行从价定率办法计算应纳税额的。

当期准予扣除外购应税消费品已纳税款 = 当期准予扣除外购应税消费品买价 × 外购应税消费品适用税率

当期准予扣除外购应税消费品买价 = 期初库存外购应税消费品买价 + 当期购进的外购应税消费品买价 − 期末库存的外购应税消费品买价

外购应税消费品买价为纳税人取得的本规定第2条第3款规定的发票（含销货清单）注明的应税消费品的销售额（增值税专用发票必须是2006年4月1日以后开具的，下同）。

（2）实行从量定额办法计算应纳税额的。

当期准予扣除的外购应税消费品已纳税款 = 当期准予扣除外购应税消费品数量 × 外购应税消费品单位税额 × 30%

当期准予扣除外购应税消费品数量 = 期初库存外购应税消费品数量 + 当期购进外购应税消费品数量 − 期末库存外购应税消费品数量

外购应税消费品数量为本规定第 2 条第 3 款规定的发票（含销货清单）注明的应税消费品的销售数量。

2. 委托加工收回应税消费品连续生产应税消费品。

当期准予扣除的委托加工应税消费品已纳税款 = 期初库存的委托加工应税消费品已纳税款 + 当期收回的委托加工应税消费品已纳税款 − 期末库存的委托加工应税消费品已纳税款

委托加工应税消费品已纳税款为代扣代收税款凭证注明的受托方代收代缴的消费税。

3. 进口应税消费品。

当期准予扣除的进口应税消费品已纳税款 = 期初库存的进口应税消费品已纳税款 + 当期进口应税消费品已纳税款 − 期末库存的进口应税消费品已纳税款

进口应税消费品已纳税款为《海关进口消费税专用缴款书》注明的进口环节消费税。

资料来源：《调整和完善消费税政策征收管理规定》的通知（国税发〔2006〕49 号）。

【练一练】

某化妆品厂 2014 年 2 月进口一批香水精，该批香水精货款 85 万元，支付到达我国海关前的运费及保险费共计 5 万元，取得海关相关的完税凭证。该化妆品厂将进口的香水精的 80% 用于生产高级化妆品，当月该化妆品厂将生产的高级化妆品全部销售，取得不含税销售额 500 万元。已知该化妆品厂进口的香水精适用的关税税率是 50%，化妆品适用的消费税税率是 30%。计算该化妆品厂当月销售高级化妆品应缴纳的消费税。

【解析】进口香水精应缴纳的关税 = (85 + 5) × 50% = 45（万元）；我国现行增值税的类型为：

进口香水精应缴纳的消费税 = (85 + 5 + 45) ÷ (1 − 30%) × 30% = 57.86（万元）

当月销售高级化妆品应缴纳的消费税 = 500 × 30% − 57.86 × 80% = 103.71（万元）

任务十二　纳税申报

一、纳税义务发生时间

1. 纳税人销售应税消费品的，按不同的销售结算方式确定。(1) 采取赊销和分期收款结算方式的，为书面合同约定的收款日期的当天，书面合同没有约定收款日期或者无书面合同的，为发出应税消费品的当天；(2) 采取预收货款结算方式的，为发出应税消费品的当天；(3) 采取托收承付和委托银行收款方式的，为发出应税消费品并办妥托收手续的当天；(4) 采取其他结算方式的，为收讫销售款或者取得索取销售款凭据的当天。

2. 纳税人自产自用应税消费品的，为移送使用的当天。

3. 纳税人委托加工应税消费品的，为纳税人提货的当天。

4. 纳税人进口应税消费品的，为报关进口的当天。

二、纳税地点

1. 纳税人销售的应税消费品，以及自产自用的应税消费品，除国务院财政、税务主管部门另有规定外，应当向纳税人机构所在地或者居住地的主管税务机关申报纳税。

2. 委托加工的应税消费品，除受托方为个人外，由受托方向机构所在地或者居住地的主管税务机关解缴消费税税款。受托方为个人的，由委托方向机构所在地的主管税务机关申报纳税。

3. 进口的应税消费品，由进口人或者其代理人向报关地海关申报纳税。

4. 纳税人到外县（市）销售或者委托外县（市）代销自产应税消费品的，于应税消费品销售后，向机构所在地或者居住地主管税务机关申报纳税。

5. 纳税人的总机构与分支机构不在同一县（市）的，应当分别向各自机构所在地的主管税务机关申报纳税。

纳税人的总机构与分支机构不在同一县（市），但在同一省（自治区、直辖市）范围内，经省（自治区、直辖市）财政厅（局）、国家税务局审批同意，可以由总机构汇总向总机构所在地的主管税务机关申报缴纳消费税。

三、纳税期限

纳税人以 1 个月或者 1 个季度为 1 个纳税期的，自期满之日起 15 日内申报纳税；以 1 日、3 日、5 日、10 日或者 15 日为 1 个纳税期的，自期满之日起 5 日内预缴税款，于次月 1 日起至 15 日内申报纳税并结清上月应纳税款。

纳税人进口应税消费品，应当自海关填发海关进口消费税专用缴款书之日起 15 日内缴纳税款。

任务十三　消费税税收筹划

一、计税依据的税收筹划

1. 关联企业转让定价的税收筹划。转让定价是指在经济活动中，有关联关系的企业各方为均摊利润或转移利润而在产品交换或买卖过程中，不依照市场买卖规则和市场价格进行交易。在这种转让中，产品的转让价格根据双方的意愿，可高于或低于市场上供求关系决定的价格，以达到相互之间利益的最大化。

2. 选择合理加工方式的税收筹划。随着社会经济的不断发展以及专业分工程度的日益深化，企业、单位或个人由于各自技术、设备、人力资源等方面的局限或其他方面的原因，不可能也没有必要生产本单位所需要的所有产品，常常要委托其他单位代为加工应税消费品。

【提示】

为了避免受托方人为地压低计税价格，虚假代收代缴消费税，我国《税法》规定，委托加工应税消费品应由委托方提供原材料和主要材料，受托方只收取加工费和代垫部分辅助材料加工。

资料来源：《消费税暂行条例实施细则》。

委托加工应税消费品的计税依据是受托方同类产品的销售价格或组成计税价格，而自行加工应税消费品的计税依据是产品的对外销售价格。在通常情况下，委托方收回委托加工的应税消费品后，要以高于成本的价格出售，此时，委托加工应税消费品的税负低于自行加工应税消费品的税负。因此，纳税人可以选择合理的加工方式进行税收筹划。

【例3-12】甲卷烟厂有一批价值100万元的烟叶要加工成烟丝，烟丝消费税税率为30%，卷烟消费税税率为45%，甲卷烟厂应选择哪套方案？

【解析】

方案一：收回委托加工的烟丝后，自己继续加工成香烟。

甲卷烟厂委托乙厂将一批价值100万元的烟叶加工成烟丝，协议规定加工费75万元；加工的烟丝运回甲厂后，甲厂继续加工成甲类卷烟，加工成本、分摊费用共计95万元，该批卷烟售出价格700万元。

（1）甲厂向乙厂支付加工费的同时，要向乙厂支付代收代交的消费税。

消费税组成计税价格收入=(材料成本+加工费)÷(1-消费税税率)=(100+75)÷(1-30%)=250（万元）

甲厂在委托加工环节应交消费税=250×30%=75（万元）

（2）甲厂销售卷烟后，在委托加工环节已经交纳的消费税准予扣除，其应交纳消费税为：700×45%-75=240（万元）

（3）甲厂的税后利润（所得税税率25%）：

税后利润=[(700(收入)-100(材料成本)-75(加工费)-75(加工环节消费税)-95(继续加工成本费用)-240(消费税))]×(1-25%)=115×75%=86.25（万元）

方案二：委托乙厂把烟叶加工成香烟，收回直接对外销售。

甲厂委托乙厂将烟叶直接加工成甲类卷烟，烟叶成本100万元不变，加工费用为170万元。加工完毕，运回甲厂后，甲厂对外售价仍然是700万元。

（1）甲厂向乙厂支付加工应税消费品时应由受托方代扣代交消费税。其计算如下：

应交消费税=(100+170)÷(1-45%)×45%=220.91（万元）

（2）由于委托加工应税消费品直接对外销售，甲厂在销售时，必再交纳消费税。其税后利润计算如下：

税后利润=[700(收入)-100(材料成本)-170(加工费)-220.91(消费税)]×(1-25%)=156.82（万元）

方案三：甲厂自行加工后对外销售。

甲厂将价值100万元的烟叶自行加工成甲类卷烟，加工成本、分摊费用共计170万元，售价700万元。有关计算如下：

应交消费税 = 700 × 45% = 315（万元）

税后利润 = [700（收入）- 100（材料成本）- 170（加工费）- 315（消费税）] × (1 - 25%) = 86.25（万元）

从这个案例可以看出，在各有关生产要素相同的条件下，方案一（委托半加工）和方案三（自行加工方式）的税后利润较小，税负也最重；方案二（彻底的委托加工方式）的利润较大，税负也最低。在相同的纳税环境中，应该选择方案二，以求税负最低，利润最大。

3. 包装物的税收筹划。随着市场竞争的日益深化，消费者对产品包装的要求也越来越高。但对于消费税所调节的应税消费品而言，生产企业往往不能随心所欲地包装自己的产品，否则就有可能陷入高税收负担的泥潭。

（1）包装方式的纳税筹划。根据《消费税暂行条例》第 3 条规定，纳税人兼营不同税率的应税消费品，应当分别核算不同税率应税消费品的销售额、销售数量。未分别核算销售额、销售数量，或者将不同税率应税消费品组成套装进行销售的，从高适用税率。如果纳税人需要将不同税率的商品组成套装进行销售时应当尽量采取先销售后包装的方式进行核算，而不要采取先包装后销售的方式进行核算。

【例 3 - 13】某酒厂生产各种类型的酒，以适应不同消费者需求。春节来临，大部分消费者都以酒作为馈赠亲朋好友的礼品，针对这种市场情况，公司于 1 月初推出“组合装礼品酒”的促销活动，将白酒、白兰地酒和葡萄酒各一瓶组成价值 115 元的成套礼品酒进行销售，三种酒的出厂价分别为 50 元/瓶、40 元/瓶、25 元/瓶，白酒的消费税税率为 0.5 元/斤加上出厂价的 20%，白兰地酒和葡萄酒的消费税税率为销售额的 10%。假设这三种酒每瓶均为 1 斤装，该月共销售 1 万套礼品酒。该企业可以采取两种促销方式：方案一，先包装后销售；方案二，先销售后包装。从节税角度出发，该企业应当采取哪套方案？

【解析】方案一：由于该企业采取先包装后销售的方式促销，属于混合销售行为，应当按照较高的税率计算消费税额。在该方案下，该企业的纳税情况如下：

① 应税销售额 = (50 + 40 + 25) × 10 000 = 1 150 000（元）

② 应税销量 = 3 × 10 000 = 30 000（斤）

③ 应纳税额 = 30 000 × 0.5 + 1 150 000 × 20% = 245 000（元）

方案二：该企业的纳税情况如下：

① 白酒应纳税额 = 10 000 × (1 × 0.5 + 50) × 20% = 101 000（元）

② 白兰地应纳税额 = 40 × 10 000 × 10% = 40 000（元）

③ 葡萄酒应纳税额 = 25 × 10 000 × 10% = 25 000（元）

④ 累计应纳税额 = 101 000 + 40 000 + 25 000 = 166 000（元）

方案二比方案一节税额 = 245 000 - 166 000 = 79 000（元）

因此，该企业应当选择方案二。方案二由于分别适用应税消费品各自税率从而达到了节税效果。

（2）包装物押金的纳税筹划。根据《消费税暂行条例实施细则》第 13 条规定，应税消费品连同包装物销售的，无论包装物是否单独计价以及在会计上如何核算，均应并入应税消费品的销售额中缴纳消费税。如果包装物不作价随同产品销售，而是收取押金，此项押金则不应并入应税消费品的销售额中征税。但对因逾期未收回的包装物不再退还的或者已收取的时间超过12个月的押金，应并入应税消费品的销售额，按照应税消费品的适用税率缴纳消费税。对既作价随同应税消费品销售，又另外收取的包装物押金，凡纳税人在规定期限内没有退还的，均应并入应税消费品的销售额，按照应税消费品的适用税率缴纳消费税。

【例3-14】某焰火厂生产一批焰火共10 000箱，每箱价值200元，其中包含包装物价值15元，焰火的消费税税率为15%。该厂有两套销售方案可供选择：方案一，按照每箱200元价格销售；方案二，按照185元的价格销售，收取15元押金。从节税角度出发，该企业应当选择哪套方案？

【解析】方案一：企业应当按照销售额缴纳消费税。在该方案下，该厂的纳税情况如下：

① 应税销售额 $=200\times 10\ 000=2\ 000\ 000$（元）

② 应纳消费税 $=2\ 000\ 000\times 15\%=300\ 000$（元）

方案二：企业收取的包装物押金不计入销售额。在该方案下，该厂的纳税情况如下：

① 应税销售额 $=185\times 10\ 000=1\ 850\ 000$（元）

② 应纳消费税 $=1\ 850\ 000\times 15\%=277\ 500$（元）

方案二比方案一节税额 $=300\ 000-277\ 500=22\ 500$（元）

根据现行消费税政策，如果1年后该押金仍未退还，则该厂应当补缴消费税。假设市场年利率为10%。该厂的纳税情况如下：

① 应税销售额 $=15\times 10\ 000=150\ 000$（元）

② 应纳消费税 $=150\ 000\times 15\%=22\ 500$（元）

③ 比方案一节税额 $=22\ 500\times 10\%=2\ 250$（元）

因此，该厂应当选择方案二。

【小贴士】

《消费税暂行条例实施细则》规定：如果包装物不作价随同产品销售，而是收取押金，(收取酒类产品包装物押金除外)，且单独核算又未过期的，此项押金则不应并入应税消费品的销售额中征税。因此，企业要在包装物上节税，除了酒类产品（黄酒、啤酒除外），企业应该将包装物与产品分开核算，而且包装物不能作价随同产品销售，而应采取收取押金的方式，这样“押金”就不并入销售额计算消费税了。即使在经过1年后需要将押金并入应税消费品的销售额征税，也是企业获得了该笔消费税金额的1年的资金免费使用权。

资料来源：《消费税暂行条例实施细则》。

4. 应税消费品特殊业务的税收筹划。根据《税法》规定，纳税人用于换取生产资料和消费资料，投资入股和抵偿债务等方面的应税消费品，应当以纳税人同类应税消费品的最高销售价格作为计税依据计算消费税。因此如果企业存在以应税消费品抵债、入股的情况下，最好先销售，再作抵债或入股的处理。

二、消费税税率的税收筹划

消费税税率分为比例税率和定额税率。消费税税率形式的选择，主要是根据课税对象的具体情况来确定，对一些供求基本平衡，价格差异不大，计量单位规范的消费品，选择计税简便的定额税率；对一些供求矛盾突出、价格差异较大，计量单位不规范的消费品，选择价税联动的比例税率。纳税人针对消费税的税率多档次的特点，税收筹划的空间并不大。

1. 将不同税负应税产品的销售额和销售数量分别核算。在企业的经营过程中，往往会发生在同一企业生产不同税负产品并分别销售的情况。企业从降低税负的角度考虑，应严格将不同税负产品的销售额和销售数量分别核算，否则将面临对全部产品统一适用高税率的可能。

【例3－15】某公司既生产经营粮食白酒，又生产经营药酒，两种产品的消费税税率分别为20%加0.5元/500克（或者500毫升）、10%。2014年度，粮食白酒的销售额为200万元，销售量为5万千克，药酒销售额为300万元，销售量为4万千克，但该公司没有分别核算。2015年度，该公司的生产经营状况与2014年度基本相同，现在有两种方案可供选择：方案一，统一核算粮食白酒和药酒的销售额；方案二，分别核算粮食白酒和药酒的销售额。从节税的角度出发，应当选择哪套方案？

【解析】

方案一：企业生产经营适用两种税率的应税消费品应当分别核算，未分别核算的适用较高税率。在该方案下，该公司的纳税情况如下：

酒类应纳消费税 = (200 + 300) × 20% + (5 + 4) × 1 = 109（万元）

方案二：企业生产经营适用两种税率的应税消费品应当分别核算，分别核算后可以适用各自的税率。在该方案下，该公司的纳税情况如下：

粮食白酒应纳消费税 = 200 × 20% + 5 × 2 × 0.5 = 45（万元）

药酒应纳消费税 = 300 × 10% = 30（万元）

比方案一节税额 = 109 − (45 + 30) = 34（万元）

因此，该公司应当选择方案二。方案二由于充分利用了分别核算可以适用不同税率的政策从而达到了节税的效果。

2. 合理确定商品的销售价格。《消费税暂行条例》规定，啤酒每吨出厂价在3 000元（含3 000元，不含增值税）以上的，单位税额为250元/吨；每吨出厂价在3 000元以下的，单位税额为220元/吨。娱乐业、饮食业自制啤酒，单位税额250元/吨。啤酒消费税的税率为从量定额税率，同时根据啤酒的单位价格实行全额累进。全额累进税率的一个特点是在临界点，税收负担变化比较大，会出现税收负担的增加大于计税依据的增加的情况。在这种情况下，企业可以巧妙地运用临界点的规定适当降低产品价格，从而增加税后利润。

三、利用纳税环节筹划

纳税环节是应税消费品生产、消费过程中应缴纳消费税的环节。消费税的纳税行为一般发生在生产领域（包括生产、委托加工和进口），而非流通领域或终极的消费环节。利用纳税环节进行税务筹划时，应尽可能避开或推迟纳税环节的出现。例如，生产销售应税消费品时，可以采取“物物交换”或者改变和选择某种对企业有利的结算方式推迟缴税；委托加工应税消费品时，可以采取与受托方联营的方式，改变受托与委托关系节省此项消费税。关联企业中生产（委托加工、进口）应税消费品的企业，如果以较低的销售价格将应税消费品销售给其独立核算的销售部门，则可以降低销售额，从而减少应纳消费税税额。而独立核算的销售部门，由于处在销售环节，只缴纳增值税，不缴纳消费税，可使集团的整体消费税税负下降，但增值税税负不变。

【例3-16】某烟草集团下属的卷烟厂生产的甲类卷烟，市场售价为每箱1000元（不含增值税），该厂以每箱800元（不含增值税）的价格销售给其独立核算的销售部门100箱。

要求：计算卷烟厂转移定价前、定价后以及转移定价前后的差异。

【解析】

卷烟厂转移定价前：

应纳消费税税额 = 1 000 × 100 × 50% = 50 000（元）

卷烟厂转移定价后：

应纳消费税税额 = 800 × 100 × 50% = 40 000（元）

转移定价前后的差异如下：

50 000 - 40 000 = 10 000（元）

转移价格使卷烟厂减少10 000元税负。

【小结】

项目三主要介绍了消费税法相关概念，消费税的计算方法，消费税的纳税申报，税收筹划等。同时介绍了消费税改革的最新内容。

【课后训练】

一、单选题

1. 纳税人将应税消费品与非应税消费品以及适用税率不同的应税消费品组成成套消费品销售的，应按（　　）。

A. 应税消费品的平均税率计征　　B. 应税消费品的最高税率计征

C. 应税消费品的不同税率，分别计征　　D. 应税消费品的最低税率计征

2. 某卷烟厂6月研发生产一种新型卷烟，当月生产20箱作为礼品样品用于市场推广，没有同类售价，已知成本为50万元，已知卷烟的成本利润率10%，经税务机关批准，卷烟适用的税率为56%，则该批卷烟应纳消费税金为（　　）万元。

A. 70.68　　B. 46.55　　C. 47.91　　D. 45.20

3. 烟丝加工厂为增值税一般纳税人，4月接受某烟厂委托加工烟丝，烟丝厂自行提供烟叶的成本为32 000元，代垫辅助材料2 000元，加工费支出50 000元；烟丝厂上月留抵税额为3 400元（烟丝消费税税率为30%，成本利润率为5%），加工费专用发票经过认证，下列正确的是（　　）。

A. 加工厂应纳增值税5 100元。应代收代缴消费税28 450元

B. 加工厂应纳增值税10 115元，应纳消费税15 000元

C. 加工厂应纳增值税5 100元，应纳消费税15 000元

D. 加工厂本月应纳增值税18 020元，应纳消费税37 800元

4. 某外贸公司7月从某地板生产企业购进实木地板50箱用于出口，取得生产企业开具的专用发票，注明共计支付的价税合计金额118.72万元，支付购实木地板的运输费用1.2万元，该批实木地板出口销售时取得金额220.6万元。实木地板生产企业适用的增值税税率16%，消费税税率5%。外贸公司出口该批

实木地板应退的消费税是（　　）万元。

A. 3.6　　B. 4.72　　C. 4.87　　D. 5.07

5. 下列各项中，符合《消费税法》有关应按当期生产领用数量计算准予扣除外购的应税消费品已纳消费税税款规定的是（　　）。

A. 外购已税白酒生产的药酒　　B. 外购已税珠宝玉石生产的金银镶嵌首饰

C. 外购已税白酒生产的巧克力　　D. 外购已税润滑油生产的润滑油

6. 下列环节既征消费税又征增值税的是（　　）。

A. 粮食白酒的生产和批发环节　　B. 金银首饰的生产和零售环节

C. 金银首饰的进口环节　　D. 化妆品的生产环节

7. 3月，某酒厂将自产的一种新型粮食白酒5吨用作职工福利，粮食白酒的成本共计8 000元，该粮食白酒无同类产品市场销售价格，但已知其成本利润率为10%，计算该批粮食白酒应缴纳的消费税税额（　　）元。

A. 7 200　　B. 4 290　　C. 8 450　　D. 3 450

8. 某市区卷烟厂3月委托某县城烟丝加工厂（一般纳税人）加工一批烟丝，卷烟厂提供的烟叶在委托加工合同上注明成本80 000元。烟丝加工完，卷烟厂提货时，加工厂开具专用发票上注明收取的加工费（含代垫辅料成本）12 000元，增值税720元，并代收代缴了消费税。烟丝的消费税税率为30%，则该烟丝加工厂应代收代缴的消费税是（　　）元。

A. 39 428.57　　B. 2 759.96　　C. 3 986.86　　D. 2 781.60

9. 下列各项行为一般不需自行缴纳消费税的是（　　）。

A. 将自产的应税消费品对外交换其他应税消费品

B. 将自产的应税消费品对外投资的

C. 将外购的商品委托加工应税消费品

D. 将自产的应税消费品对外交换其他非应税消费品

10. 下列各项中，可按委托加工应税消费品的规定征收消费税的有（　　）。

A. 受托方代垫原料和主要材料，委托方提供辅助材料的

B. 委托方提供原料和主要材料，受托方代垫部分辅助材料的

C. 受托方负责采购委托方所需原材料的

D. 受托方提供原材料、材料和全部辅助材料的

11. 9月，某外贸进口单位进口卷烟20标准箱，每条的完税价格为120元，适用20%的关税税率。则海关代征进口消费税是（　　）元。

A. 923 181.82　　B. 490 909.09　　C. 591 545.45　　D. 594 545.45

12. 进口应税消费品，按照海关的相关规定，应当自（　　）缴纳消费税。

A. 应税消费品报关进口当天　　B. 海关填发税款缴纳证之日起15日内

C. 海关填发税款缴纳证之日起14日内　　D. 海关填发税款缴纳证次日起7日内

13. 根据税法规定，下列说法不正确的是（　　）。

A. 应税消费品征收消费税的，其税基不含有增值税

B. 凡是征收增值税的货物都征收消费税

C. 应税消费品征收增值税的，其税基含有消费税

D. 增值税属于价外税，消费税属于价内税

14. 某酒业制造公司生产各种白酒，9月领用上月外购的酒精继续加工成高档白酒，销售给某外贸企业5 000斤，开具的增值税专用发票上注明的销售额为500万元；已知上月外购的酒精不含税价185万元，取得专用发票，本月生产领用外购80%酒精。该公司应缴消费税（　　）万元。

A. 100.25　　B. 147.48　　C. 130.80　　D. 154.59

15. 下列消费品中，应征收消费税的是（　　）。

A. 手机　　B. 手提电脑　　C. 洗衣粉　　D. 口红

16. 下列消费品中，不征收消费税的是（　　）。

A. 进口香烟　　B. 进口服装　　C. 进口法国酒　　D. 进口化妆品

17. 按《消费税条例》规定，在委托加工应税消费品业务中，受托方成为应纳消费税的（　　）。

A. 纳税人　　B. 负税人　　C. 代扣代缴义务人　　D. 代理人

18. 实行从价定率征收消费税的应税消费品的计税依据应是（　　）。

A. 含增值税不含消费税的销售额　　B. 含增值税含消费税的销售额

C. 不含增值税不含消费税的销售额　　D. 不含增值税含消费税的销售额

19. 将自产的啤酒分给职工搞福利，征收消费税的依据应是（　　）。

A. 所分数量×不含税（增值税）单价　　B. 所分数量×含税（增值税）单价

C. 所分数量×适用定额　　D. 所分数量

20. 包装物不作价随同产品销售，而是收取押金的，消费税中规定：对逾期未收回而不再退还的这部分押金，应转作销售额征税，但不适用此项规定的类别是（　　）。

A. 烟类　　B. 酒类　　C. 地板类　　D. 贵重首饰类

21. 进口的应税化妆品，其计算消费税的计税依据是（　　）。

A. 组成计税价格　　B. 关税的完税价格

C. 关税的完税价格加关税　　D. 买价

22. 通过自设非独立核算门市部直接销售应税消费品的如是从价计征消费税的，其计税依据应是（　　）。

A. 应税消费品的成本价　　B. 应税消费品的出厂价

C. 应税消费品的批发价　　D. 应税消费品对外销售价

23. 纳税人将自产的应税消费品用于换取生产资料，投资入股或抵偿债务等，其计算消费税的计税依据是（　　）。

A. 按同类应税消费品的成本价　　B. 按同类应税消费品的最低价

C. 按同类应税消费品的最高价　　D. 按同类应税消费品的加权平均价

24. 我国消费税绝大部分选择在生产销售环节征税，下列中不在此环节征税的应税消费品是（　　）。

A. 化妆品　　B. 小汽车　　C. 鞭炮、焰火　　D. 金银首饰

25. 委托加工的应税消费品所缴纳的消费税，应由受托方解缴的地点是（　　）。

A. 委托方机构所在地税务机关　　B. 受托方所在地税务机关

C. 销售地主管税务机关　　D. 委托方核算地税务机关

26. 下列各项中，符合《消费税法》有关应按当期生产领用数量计算准予扣除外购的应税消费品已纳消费税税款规定的是（　　）。

A. 外购已税白酒生产的药酒　　B. 外购已税实木地板为原料生产的实木地板

C. 外购已税白酒生产的酒心巧克力　　D. 外购已税小汽车改装生产的小汽车

27. 下列各项中，与我国现行出口应税消费品的退（免）消费税政策不符的是（　　）。

A. “免税但不退税”　　B. “不免税也不退税”

C. “不免税但退税”　　D. “免税并退税”

28. 下列各项中，符合消费税纳税义务发生时间规定的是（　　）。

A. 进口的应税消费品，为取得进口货物的当天

B. 自产自用的应税消费品，为移送使用的当天

C. 委托加工的应税消费品，为支付加工费的当天

D. 采取预收货款结算方式的，为收到预收款的当天

29. 某汽车救援公司向甲汽车制造厂（增值税一般纳税人）订购自用小汽车2辆，每一辆支付货款

250 800元（含税）、设计改装费30 000元。消费税税率为5%，该汽车厂税务处理方法是（ ）。

A. 应纳消费税24 000元，应纳增值税0元

B. 应纳消费税15 080元，应纳增值税81 600元

C. 应纳消费税24 000元，应纳增值税81 600元

D. 应纳消费税24 000元，应纳增值税85 272元

30. 下列各项中，不征收消费税的是（ ）。

A. 用于本企业连续生产的应税消费品　B. 用于奖励代理商销售业绩的应税消费品

C. 用于本企业生产性基建工程的应税消费品　D. 用于捐助国家指定的慈善机构的应税消费品

二、多选题

1. 下列货物销售征收消费税的有（ ）。

A. 汽车销售公司代销小汽车

B. 汽车修理厂销售汽车轮胎

C. 金店零售金银首饰

D. 手表厂生产销售高档手表（不含税价为12 000元/块）

2. 关于零售环节征税的陈述，下列正确的是（ ）。

A. 改在零售环节征收消费税的金银首饰仅限于金基、银基合金首饰以及金、银和金基、银基合金的镶嵌首饰

B. 零售环节适用税率为5%，在纳税人销售金银首饰、钻石及钻石饰品时征收

C. 金银首饰与其他产品组成成套消费品销售的，应按销售额全额征收消费税

D. 金银首饰连同包装物销售的，无论包装是否单独计价，也无论会计上如何核算，均应并入金银首饰的销售额，计征消费税

3. 甲企业委托乙企业加工一批粮食白酒和一批黄酒，甲企业提供原材料，实际成本分别为7 000元（不含税）和3 000元，支付加工费不含税分别为2 000元和1 000元，另开具普通发票收取代垫粮食白酒材料款500元，受托方无同类消费品价格，甲企业共收回粮食白酒1 000公斤，黄酒1 000公斤，则下列陈述正确的是（ ）。

A. 甲企业收回粮食白酒后直接批发的，不再缴纳消费税

B. 甲企业实际负担的消费税为3 050元

C. 乙企业代收代缴的消费税为3 846. 84元

D. 乙企业代收代缴的消费税为3 456. 84元

4. 纳税人收回委托加工的应税消费品后，下列情况中不需再缴纳消费税的有（ ）。

A. 用于直接销售　B. 继续加工成应税消费品并销售

C. 用于对外投资或无偿赠送他人　D. 用于职工福利品发放

5. 下列各项中，不应在收回委托加工品后征收消费税的有（ ）。

A. 商业批发企业销售委托其他企业加工的特制白酒，但受托方向委托方交货时没有代收代缴消费税款的

B. 商业批发企业收回委托其他企业加工的特制白酒直接销售的

C. 商业批发企业销售其委托加工的特制白酒，但是由于受托方以其名义购买原材料生产的应税消费品

D. 工业企业委托加工收回后用于连续生产其他酒的特制白酒

6. 下列项目中，属于消费税“化妆品”税目征收范围的是（ ）。

A. 口红　B. 胭脂

C. 演员化妆用的上妆油　D. 眉笔

7. 以下企业出口应税消费品不得办理消费税退税的有（　　）。

A. 外贸单位从生产企业收购后出口的应税消费品

B. 外商投资生产企业自营出口自产应税消费品

C. 外贸企业受商贸企业的委托出口应税消费品

D. 生产单位委托外贸企业出口自产应税消费品

8. 下列关于消费税纳税义务发生时间的问题，说法正确的有（　　）。

A. 某金银珠宝店销售金银首饰10件，收取价款25万元，其纳税义务发生时间为收款当天

B. 纳税人进口应税消费品，纳税义务发生时间为报关进口的当天

C. 某汽车厂采用托收承付结算方式销售汽车，其纳税义务发生时间为发出汽车并办妥托收手续的当天

D. 某化妆品厂销售化妆品采用赊销方式，合同规定收款日为5月，实际收到货款为6月，纳税义务发生时间为6月

9. 某企业生产的某系列化妆用品，用于下列（　　）用途时应征收消费税。

A. 促销活动中赠送品　　B. 本企业职工运动会奖品

C. 加工生产其他系列化妆用品　　D. 电视广告的样品

10. 下列各项不需缴纳消费税的有（　　）。

A. 以啤酒和饮料为原料生产的果啤

B. 自产自用的应税消费品，用于连续生产应税消费品的

C. 有出口经营权的生产性企业生产的应税消费品直接出口的

D. 饮食业销售的外购啤酒

11. 下列各项中，应征收消费税的有（　　）。

A. 外购的小客车改装成小货车　　B. 委托某个体户加工的鞭炮

C. 进口后用于生产轮胎的橡胶　　D. 商场销售的金银首饰

12. 按消费品的生产、经营方式不同，应征收消费税的是（　　）。

A. 生产销售的应税消费品　　B. 以自产应税消费品连续生产应税消费品

C. 以自产应税消费品用于生产非应税消费品　　D. 委托加工应税消费品

13. 中国现行消费税采用的税率形式是（　　）。

A. 差别比例税率　　B. 弹性比例税率　　C. 超额累进税率　　D. 定额税率

14. 下列应税消费品中，采用定额税率征收消费税的是（　　）。

A. 白酒　　B. 啤酒　　C. 黄酒　　D. 汽油

15. 实行从量定额计算应纳消费税的应税消费品的计税数量分别是（　　）。

A. 销售应税消费品的，为应税消费品的销售数量

B. 自产自用应税消费品的，为移送使用量

C. 自产应税消费品，没有销售量的，按原产量

D. 委托加工应税消费品的，为收回的应税消费品数量

16. 委托加工实行从价定率办法计算纳税的应税消费品消费税的组成计税价格中应包括的项目有（　　）。

A. 加工费用　　B. 委托方提供加工材料的实际成本

C. 受托方代垫辅助材料的价格　　D. 受托方代收代缴的消费税金

17. 根据消费税法律制度的有关规定，纳税人外购和委托加工的特定应税消费品，用于继续生产应税消费品的，已缴纳的消费税税款准予从应纳消费税税额中扣除，下列各项中，可以扣除已缴纳的消费税的有（　　）。

A. 外购已税杆头、杆身和握把为原料生产的高尔夫球杆

B. 委托加工收回的已税玉石用于生产贵重首饰

C. 外购的已税汽车轮胎用于生产小汽车

D. 外购已税实木地板为原料生产的实木地板

18. 某汽车制造厂生产的小汽车应按自产自用缴纳消费税的有（　　）。

A. 为了检测其性能，将其转为自用　　B. 用于本厂研究所作碰撞试验

C. 移送改装分场改装加长型豪华小轿车　　D. 赞助汽车拉力赛

19. 以下企业出口应税消费品不得办理消费税退税的有（　　）。

A. 外贸单位从生产企业收购后出口的应税消费品

B. 外商投资生产企业自营出口自产应税消费品

C. 外贸企业受商贸企业的委托出口应税消费品

D. 生产单位委托外贸企业出口自产应税消费品

20. 下列环节既征消费税又征增值税的有（　　）。

A. 卷烟的生产和批发环节　　B. 金银首饰的生产和零售环节

C. 金银首饰的零售环节　　D. 化妆品的生产环节

三、判断题

1. 我国现行消费税的征税对象大多为最终消费品，因此选择在零售环节征收。（　　）

2. 我国现行消费税采取多环节课征制，即每流转一个环节，课征一次。（　　）

3. 我国现行消费税条例规定将所有应税消费品的征收环节确定在产制环节。（　　）

4. 对于接受投资、赠与、抵债等方式取得的已税消费品，其所含的消费税不能扣除。（　　）

5. 委托加工应税消费品，受托方为消费税的纳税人。（　　）

6. 纳税人自产自用的应税消费品，包括用于连续生产应税消费品，用于在建工程及馈赠、赞助等方面的应税消费品应缴纳消费税。（　　）

7. 如委托方只提供主要原材料，辅助材料则由受托方提供，受托方收取加工费所加工出来的应税消费品，按销售自制应税消费品处理，缴纳消费税。（　　）

8. 卷烟、白酒在生产销售和进口环节计算消费税时，实行复合计税方法计算消费税，但在委托加工环节代收代缴消费税时，实行单一从价计税方法。（　　）

9. 我国现行消费税采用单一比例税率的形式。（　　）

10. 我国现行消费税中采用定额税率的有啤酒、黄酒、成品油。（　　）

11. 卷烟批发企业将卷烟销售给同类卷烟批发企业，不再征收消费税。（　　）

12. 实行从价定率计税的应税消费品，其计税依据是包含增值税而不含消费税税款的销售额。（　　）

13. 委托加工的应税消费品，按照受托方的同类消费品的销售价格计算缴纳消费税；没有同类消费品销售价格的，按照组成计税价格计算消费税。（　　）

14. 应税消费品征收消费税的，其税基含有增值税；应税消费品征收增值税的，其税基不含有消费税。（　　）

15. 将不同税率应税消费品组成成套消费品销售的，即使分别核算也从高税率。（　　）

四、计算题

1. 某市烟草集团公司属增值税一般纳税人，持有烟草批发许可证，3 月购进已税烟丝 800 万元（不含增值税），委托 M 企业加工甲类卷烟 500 箱（250 条/箱，200 支/条），M 企业每箱 0.1 万元收取加工费（不含税），当月 M 企业按正常进度投料加工生产卷烟 200 箱交由集团公司收回，集团公司将其中 20 箱销售给烟草批发商 N 企业，取得含税销售收入 86.58 万元；80 箱销售给烟草零售商 Y 专卖店，取得不含税销售收入 320 万元；100 箱作为股本与 F 企业合资成立一家烟草零售经销商 Z 公司。

说明：烟丝消费税税率为30%，甲类卷烟生产环节消费税为56%加0.003元/支。

要求：根据以上资料，按以下顺序回答问题，每问需计算出合计数。

(1) 计算M企业当月应当代收代缴的消费税。

(2) 计算集团公司向N企业销售卷烟应缴纳的消费税。

(3) 计算集团公司向Y专卖店销售卷烟应缴纳的消费税。

(4) 计算集团公司向Z公司投资应缴纳的消费税。

2. 甲酒厂8月从农业生产者手中收购粮食，共计支付收购价款60 000元。甲酒厂将收购的粮食从收购地直接运往异地的乙酒厂生产加工白酒，白酒加工完毕，企业收回白酒8吨，取得乙酒厂开具防伪税控的增值税专用发票，注明加工费25 000元，代垫辅料价值15 000元，加工的白酒当地无同类产品市场价格。

计算：乙酒厂应代收代缴的消费税及应纳增值税税额。

3. 位于某市一化妆品公司为增值税一般纳税人，9月发生以下各项业务：

(1) 用生产成本为70 000元的350盒A系列化妆品换取原材料，约定按A化妆品当月销售平均不含税价格250元/盒进行结算，双方互开专用发票；

(2) 将A化妆品6 000盒与外购的丝绸中国结组成成套化妆品6 000套，销售给某商场，每套不含税价360元，丝绸中国结的成本为35元/只；

(3) 从国外进口一批化妆品香粉，关税完税价格为60 000元；取得海关进口增值税专用缴款书当月已向税务机关申报抵扣。当月将其中的80%用于连续生产化妆品；

(4) 本月附带为一个影视制作公司生产上妆油5 000盒，并全部销售，不含税售价为60元/盒；

(5) 本期购进酒精一吨，取得专用发票，注明不含税售价为70 000元；

(6) 本期自某药材基地购进一批中药材根茎，收购凭证注明价款150 000元，支付运杂费18 000元，取得收据。

本期取得电费和水费专用发票，注明税额分别为25 800元和19 800元。本期职工食堂和浴室耗用水、电各自占本期购进比例15%。

化妆品的利润率是5%，关税税率为6%，本期专用发票均通过认证，A化妆品当期最高不含税价格295元/盒。

根据上述资料计算下列问题：

(1) 当期进口化妆品的应缴纳关税；

(2) 当期进口化妆品的进口环节应缴纳的增值税；

(3) 当期进口化妆品的进口环节应缴纳的消费税；

(4) 本期应纳增值税税额；

(5) 本期实际应向税务机关缴纳的消费税。

五、综合题

某酒厂为增值税一般纳税人，主要生产销售各类白酒，3月经营情况如下：

(1) 从某酒厂购进60吨酒精，取得普通发票，注明价款21.40万元；从农业生产者手中收购粮食600 000斤，收购凭证上注明支付金额30万元，支付运输费用2万元、装卸费0.5万元，运输途中损失4 000斤（运输途中管理不善造成）；购入生产用煤，取得增值税专用发票，注明价款10万元、增值税1.7万元，支付运输费用4万元，取得合法货运发票；从生产性小规模纳税人购进劳保用品，取得税务机关代开的增值税专用发票，注明价款1.5万元。

(2) 销售瓶装粮食白酒20 000斤，开具增值税专用发票，取得销售额31万元，收取包装物押金3.51万元；销售散装薯类白酒20 000斤，开具普通发票，取得销售收入24.57万元；向当地白酒节捐赠特制粮食白酒500斤；用5吨特制粮食白酒与供货方换取原材料，合同规定，该特制粮食白酒按平均售价计价，供货方提供的原材料价款20万元，供货方开具了税款为3.4万元的增值税专用发票，酒厂开具了税款为

3.74 万元的增值税专用发票。特制粮食白酒最高售价 25 元/斤，平均售价 22 元/斤（售价为不含增值税售价）。

（3）将试制的新型号干红酒 10 000 斤发给职工作为福利，成本价 1.4 万元，该产品无同类产品市场价格。

（4）受托为甲企业加工酒精 4 吨，甲企业提供的材料成本 9 万元，酒厂开具增值税专用发票，取得加工费 0.5 万元、增值税 0.09 万元。

（5）将当月购买的一台设备对外投资，购进设备尚未取得增值税专用发票，但已支付价款 32 万元、增值税 5.44 万元。

（6）生产车间领用煤炭 600 吨，职工食堂及浴室领用外购煤炭 10 吨，购进时每吨不含税价格 400 元。

（7）经批准进口一台小轿车自用，成交价格为境外离岸价格（FOB）2.6 万美元，境外运费及保险费共计 0.4 万美元。

（8）月初库存外购已税酒精 3 吨，每吨不含增值税单价 3 600 元，月末库存外购已税酒精 4 吨。因为水灾库存的从农民手中收购的粮食因管理不善发生霉烂，成本 5.28 万元（其中包括 0.93 万元的运费）；丢失上月从一般纳税人购进的煤炭，账面成本 2 万元。

有关票据均在当月通过税务机关的认证并抵扣，小轿车关税税率 50%、消费税税率 9%，汇率 1 美元 = 6.8 元人民币。粮食白酒和薯类白酒的比例消费税税率为 20%，其他酒类产品的消费税税率为 10%，酒精的消费税税率是 5%，其他酒类产品的成本利润率为 5%，设备的成本利润率为 10%。

请根据上述资料，按照下列顺序回答问题（单位为万元，保留小数点后两位）：

（1）计算该酒厂本月应纳增值税额（不包括进口环节应纳增值税）。

（2）计算该酒厂本月应纳消费税额（不包括进口环节应纳消费税）。

（3）计算该酒厂应代收代缴消费税额。

（4）计算该酒厂进口小轿车应纳各种税金。

项目四　关　　税

【学习目标】

1. 了解关税的含义；
2. 熟悉关税的征收范围；
3. 掌握关税的计算方法；
4. 会计算关税。

【案例导入】

现在有一个现象，好多人托朋友从国外带东西，问其原因最多的回答是价格低。为什么价格低，其实主要的一点是关税低，如一些品牌的衣服和一些化妆品在国内买要比在国外买贵出一大截。另外还有就是托人回国时在免税店买。这个免税也主要指的是进口的关税。那么关税是什么？具体怎么计算呢？国外带东西真不用交关税吗？下面我们进入关税的大门了解一下关税。

任务十四　认识关税

一、关税概述

1. 关税的含义。关税是指进出口商品在经过一国关境时，由政府设置的海关向进出口商所征收的税收。具体地说，关税是指国家海关对进出我国关境的货物或物品征收的一种税。

【小贴士】

1985 年 3 月 7 日，国务院发布《中华人民共和国进出口关税条例》。1987 年 1 月 22 日，第六届全国人民代表大会常务委员会第十九次会议通过《中华人民共和国海关法》，其中第 5 章为《关税》。2003 年 11 月，国务院根据海关法重新修订并发布《中华人民共和国进出口关税条例》。作为具体实施办法，《中华人民共和国海关进出口货物征税管理办法》已经 2004 年 12 月 15 日审议通过，自 2005 年 3 月 1 日起施行。

资料来源：《进出口关税条例》。

左图为中华人民共和国海关关徽。关徽由商神手杖与金色钥匙交叉组成。

商神手杖代表国际贸易，钥匙象征海关为祖国把关。

资料来源：中华人民共和国海关总署，http：//www. customs. gov. cn/publish/portal0/.

2. 关税的特点。与一般国内税的共性：预定性、无偿性、强制性。其他特点还有是间接税而不是直接税。是进出口商先替消费者缴纳，再以高价格形式转嫁给消费者。在征收主体、纳税人和纳税客体上与国内税不同。关税的征收者是海关；纳税人是进出口商；纳税客体是进出口货物。国内税的征收者是国内税务部门；纳税人是国内生产经营者及自然人；纳税客体更广泛，包括产品和服务、收入等，是一国对外贸易政策的重要手段。关税具有涉外性，其高低影响对外贸易发展，也是对外经济斗争和改善经济、政治、外交的手段。

二、关税的征税对象与纳税义务人

1. 关税的征税对象。关税的征税对象是准许进出境的货物和物品。

货物是以贸易行为为目的而进出我国关境的商品；物品是指入境旅客携带的、个人邮寄的、运输工具服务人员携带的，以及以其他方式进入我国关境的属于个人自用的商品。

【练一练】

根据关税的有关规定，下列属于关税课税对象的有（　　）。

A. 进境的货物　　B. 出境的货物　　C. 进境的物品　　D. 出境的物品

答案：ABCD

2. 关税的纳税人。贸易性商品的纳税人是经营进出口货物的收、发货人。具体包括：(1) 外贸进出口公司；(2) 工贸或农贸结合的进出口公司；(3) 其他经批准经营进出口商品的企业。

物品的纳税人包括：(1) 入境旅客随身携带的行李、物品的持有人；(2) 各种运输工具上服务人员入境时携带自用物品的持有人；(3) 馈赠物品以及其他方式入境个人物品的所有人；(4) 进口个人邮件的收件人。

【知识链接】

中华人民共和国进出口关税条例

第一章　总　　则

第一条　为了贯彻对外开放政策，促进对外经济贸易和国民经济的发展，根据《中华人民共和国海关法》（以下简称《海关法》）的有关规定，制定本条例。

第二条　中华人民共和国准许进出口的货物、进境物品，除法律、行政法规另有规定外，海关依照本条例规定征收进出口关税。

第三条　国务院制定《中华人民共和国进出口税则》（以下简称《税则》）、《中华人民共和国进境物品进口税税率表》（以下简称《进境物品进口税税率表》），规定关税的税目、税则号列和税率，作为本条例的组成部分。

第四条　国务院设立关税税则委员会，负责《税则》和《进境物品进口税税率表》的税目、税则号列和税率的调整和解释，报国务院批准后执行；决定实行暂定税率的货物、税率和期限；决定关税配额税率；决定征收反倾销税、反补贴税、保障措施关税、报复性关税以及决定实施其他关税措施；决定特殊情况下税率的适用，以及履行国务院规定的其他职责。

第五条　进口货物的收货人、出口货物的发货人、进境物品的所有人，是关税的纳税义务人。

第六条　海关及其工作人员应当依照法定职权和法定程序履行关税征管职责，维护国家利益，保护纳税人合法权益，依法接受监督。

第七条　纳税义务人有权要求海关对其商业秘密予以保密，海关应当依法为纳税义务人保密。

第八条　海关对检举或者协助查获违反本条例行为的单位和个人，应当按照规定给予奖励，并负责保密。

三、关税的税率

关税设置最惠国税率、协定税率、特惠税率、普通税率、暂定税率与关税配额税率等税率。对进口货物在一定期限内可以实行暂定税率。出口关税设置出口税率。对出口货物在一定期限内可以实行暂定税率。

1. 最惠国税率。最惠国税率适用原产于与我国共同适用最惠国待遇条款的 WTO 成员国或地区的进口货物，或原产于与我国签订有相互给予最惠国待遇条款的双边贸易协定的国家或地区的进口货物，以及原产于我国境内的进口货物。

【提示】

国务院关税税则委员会关于降低汽车整车及零部件进口关税的公告

为进一步扩大改革开放，推动供给侧结构性改革，促进汽车产业转型升级，满足人民群众消费需求，自 2018 年 7 月 1 日起，降低汽车整车及零部件进口关税（见表 4－1）。将汽车整车税率为 25% 的 135 个税号和税率为 20% 的 4 个号的税率降至 15%，将汽车零部件税率分别为 8%、10%、15%、20%、25% 的共 79 个税号的税率降至 6%。具体税目及税率调整情况见附件。特此公告。

国务院关税税则委员会

2018 年 5 月 22 日

表 4－1　　进口汽车及零部件最惠国税率调整

序号	税则号列	商品名称	现行最惠国税率（%）	自 2018 年 7 月 1 日起最惠国税率（%）
1	87021091	仅装有压燃式活塞内燃发动机（柴油或半柴油发动机），座≥30 的客车	25	15

续表

序号	税则号列	商品名称	现行最惠国税率（%）	自2018年7月1日起最惠国税率（%）
2	87021092	仅装有压燃式活塞内燃发动机（柴油或半柴油发动机），20≤座≤29的客车	25	15
3	87021093	仅装有压燃式活塞内燃发动机（柴油或半柴油发动机），10≤座≤19的客车	25	15
4	87022091	同时装有压燃式活塞内燃发动机（柴油或半柴油发动机）及驱动电动机，座≥30的客车	25	15
5	87022092	同时装有压燃式活塞内燃发动机（柴油或半柴油发动机）及驱动电动机，20≤座≤29的客车	25	15

注：上面是部分税率调整情况。

资料来源：税委会公告〔2018〕3号。

2. 协定税率。协定税率适用原产于我国参加的含有关税优惠条款的区域性贸易协定有关缔约方的进口货物，目前对原产于韩国、斯里兰卡和孟加拉国3个曼谷协定成员的739个税目进口商品实行协定税率（即曼谷协定税率）。

3. 特惠税率。特惠税率适用原产于与我国签订有特殊优惠关税协定的国家或地区的进口货物，目前对原产于孟加拉国的18个税目进口商品实行特惠税率（即曼谷协定特惠税率）。

4. 普通税率。普通税率适用于原产于上述国家或地区以外的其他国家或地区的进口货物。按照普通税率征税的进口货物，经国务院关税税则委员会特别批准，可以适用最惠国税率。

5. 暂定税率与关税配额税率。根据经济发展需要，国家对部分进口原材料、零部件、农药原药和中间体、乐器及生产设备实行暂定税率。暂定税率优先适用于优惠税率或最惠国税率，按普通税率征税的进口货物不适用暂定税率。同时，对部分进口农产品和化肥产品实行关税配额，即一定数量内的上述进口商品适用税率较低的配额内税率，超出该数量的进口商品适用税率较高的配额外税率。

【提示】

（1）按照普通税率征税的进口货物，经国务院关税税则委员会特别批准，可以适用最惠国税率。

（2）对于无法确定原产国别（地区）的进口货物，按普通税率征税。对于某些包装特殊的产品，比如以中性包装或裸装形式进口经查验又无法确定原产国别的货物，除申报时能提供原产地证明的可按原产地确定税率外，一律按普通税率计征关税。

（3）对于原产地是中国香港、中国澳门和台、澎、金、马关税区的进境货物和我国大陆生产货物经批准进口需征税的，按最惠国税率征收关税。

资料来源：2003年11月23日中华人民共和国国务院令392号。

任务十五　关税应纳税额的计算

一、进出口货物完税价格的确定

1. 完税价格。完税价格是指海关根据有关规定对进出口货物进行审定或估定后通过估价确定的价格，它是海关征收关税的依据。

【提示】

通常完税价格就是发票上标明的成交价格，即进口商在该货物销售国港口运至进口国时实付或应付的CIF（CIF到岸价即“成本、保险费加运费”是指在装运港被装上承运人船舶时即完成交货）价格。出口货物完税价格指的是以出口商将货物运至出口港装货以前所有的费用作为计价基础的价格，也就是FOB（Free On Board的首字母缩写，也称“离岸价”，是国际贸易中常用的贸易术语之一）价格。但只有当进出口商申报的价格被海关接受后才能成为进出口货物的完税价格。

资料来源：2003年11月23日中华人民共和国国务院令第392号。

2. 进口货物完税价格的确定。

（1）以成交价格为基础的完税价格。进口货物的完税价格由海关成交价格以及该货物运抵中华人民共和国境内输入地点起卸前的运输及其相关费用、保险费为基础审查确定。

进口货物的成交价格，是指卖方向中华人民共和国境内销售该货物时买方为进口该货物向卖方实付、应付的，并按照规定调整后的价款总额，包括直接支付的价款和间接支付的价款。

【提示】

进口货物的成交价格应当符合下列条件：（1）对买方处置或者使用该货物不予限制，但法律、行政法规规定实施的限制、对货物转售地域的限制和对货物价格无实质性影响的限制除外；（2）该货物的成交价格没有因搭售或者其他因素的影响而无法确定；（3）卖方不得从买方直接或者间接获得因该货物进口后转售、处置或者使用而产生的任何收益，或者虽有收益但能够按照本条例第19条、第20条的规定进行调整；（4）买卖双方没有特殊关系，或者虽有特殊关系但未对成交价格产生影响。

【提示】

进口货物的下列费用应当计入完税价格：（1）由买方负担的购货佣金以外的佣金和经纪费；（2）由买方负担的在审查确定完税价格时与该货物视为一体的容器的费用；（3）由买方负担的包装材料费用和包装劳务费用；（4）与该货物的生产和向中华人民共和国境内销售有关的，由买方以免费或者以低于成本的方式提供并可以按适当比例分摊的料件、工具、模具、消耗材料及类似货物的价款，以及在境外开发、设计等相关服务的费用；

(5) 作为该货物向中华人民共和国境内销售的条件，买方必须支付的、与该货物有关的特许权使用费；(6) 卖方直接或者间接从买方获得的该货物进口后转售、处置或者使用的收益。以及：①厂房、机械、设备等货物进口后进行建设、安装、装配、维修和技术服务的费用；②进口货物运抵境内输入地点起卸后的运输及其相关费用、保险费；③进口关税及国内税收。

【例4-1】 某企业从日本进口医疗检查设备一台，发票分别列明：CIF 上海 60 000 美元/台，境外培训费 3 000 美元。此外，合同列明设备投入使用后买方从收益中另行支付卖方 30 000 美元。该批货物经海关审定的成交价格应为多少美元？

【解析】 成交价格应为：60 000 + 30 000 = 90 000（美元）

(2) 其他方法。进口货物的成交价格不符合规定条件的，或者成交价格不能确定的，海关经了解有关情况，并与纳税义务人进行价格磋商后，依次以下列价格估定该货物的完税价格：

① 与该货物同时或者大约同时向中华人民共和国境内销售的相同货物的成交价格。

【小贴士】

"相同货物"，指与进口货物在同一国家或者地区生产的，在物理性质、质量和信誉等所有方面都相同的货物，但是表面的微小差异允许存在。

"类似货物"，指与进口货物在同一国家或者地区生产的，虽然不是在所有方面都相同，但是却具有相似的特征、相似的组成材料，相同的功能，并且在商业中可以互换的货物。

② 与该货物同时或者大约同时向中华人民共和国境内销售的类似货物的成交价格。

【小贴士】

时间要素，指"相同货物"或"类似货物"必须与进口货物同时或大约同时进口，其中同时或大约同时进口：指进口货物接受申报之日的前后各45天以内。

③ 与该货物进口的同时或者大约同时，将该进口货物、相同或者类似进口货物在第一级销售环节销售给无特殊关系买方最大销售总量的单位价格，但应当扣除规定的项目。

④ 按照下列各项总和计算的价格：生产该货物所使用的料件成本和加工费用，向中华人民共和国境内销售同等级或者同种类货物通常的利润和一般费用，该货物运抵境内输入地点起卸前的运输及其相关费用、保险费。

⑤ 以合理方法估定的价格。

【练一练】

当进口货物的完税价格不能按照成交价格确定时，海关应当依次使用相应的方法估定完税价格，依次使用的正确顺序是：

A. 相同货物成交价格方法→类似货物成交价格方法→倒扣价格方法→计算价格方法→合理方法

B. 类似货物成交价格方法→相同货物成交价格方法→倒扣价格方法→计算价格方法→

合理方法

C. 相同货物成交价格方法→类似货物成交价格方法→合理方法→倒扣价格方法→计算价格方法

D. 倒扣价格方法→计算价格方法→相同货物成交价格方法→类似货物成交价格方法→合理方法

答案：A

【知识链接】

租赁方式进口的货物，以海关审查确定的该货物的租金作为完税价格。

纳税义务人要求一次性缴纳税款的，纳税义务人可以选择按照本条例第21条的规定估定完税价格，或者按照海关审查确定的租金总额作为完税价格。

运往境外加工的货物，出境时已向海关报明并在海关规定的期限内复运进境的，应当以境外加工费和料件费以及复运进境的运输及其相关费用和保险费审查确定完税价格。

运往境外修理的机械器具、运输工具或者其他货物，出境时已向海关报明并在海关规定的期限内复运进境的，应当以境外修理费和料件费审查确定完税价格。

3. 出口货物完税价格的确定。出口货物的完税价格由海关以该货物的成交价格以及该货物运至中华人民共和国境内输出地点装载前的运输及其相关费用、保险费为基础审查确定。

（1）以成交价格为基础的完税价格。出口货物的成交价格，是指该货物出口销售时，卖方为出口该货物应当向买方直接收取和间接收取的价款总额。

下列税收、费用不计入出口货物的完税价格：①出口关税；②在货物价款中单独列明的货物运至中华人民共和国境内输出地点装载后的运输及其相关费用、保险费（即出口货物的运保费最多算至离境口岸）；③在货物价款中单独列明由卖方承担的佣金。

其计算可表述为：

完税价格 =（离岸价格 − 单独列明的由卖方承担的佣金）÷（1 + 出口关税税率）

（2）出口货物海关估定方法。出口货物的成交价格不能确定的，海关经了解有关情况，并与纳税义务人进行价格磋商后，依次以下列价格审查确定该货物的完税价格：①同时或者大约同时向同一国家或者地区出口的相同货物的成交价格；②同时或者大约同时向同一国家或者地区出口的类似货物的成交价格；③根据境内生产相同或者类似货物的成本、利润和一般费用（包括直接费用和间接费用）、境内发生的运输及其相关费用、保险费计算所得的价格；④按照合理方法估定的价格。

【练一练】

下列关于出口货物完税价格的陈述，不正确的是（　　）。

A. 出口货物的完税价格，由海关以该货物向境外销售的成交价格为基础审查确定

B. 应当包括货物运至中华人民共和国境内输出地点装载前的运输及其相关费用、保险费

C. 出口关税计入完税价

D. 在货物价款中单独列明由卖方承担的佣金，不计入完税价格

答案：C

【解析】 出口货物的完税价格，由海关以该货物向境外销售的成交价格为基础审查确定，并应当包括货物运至中华人民共和国境内输出地点装载前的运输及其相关费用、保险费。

出口货物的成交价格，是指该货物出口销售到我国境外时买方向卖方实付或应付的价格。下列税收、费用不计入出口货物的完税价格：

（1）出口关税；（2）在货物价款中单独列明的货物运至中华人民共和国境内输出地点装载后的运输及其相关费用、保险费；（3）在货物价款中单独列明由卖方承担的佣金。

二、关税应纳税额的计算

关税采取从价定率和从量定额两种基本方法计征，以进出口货物的价格或者数量为计税依据，按照规定的适用税率或者税额标准计算应纳税额。

具体细分主要有以下几种方法：从价计税应纳税额、从量计税应纳税额、复合计税应纳税额、滑准税应纳税额。

关税应纳税额计算有如下公式：

1. 从价计税应纳税额。

关税税额 = 进（出）口应税货物的数量 × 单位完税价格 × 适用税率

【例 4－2】 广州新昌工贸公司从英国进口一批货物，其成交价格为 CIF 广州新昌，USD7320，求应征进口关税税额（假设该价格已经海关审定，海关签发税款缴纳证当日 100 美元卖出价为 620. 34 元，买入价为 617. 86 元，适用关税税率为 20%）。

【解析】

（1）因价格业经海关审定，故该 CIF 价格可直接作为完税价格。

（2）计算签发税款缴纳证当日的外汇买卖中间价。

100 美元中间价 = 619. 1 元人民币

（3）计算完税价格。

完税价格 = 7 320 × 6. 191 = 45 318. 12（元）

（4）计算关税税额。

应纳关税税额 = 45 318. 12 × 20% = 9 063. 624（元）

【例 4－3】 广州新昌工贸公司出口一批货物至美国，成交价格为 FOB 广州新昌 750 000 美元，求应征出口关税税额（假设适用关税税率为 25%，签发税款缴纳证之日的外汇牌价为 1 美元 = 6. 1786 元人民币）。

【解析】

（1）计算折合成人民币后的货价。

6. 1786 × 750 000 = 4 633 950（元）

（2）计算完税价格。

完税价格 =4 633 950 ÷ (1 +25%) =3 707 160 (元)

(3) 计算应征出口关税税额。

应征出口关税税额 =3 707 160 ×25% =926 790 (元)

2. 从量计税应纳税额。

关税税额 = 应税进 (出) 口货物数量 × 单位货物税额

【例 4 -4】 某公司进口啤酒 200 万升，关税优惠税率为每升 3 元，普通税率为 7.5 元，计算该公司应纳关税税额应为多少万元?

【解析】

(1) 按照优惠税率计算:

应纳税额 = 200 万升 × 3 元/升 = 600 (万元)

(2) 按照普通税率计算:

应纳税额 = 200 万升 ×7.5 元/升 = 1 500 (万元)

3. 复合计税应纳税额。在计算复合关税的时候，将以上两个公式结合起来使用即可。

关税税额 = 应税进 (出) 口货物数量 × 单位货物税额 + 应税进 (出) 口货物数量 × 单位完税价格 × 适用税率

4. 滑准税应纳税额。

关税税额 = 应税进 (出) 口货物数量 × 单位完税价格 × 滑准税税率

【小贴士】

滑准税 (sliding duties)，又称滑动税，是对进口税则中的同一种商品按其市场价格标准分别制定不同价格档次的税率而征收的一种进口关税。其高档商品价格的税率低或不征税，低档商品价格的税率高。

例如，财政部公布了 2014 年关税实施方案，决定对关税配额外进口一定数量的棉花继续实施滑准税，并适当调整相关公式参数，适用税率有所提高。

2014 年进口棉滑准税具体方式:

1. 当进口棉花完税价格高于或等于 15.000 元/千克时，暂定从量税率为 0.570 元/千克。

2. 当进口棉花完税价格低于 15.000 元/千克时，暂定从价税率按下式计算:

$R_i = 9.337/P_i + 2.77\% \times P_i - 1$ ($R_i \leqslant 40\%$)

其中，R_i 为暂定从价税率，对上式计算结果小数点后第 4 位四舍五入保留前 3 位; P_i 为关税完税价格，单位为元/千克。

任务十六 关税征管

一、关税的申报与缴纳

进口货物的纳税义务人应当自运输工具申报进境之日起 14 日内，出口货物的纳税义务人除海关特准的外，应当在货物运抵海关监管区后、装货的24小时以前，向货物的进出境地海关申报。进出口货物转关运输的，按照海关总署的规定执行。

进口货物到达前，纳税义务人经海关核准可以先行申报。具体办法由海关总署另行规定。

纳税人应在海关填发税款缴纳证之日起15日内，向指定银行缴纳税款。

【提示】

关税缓缴是经海关批准纳税人将其部分或全部应缴税款的缴纳期限延长的一种制度。适用于纳税人确有暂时经济困难不能按期缴税的情况。需经海关总署批准，但最长不得超过6个月。

【小贴士】

关税纳税申报应提供的资料：(1)《海关（进出口）专用缴款书》；(2)《中华人民共和国海关进口货物报关单》；(3)《中华人民共和国海关出口货物报关单》；(4)进口许可证及其有关单证。

二、关税的免征与减征

1. 关税减征或者免征的范围。《海关法》第56条明确规定了进出口货物、进出境物品减征或者免征关税的具体范围，说明关税的减征或者免征都要依法进行，而不允许自定对象，随意地减免关税。《海关法》规定的允许减征或者免征关税的进出口货物、进出境物品是：(1)无商业价值的广告和货样；(2)外国政府、国际组织无偿赠送的物资；(3)在海关放行前遭受损坏或者损失的货物；(4)规定数额以内的物品；(5)法律规定减征、免征关税的其他货物、物品；(6)中华人民共和国缔结或者参加的国际条约规定减征、免征关税的货物、物品。

2. 特定减免关税的规定。

在《海关法》对减免关税的规定中，《海关法》第56条的规定是一种法定的减征或者免征，而《海关法》的第57条则是在法定减免之外又规定了特定减免，这虽然也是一种法律规定，但它授权国务院根据国家总的经济政策以及某些特定的情况决定对某些进出口货物给予减免关税的待遇。《海关法》第57条规定："特定地区、特定企业或者有特定用途的进出口货物，可以减征或者免征关税。特定减税或者免税的范围和办法由国务院规定。"

3. 关税的退还。

(1)海关发现多征税款的，应当立即通知纳税义务人办理退税手续。纳税义务人应当自收到海关通知之日起3个月内办理有关退税手续。

(2)纳税人发现的，应自缴纳税款之日起1年内书面申请退税，并加算银行同期存款利息。可造成关税退还的四类情形：①因海关误征，多纳税款的；②海关核准免验进口的货物，在完税后，发现有短卸情形，经海关审查认可的；③已征出口关税的货物，因故未将其运出口，申报退关，经海关查验属实的；④对已征出口关税的出口货物和已征进口关税的进口货物，因货物品种或规格原因（非其他原因）原状复运进境或出境的，经海关查验属实的，也应退还已征关税。

海关应当自受理退税申请之日起30日内查实并通知纳税人办理退还手续，纳税人应自收到通知之日起3个月内办理相关手续。

任务十七　关税税收筹划

一、关税税收筹划的一般方法

1. 关税纳税人的税收筹划。
2. 利用关税税率的税收筹划。
3. 利用关税纳税时间的税收筹划。
4. 回国探亲时的税收筹划。
5. 利用零部件进口的税收筹划。
6. 通过转让定价的税收筹划。

二、关税纳税人的税收筹划

关税，是由海关代表国家依法对进出国境（关境）的货物或物品征收的一种税，属于流转课税范畴。它是根据国家的关税政策和对外开放政策的要求，为鼓励出口、扩大必需品进口、保护和促进国民经济稳定发展，以及保证国家财政收入而开征的税种。关税是进出口商品成本的组成部分，其税额的多少直接关系到商品的市场价格和经营成果，与国家、企业和个人的利益有着极为密切的关系。

1. 关税的征税对象。关税的征税对象，是准许进出境的货物和物品。货物是指贸易性商品；物品包括入境旅客随身携带的行李和物品、个人邮递物品，各种运输工具上的服务人员携带进口的自用物品、馈赠物品，以及其他方式进入我国国境的个人物品。

2. 关税纳税义务人的确定。关税的纳税人，或称关税的纳税义务人，是指根据我国现行关税法律法规规定，负有向海关缴纳关税义务的单位和个人。

根据税法规定，进口货物的收货人、出口货物的发货人、进出境物品的所有人是关税的纳税义务人。进出口货物的收、发货人，是依法取得对外贸易经营权，并进口或出口货物的法人或者其他社会团体。进出境物品的所有人，包括该物品的所有人和推定为所有人的人。

（1）对于携带进境的物品，推定其携带人为所有人。

（2）对分离运输的行李，推定相应的进出境旅客为所有人。

（3）对以邮递方式进境的物品，推定其收件人为所有人。

（4）以邮递或其他运输方式出境的物品，推定其寄件人或托运人为所有人。

三、利用关税税率的税收筹划

海关进出口税则就是关税的税目表。该税目表将关税税率分为进出口税率和出口税率两部分。我国进出口关税条例规定，进出口货物，应当依照税则规定的归类细则归入合适的税号，并按照适用的税率征税。

1. 进出口货物，应当按照进出口货物申报进口或者出口之日实施的税率纳税。

2. 进口货物到达前，经海关核准先行申报的，纳税人应当按照装载此货物的运输工具申报进境之日实施的税率纳税。

3. 进出口货物的补税和退税，适用该进出口货物原申报进口或者出口之日所实施的税率，但下列情况除外：

(1) 按照特定减免税办法批准予以减免税的进口货物，后因情况改变经海关批准转让或出售需予补税的，纳税人应按其原进口之日实施的税率纳税。

(2) 暂时进口货物转为正式进口需予补税时，纳税人应按其转为正式进口之日实施的税率纳税。

(3) 分期支付租金的租赁进口设备分期付税时，纳税人应按该项货物原进口之日实施的税率纳税。

(4) 加工贸易进口料件等属于保税性质的进口货物，如经批准转为内销，纳税人应按向海关申报转为内销当日实施的税率纳税；如未经批准擅自转为内销的，则按海关查获日期所施行的税率纳税。

(5) 对由于税则归类的改变、完税价格的审定或其他工作差错而需补征税款的，纳税人应按原征税日期实施的税率纳税。

(6) 对经批准缓税进口的货物以后缴税时，不论是分期或一次缴清税款，纳税人都应按货物原进口之日实施的税率缴纳税款。

(7) 溢卸、误卸货物事后确定需予以纳税时，纳税人应按其原运输工具申报进口日期所实施的税率纳税。如原进口日期无法查明的，可按确定补税当天实施的税率纳税。

(8) 查获的走私进口货物需予补税时，海关应按查获日期实施的税率征税。

四、利用关税纳税时间的税收筹划

我国关税的有关法律对关税的纳税期限、延长期限和逾期滞纳等方面都作了明确的规定，而对于一家进出口企业，特别是长期进行大批量进出口业务的企业来说，其巨额的资金周转对时间占用提出了特殊的要求。

1. 纳税时间的税收筹划。进口货物自运输工具申报进境之日起 14 日内，出口货物在货物运抵海关监管区后装货的 24 小时以前，应由进出口货物的纳税义务人向货物进（出）境地海关申报，海关根据税则归类和完税价格计算应缴纳的关税和进口环节代征税，并填发税款缴款书。纳税义务人或其代理人应在海关填发税款缴纳证的次日起 15 日内，向指定银行缴纳税款。如关税缴纳期限的最后一日是周末或法定节假日，则关税缴纳期限顺延至周末或法定节假日过后的第一个工作日。为了方便纳税义务人，经海关同意，进（出）口货物的纳税义务人可以在设有海关的指运地（启运地）办理海关申报、纳税手续。

关税纳税义务人因特殊情况不能按期缴纳税款的，经海关审核批准，可将纳税义务人的全部或部分应纳税款的缴纳期限予以延长。

2. 关税的缴纳方式。关税的缴纳方式主要有三种，即基本纳税方式、放行纳税方式和汇总纳税方式。

（1）基本纳税方式。它要求纳税人随货物进出口申报时即缴纳税款，这显然有利于海关加强管理，但却减少了纳税人占用应纳税款的时间。因而，纳税人应尽可能地采用后两种方式缴纳税款。

（2）放行纳税方式和汇总纳税方式。纳税人一方面可以使进出口货物及时通过关境投入市场，避免货物在进出境时的仓库存储和管理费用支出；另一方面又延长了对应纳税款的占用时间。因此，纳税人应尽可能争取到采用这两种纳税方式所应满足的条件。企业在办理手续时，尽量使进出口货物达到规定的"易腐货物、急需货物、通关手续无法立即办理结关的货物"，从而向海关争取到汇总纳税的资格。

【例4-5】一个进出口公司进口一批货物。若海关从接受申报对货物进行查验到填发税款缴纳证共需要两天时间，该公司如何利用关税纳税时间进行税收筹划？

【解析】

（1）若选择星期一报关。若该公司选择星期一报关，那么星期三海关填发税款缴纳证，从星期四起纳税期限为7天。这样，该公司最迟应于第二周的星期五缴纳税款，其全部税款占用时间最多为9天（包括星期六、星期日两天）。

（2）若选择星期二报关。若该公司在报关期限内能够推迟到选择星期二报关，那么海关就会于星期四填发税款缴纳证，纳税人就应依法从星期五开始7日之内缴纳关税。这样，最晚纳税时间为第三周的星期一，他的全部税款占用时间就为11天（两个星期六和星期日共4天）。

由此可以看出，该公司若选择星期二报关，就可以在合法的范围内，延长对应纳税款的占用时间。当然，如果该公司选择星期四报关，那么其占用税款的时间最长。

五、回国探亲时的税收筹划

根据关税有关规定，入境旅客行李物品和个人邮递物品，是指进入我国关境的非贸易性的应税自用物品，其中就包括馈赠物品。对这些物品征收的进口税包括关税、代征的国内增值税和消费税。该税的纳税人是入境行李物品的携带人和进口邮件的收付人。

现行邮税税率分别为50%、20%、10%三个档次。属于50%税率的物品为烟、酒；属于20%的税率的物品包括纺织品及其制成品、摄像机、摄录一体机、数码相机及其他电器用具、照相机、自行车、手表、钟表（含配件、附件）；属于10%税率的物品包括书报、刊物、教育专用电影片、幻灯片、原版录音带、录像带、金（银）及其制品、食品、饮料和其他商品。

【例4-6】小王从美国归来，买了600美元的名酒、1 000美元的摄像机、800美元的手表作为探亲礼物。其所负担的进口税负应为多少美元？

【解析】

应纳税额 = $600\times50\% + 1\,000\times20\% + 800\times20\% = 660$（美元）

共花费金额 = $600 + 1\,000 + 800 + 660 = 3\,060$（美元）

若小王带回2 400美元的铂金首饰和金银戒指、项链等，由于金银制品及铂金饰品税率为10%，则只需负担240美元的关税。

由此可以看出，同样是花费2 400美元，后者却可以少缴纳关税420美元。

六、利用零部件进口的税收筹划

各国的关税税率大多对产成品和零部件区别对待，大致是原材料和零部件的关税税率最低，半成品税率次之，产成品的税率最高。因而，跨国公司可以考虑进口原材料及零部件到欲投资国进行加工生产，从而节省税款。此外，由于零部件比较分散，进行转让定价筹划更加容易，这也使筹划的经济效果有所增加。

【例 4-7】甲公司是一家跨国公司，专门从事某种设备的生产销售。目前我国进口该设备的关税税率为30%，进口该设备零部件的关税税率为10%。2016 年 8 月，该公司决定打入中国市场。该公司如何进行税收筹划?

【解析】

(1) 设立销售公司。在中国设立一家销售企业作为甲公司的子公司，通过国际上转让定价，压低设备进口的价格，从而节省关税，这样使得中国境内子公司利润增大，以便于扩大规模，占领中国市场。

(2) 设立总装配公司。在中国境内设立一家总装配公司作为子公司，通过国际上转让定价，压低设备零部件的进口价格，从而节省关税。这样也可以使中国境内子公司利润增大，以便更好地占领中国市场。

由此可以看出，设立总装配公司，能够节约更多的税款。

七、通过转让定价的税收筹划

根据关税法律规定，关税的计算公式为：

应纳税额 = 进（出）口应税货物数量 × 单位定税价格 × 适用税率

关税负担的高低与单位定税价格有很大的关系，进（出）口价格越高，应该缴纳的关税就越多；价格越低，应该缴纳的关税就越低。因而大多数企业在对关税进行筹划时，一般采用的方法就是压低进（出）口价格。但每家企业在进出口时，不可能总是压低价格向其他企业销售货物。因此，为配合价格下调节省关税的筹划，企业就应在相应国家设立自己的子公司，进行国际上转让定价的筹划。

【例 4-8】美国的甲公司是中国乙公司的总公司，甲公司控制乙公司 100% 的股权。甲公司对乙公司销售一批零件，由乙公司加工后在中国大陆出售。甲公司零部件生产成本为 50 万元，甲公司对乙公司按正常价格销售产品收入为 100 万元，但甲公司却以 75 万元的价格将零件卖给乙公司。不考虑其他因素，假设该产品关税税率为 20%，售价即为关税完税价格。

(1) 正常价格计算。

应纳关税 = 100 × 20% = 20（万元）

(2) 通过转让定价的税收筹划。

实际应纳关税 = 75 × 20% = 15（万元）

由此可以看出，通过转让定价，甲公司少缴纳关税 5（20 - 15）万元。

资料来源：学会计网，http：//xuekuaiji. com/s4/42780. htm.

【案例分析】

日本关税政策及案例分析

据《日本经济新闻》报道，日本财务省计划从2011年起调整针对发展中国家商品的贸易“普惠制”（GSP），从目前规定每个发展中国家可利用的上限为20%降至10%～15%。由于中国是日本的第一大进口来源国，预计中国商品将受最大冲击。

据介绍，“普惠制”是全球最低的一种关税制度，是WTO架构下发达国家给予发展中国家出口制成品和半制成品（包括某些初级产品）普遍的、非歧视的、非互惠的一种关税优惠制度，受惠国可享有免关税或最惠国税率的再减让。在日本，2009年度共有1.5万亿日元（相当于全部进口额的约3%）的进口商品享受到了该优惠制度，涵盖品种约3 500种，占全部进口商品品种的约六成。

报道称，来自中国的进口商品的急剧增加是导致此次调整的主要原因。日本每年从中国的进口额已超过10万亿日元，远远超过从其他国家的进口。日本国内舆论认为，拥有较高国际竞争力的中国商品继续享有日本市场大部分的普惠制优惠关税额度，这不公平。

日本目前设定，每个发展中国家可享受普惠制的上限不得超过总额的20%。以丝制领带为例，日本每年进口量为100亿日元，通常需课征13.4%的关税，按照普惠制享有零关税的额度为55亿日元，其中中国产品约占两成，亦即逼近规定的上限。统计显示，今年以来中国可享有的78项优惠产品领域中，已达上限的有36个领域共计500多项产品，包括铝制品、铜板、铜管、合成纤维布及其他矿工产品等。

分析人士认为，下调单个国家可利用上限将降低中国的利用比例，惠及其他发展中国家，但此举可能在部分领域造成进口商品成本上升的局面，进而招致部分进口行业的反对。另外，已经把生产基地从日本迁移至中国或正在考虑在中国开展业务的企业也会受到影响。

资料来源：新华网，http：//news.xinhuanet.com/fortune/2010－07/28/c_12381991.htm.

【相关阅读】

财政部：2015年将适当降低煤炭产品出口关税税率

为认真贯彻党的十八大和十八届三中、四中全会精神，充分发挥关税对统筹国际、国内市场和资源的引导作用，支持产业转型升级，推动对外贸易发展方式转变，促进经济持续健康发展，经国务院关税税则委员会审议并报请国务院批准，自2015年1月1日起，我国将对进出口关税进行部分调整。

为优化进口结构，更好地满足国内生产和人民群众生活需要，2015年我国将对部分进口商品实施低于最惠国税率的进口暂定税率。其中，首次实施进口暂定税率和进一步降低税率的产品包括光通信用激光器、全自动铜丝焊接机等先进制造业所需的设备、零部件；电动汽车用电子控制制动器等有利于节能减排的环保设备；乙烯、镍铁等国内生产所需的能源资源性产品；降脂原料药、夏威夷果、相机镜头等药品和日用消费品。同时，统筹考虑产业、技术发展和市场情况，对制冷压缩机、汽车收音机、喷墨印刷机等商品不再实施进口暂定税率，适当提高天然橡胶等商品的暂定税率水平。

2015 年继续对小麦等 7 种农产品（000061，股吧）和尿素等 3 种化肥的进口实施关税配额管理，并对尿素等 3 种化肥实施 1% 的暂定配额税率。对关税配额外进口一定数量的棉花继续实施滑准税，税率不变。

2015 年我国继续以暂定税率的形式对煤炭、原油、化肥、铁合金等产品征收出口关税。根据国内化肥、煤炭供需情况的变化，适当调整化肥出口关税，对氮肥、磷肥实施全年统一的出口关税税率，适当降低煤炭产品出口关税税率。

2015 年依据我国与有关国家或地区签署的自由贸易协定或关税优惠协定，继续对原产于东盟各国、智利、巴基斯坦、新西兰、秘鲁、哥斯达黎加、韩国、印度、斯里兰卡、孟加拉、瑞士、冰岛等国家的部分进口产品实施协定税率，部分税率水平进一步降低。在中国内地与中国香港、澳门更紧密经贸关系安排框架下，对原产于港澳地区且已制定优惠原产地标准的产品实施零关税。根据海峡两岸经济合作框架协议，对原产于中国台湾地区的部分产品实施零关税。对原产于埃塞俄比亚、也门、苏丹等 41 个国家的部分商品实施特惠税率，其中对埃塞俄比亚等 24 个国家的 97% 税目商品实施零关税特惠税率。

为适应科学技术进步，产业结构调整，贸易结构优化，加强进出口管理的需要，2015 年对进出口税则中部分税目进行调整。调整后，2015 年我国税则税目总数将由 8 277 个增加到 8 285 个。

资料来源：证券时报网，2014 - 12 - 16.

【相关阅读】

国务院关税税则委员会关于降低药品进口关税的公告

（税委会公告〔2018〕2 号）

根据《中华人民共和国进出口关税条例》相关规定，为减轻广大患者特别是癌症患者药费负担并有更多用药，自 2018 年 5 月 1 日起，以暂定税率方式将包括抗癌药在内的所有普通药品、具有抗癌作用的生物碱类药品及有实际进口的中成药进口关税降为零，具体税目及税率调整情况见附件。特此公告。

国务院关税税则委员会

2018 年 4 月 23 日

【小结】

本项目主要介绍了关税相关概念、关税的应纳税额的计算以及关税的税收管理体制。

【课后训练】

一、单选题

1. 下列各项中，(　　) 不属于关税的纳税义务人。

A. 进口货物的收货人　　　　B. 出口货物的发货人

C. 进境物品的所有人　　D. 进口货物的发货人

2. 当一个国家存在自由港、自由区时，该国国境（　　）关境。

A. 大于　　B. 等于　　C. 小于　　D. 无法比较

3. 根据我国关税法规，减免进出口关税的权限属于（　　）。

A. 中央　　B. 地方　　C. 省　　D. 市

4. 根据我国税法规定，进口货物以海关审定的成交价格为基础的（　　）为完税价格。

A. 公允价格　　B. 到岸价格　　C. 离岸价格　　D. 货价

5. 关税纳税人应当自海关填发税款缴款书之日起（　　）日内，向指定银行缴纳税款。

A. 7　　B. 15　　C. 10　　D. 30

6. 在确定进口货物的完税价格时，下列（　　）费用或价值不应计入。

A. 买方负担的除购货佣金以外的佣金和经纪费

B. 作为销售条件，由买方直接或间接支付的特许权使用费

C. 厂房、机械等货物进口后的基建、安装等费用

D. 卖方直接或间接从买方转售、处置或使用中获得的收益

7. 某工厂从美国某企业购买了一批机械设备，成交条件为 CIF 广州，该批货物的发票列示如下：机械设备 USD500 000，运保费 USD5 000，卖方佣金 USD25 000，培训费 USD2 000，设备调试费 USD2 000。该批货物向海关申报的总价应是（　　）。

A. USD527 000　　B. USD530 000

C. USD532 000　　D. USD552 000

8. 某进出口贸易公司从美国进口了一台电梯，发票列明如下：成交价格为 CIF 珠海 USD100 000，电梯进口后的安装、调试费 USD4 000。经海关审查上述成交价格属实，且安装、调试费已包含在成交价格中，则海关审定该台电梯的完税价格为（　　）。

A. USD100 000　　B. USD104 000

C. USD96 000　　D. USD98 000

9. 进出口货物关税申报时间为（　　）。

A. 进口货物运输工具申报进境 7 日内　　B. 进口货物运输工具申报进境 14 日内

C. 进口货物运输工具申报进境 15 日内　　D. 出口货物运抵海关监管区装货后 14 小时内

10. 非因纳税人违反海关规定造成的少征或漏征关税，海关应予以补征；补征期限为缴纳税款或货物放行之日起（　　）年内。

A. 10　　B. 3　　C. 1　　D. 2

二、多选题

1. 优惠关税包括（　　）。

A. 互惠关税　　B. 特惠关税　　C. 最惠国待遇　　D. 普惠制

2. 下列各项中，属于关税法定纳税义务人的是（　　）。

A. 进口货物的收货人　　B. 进口货物的代理人

C. 出口货物的发货人　　D. 出口货物的代理人

3. 根据关税法律制度的规定，下列各项中，属于关税纳税人的有（　　）。

A. 进口货物的收货人　　B. 出口货物的发货人

C. 携带物品进境的入境人员　　D. 进境邮递物品的收件人

4. 进口时在货物的价款中列明的下列税收、费用，不计入货物关税完税价格的有（　　）。

A. 厂房、机械、设备等货物进口后进行建设、安装、装配、维修和技术服务的费用

B. 进口货物运抵境内输入地点起卸后的运输及相关费用、保险费

C. 进口关税及国内税收

D. 作为该货物向我国境内销售条件，买方必须支付的，与该货物有关的特许权使用费

5. 下列（　　）进出口货物，免征关税。

A. 无商业价值的广告品和货样

B. 外国政府、国际组织无偿赠送的物资

C. 在海关放行前损失的货物

D. 进出境运输工具装载的途中必需的燃料、物料和饮食用品

三、判断题

1. 按照关税的计征方式，可将关税分为进口关税、出口关税和过境关税。（　　）

2. 关税在进出国境（或关境）时统一征税，货物在进出境时征收关税后在境自由流通，无论经过多少次流转环节都不再重复征收关税。（　　）

3. 海关审定的进口货物的成交价格，是指卖方向中华人民共和国境内销售该货物时买方为进口该货物向卖方实付、应付的价格总额，包括直接支付的价格和间接支付的价款。（　　）

4. 外国政府、国际组织无偿赠送的物资免征关税。（　　）

5. 中华人民共和国准许进出口的货物、进境物品，除法律、行政法规另有规定外，由海关依照规定征收进出口关税。（　　）

四、综合题

1. XY 进出口公司进口原油 200 万吨，出口国无法确定。原油的关税税率为普通税率 85 元/吨，最惠国税率为 0。试计算该公司进口环节应纳的关税。

2. 某公司 8 月进口货物一批，折合成人民币后完税价格为 300 万元，进口关税优惠税率为 10%；出口货物一批，离岸价格为 230 万元，出口关税税率为 15%。计算该企业的应纳关税税额。

3. 某公司进口一批仪器，双方议定在上海口岸交货价格为 1 000 万元。按合同规定，货到付款时，外方返给了公司佣金 3 万元。为顺利使用这批仪器，该公司又以 13 万元购进一套软件。该仪器关税税率为 20%，请计算该公司应纳进口关税。

4. 从境外某公司引进钢结构产品自动生产线，境外成交价格（FOB）1 600 万元。该生产线运抵我国输入地点起卸前的运费和保险费 120 万元，境内运输费用 12 万元。另支付由买方负担的经纪费 10 万元，买方负担的包装材料和包装劳务费 20 万元，与生产线有关的境外开发设计费用 50 万元，生产线进口后的现场培训指导费用 200 万元。取得海关开具的完税凭证及国内运输部门开具的合法运输发票。

5. 广州某进出口公司从美国进口货物一批，货物实际成交价折合人民币为 1 410 万元（包括单独计价并经海关审查属实的向境外采购代理人支付的买方佣金 10 万元，但不包括因使用该货物而向境外支付的软件费 50 万元、向卖方支付的佣金 15 万元），另支付货物运抵我国广州港的运费、保险费等 35 万元。假设该货物适用的关税税率为 20%、增值税税率为 16%、消费税税率为 10%。

要求计算：

（1）该公司应纳关税；

（2）该公司应纳消费税；

（3）该公司应纳增值税。

项目五　企业所得税

【学习目标】

1. 认识什么是企业所得税；
2. 能够准确计算企业所得税应纳税额；
3. 能够填写完成企业所得税的纳税申报材料；
4. 了解企业所得税纳税筹划的基本思路；
5. 了解相关的税收优惠。

【案例导入】

刚入职的新人大学毕业生洪伟达自己创业成立一家公司，需要缴纳企业所得税，能否享受到税收优惠政策呢？他想学习了解有关企业所得税的知识，通过网络系统，登录国家税务局网站，单击“纳税辅导”，进入企业所得税相关法规界面进行学习。

任务十八　认识企业所得税

一、企业所得税的概念及特点

1. 企业所得税的概念。企业所得税是国家对企业或其他单位、社会团体等组织的生产经营所得和其他所得征收的一种税，是国家参与企业利润分配的重要手段。

现行《中华人民共和国企业所得税法》（以下简称《企业所得税法》）是2007年3月16日由中华人民共和国第十届全国人民代表大会第五次会议通过并公布，《中华人民共和国企业所得税法实施条例》（以下简称《实施条例》）是2007年11月30日由国务院批准颁发，于2008年1月1日起施行的，适用于包括外资在内的所有企业。

2. 企业所得税的特点。

（1）企业所得税以所得额为课税对象。所得额指总收入扣除各项成本、费用、税金等开支项目后的净所得额。它既不是企业的销售额，也非营业额，且不一定等于企业实现的利润额。

（2）企业所得税是直接税。由于企业所得税是以纳税人最终的所得额为计税依据，根据纳税人的承担能力进行课税，税负一般不易转嫁，它是一种直接税。

（3）征税以量能负担、公平征收为原则。企业所得税以所得额为课税对象，所得税的负担轻重与纳税人所得的多少有着内在联系，所得多、负担能力大的多征；所得少、负担能力小的少征；无所得、没有负担能力的不征，以体现税收公平的原则。

（4）税法对税基的约束力强。企业应纳税所得额的计算应严格按照企业所得税法及实施条例等有关规定进行，如果企业的财务会计核算办法与国家税收法规抵触的，应当按照税法的规定计算纳税。这一规定有利于保护税基，维护国家利益。

(5) 实行按年计算、分期预缴的征收办法。企业所得税的征收一般是以全年的应纳税所得额为计税依据的，实行按年计算、分月或分季预缴、年终汇算清缴的征收办法。

二、企业所得税的征收范围及纳税义务人

企业所得税的征收范围为来源于我国境内、境外的生产经营所得和其他所得。从内容看，它包括工业、商业、建筑业等各行业的生产、经营所得和其他所得；从地理位置看，它既包括来源于境内，也包括来源于境外的上述所得。只是纳税人身份不同而已。

企业所得税法规定在中华人民共和国境内企业和其他取得收入的组织（以下统称“企业”）为企业所得税的纳税人，但个人独资企业、合伙企业不适用本法。

企业所得税的纳税人按照纳税义务的不同，分为居民企业和非居民企业。

1. 居民企业。居民企业指依法在中国境内成立，或者依照外国（地区）法律成立，但实际管理机构在中国境内的企业。实际管理机构指对企业生产经营、人员、账务、财产等实施实质性全面管理和控制的机构。

居民企业承担全面纳税义务，就其来源于中国境内、境外的所得缴纳企业所得税。

【注意】

居民企业在中国境内设有多个不具有法人资格营业机构的，实行由法人汇总纳税。企业汇总计算并缴纳企业所得税时，应当统一核算应纳税所得额。具体办法由国务院财政、税务主管部门另行制定。

2. 非居民企业。非居民企业指依照外国（地区）法律成立且实际管理机构不在中国境内，但在中国境内设立机构、场所的，或者在中国境内虽未设立机构、场所，但有来源于中国境内所得的企业。机构、场所指在中国境内从事生产经营活动的机构、场所。

非居民企业承担有限纳税义务。非居民企业在境内设机构、场所的，就来源于境内的所得及发生在境外但与境内机构、场所有实际联系的所得，按规定税率缴纳企业所得税；非居民企业在境内未设机构、场所的，或者虽设有机构、场所，但取得的所得与所设机构、场所没有实际联系的，就来源于中国境内的所得，按 20% 的税率（减半优惠后为 10%）缴纳企业所得税。

三、企业所得税的税率

1. 居民企业和境内有机构、场所的非居民企业，适用的企业所得税税率为 25%。

2. 在境内不设机构场所的非居民企业，或虽设立机构场所但取得的所得与境内机构场所没有实际联系的，就其来源于中国境内的所得按照源泉扣缴的方式，以支付人为扣缴义务人缴纳所得税，通常称为“预提所得税”，税法规定适用税率为 20%，目前减按 10% 的优惠税率征收。

3. 国家需要重点扶持的高新技术企业，减按 15% 的税率征收企业所得税。国家需要重点扶持的高新技术企业，是指拥有核心自主知识产权，并同时符合下列条件的企业：(1) 产品（服务）属于国家重点支持的高新技术领域规定的范围；(2) 研究开发费用占销售收入的比

例不低于规定比例；（3）高新技术产品（服务）收入占企业总收入的比例不低于规定比例；（4）科技人员占企业职工总数的比例不低于规定比例；（5）高新技术企业认定管理办法规定的其他条件。

4. 符合条件的小型微利企业，减按20%税率征收企业所得税。符合条件的小型微利企业是指从事国家非限制和禁止的行业，并符合下列条件的企业：（1）工业企业的年度应纳税所得额不超过30万元，从业人数不超过100人，资产总额不超过3 000万元；（2）其他企业的年度应纳税所得额不超过30万元，从业人数不超过80人，资产总额不超过1 000万元。

【小贴士】

1. “从业人数”是指与企业建立劳动关系的职工人数和企业接受的劳务派遣用工人数之和。

2. “从业人数”按企业全年平均从业人数计算，“资产总额”按企业年初和年末的资产总额平均计算。

3. 年度中间开业或者终止经营活动的，以其实际经营期作为一个纳税年度确定上述相关指标。

所称从业人数和资产总额指标，应按企业全年的季度平均值确定。具体计算公式如下：

$$季度平均值=(季初值+季末值)\div 2$$

$$全年季度平均值=全年各季度平均值之和\div 4$$

年度中间开业或者终止经营活动的，以其实际经营期作为一个纳税年度确定上述相关指标。

【小贴士】

关于扩大小型微利企业所得税优惠政策范围的通知

（财税〔2017〕43号）

为了进一步支持小型微利企业发展，根据《关于扩大小型微利企业所得税优惠政策范围的通知》（财税〔2017〕43号，以下简称“43号通知”）规定：自2017年1月1日至2019年12月31日，将小型微利企业的年应纳税所得额上限由30万元提高至50万元，对年应纳税所得额低于50万元（含50万元）的小型微利企业，其所得减按50%计入应纳税所得额，按20%的税率缴纳企业所得税。

小型微利企业待遇，应适用于具备建账核算自身应纳税所得额条件的企业，按照《企业所得税核定征收办法》（国税发〔2008〕30号）缴纳企业所得税的企业，在不具备准确核算应纳税所得额条件前，暂不适用小型微利企业适用税率。

【小贴士】

李克强主持召开国务院常务会议　决定再推出7项减税措施
支持创业创新和小微企业发展等

国务院总理李克强4月25日主持召开国务院常务会议，决定再推出7项减税措施，支持创业创新和小微企业发展。其中：将享受减半征收企业所得税优惠政策的小微企业年应纳税所得额上限，从 50 万元提高到 100 万元。实施期限为 2018 年 1 月 1 日至 2020 年 12 月 31 日。

资料来源：中国政府网，http://www.gov.cn/xinwen/2018 - 04/25/content_5285843.htm.

【练一练】

我国企业所得税税率有（　　）。

A. 15%　　B. 25%　　C. 10%　　D. 20%

答案：ABCD

四、企业所得税的税收优惠

企业所得税法对需要重点扶持和鼓励发展的产业和项目，给予税收优惠。

1. 企业的下列收入为免税收入：国债利息收入；符合条件的居民企业之间的股息、红利等权益性投资收益；在中国境内设立机构、场所的非居民企业从居民企业取得与该机构、场所有实际联系的股息、红利等权益性投资收益；符合条件的非营利组织的收入。

2. 企业从事农、林、牧、渔业项目的所得，可以免征或减征企业所得税。其中免征企业所得税的项目有：蔬菜、谷物、薯类、油料、豆类、棉花、麻类、糖料、水果、坚果的种植；农作物新品种的选育；中药材的种植；林木的培育和种植；牲畜、家禽的饲养；林产品的采集；灌溉、农产品初加工、兽医、农技推广、农机作业和维修等农、林、牧、渔服务业项目；远洋捕捞。其中减半征收企业所得税的项目有：花卉、茶以及其他饮料作物和香料作物的种植；海水养殖、内陆养殖。

3. 从事《公共基础设施项目企业所得税优惠目录》规定的港口码头、机场、铁路、公路、城市公共交通、电力、水利等国家重点扶持的公共基础设施项目的投资经营所得，自项目取得第一笔生产经营收入所属纳税年度起，第 1～3 年免征企业所得税，第 4～6 年减半征收企业所得税。

4. 企业从事符合条件的环境保护、节能节水项目，包括公共污水处理、公共垃圾处理、沼气综合开发利用、节能减排技术改造、海水淡化等，其所得自项目取得第一笔生产经营收入所属纳税年度起，第 1～3 年免征企业所得税，第 4～6 年减半征收企业所得税。

5. 符合条件的技术转让所得免征或减征企业所得税，即一个纳税年度内，居民企业技术转让所得不超过 500 万元的部分，免征企业所得税；超过 500 万元的部分，减半征收企业所得税。

6. 非居民企业除预提所得税减按 10% 的税率征收外，下列所得免征企业所得税：（1）外国政府向中国政府提供贷款取得的利息所得；（2）国际金融组织向中国政府和居民企业提供优惠贷款取得的利息所得；（3）经国务院批准的其他所得。

7. 创业投资企业投资额抵扣应纳税所得额的规定：创业投资企业采取股权投资方式投资于未上市的中小高新技术企业 2 年以上的，可以按照其投资额的 70% 在股权持有满 2 年的当年抵扣该创业投资企业的应纳税所得额；当年不足抵扣的，可以在以后纳税年度结转抵扣。

8. 企业购置并实际使用《环境保护专用设备企业所得税优惠目录》、《节能节水专用设备企业所得税优惠目录》和《安全生产专用设备企业所得税优惠目录》规定的环境保护、节能节水、安全生产等专用设备的，该专用设备的投资额的 10% 可以从企业当年的应纳税额中抵免；当年不足抵免的，可以在以后 5 个纳税年度结转抵免。如果企业购置上述设备在 5 年内转让、出租的，应当停止执行本条规定的企业所得税优惠政策，并补缴已经抵免的税款。

9. 民族自治地方的自治机关对本民族自治地方的企业应缴纳的企业所得税中属于地方分享的部分，可以决定减征或者免征。自治州、自治县决定减征或者免征的，须报省、自治区、直辖市人民政府批准。对民族自治地方内国家限制和禁止行业的企业，不得减征或者免征企业所得税。

10. 企业安置残疾人员所支付的工资，在据实扣除的基础上，再按照支付给残疾职工工资的100%加计扣除。

11. 企业为开发新技术、新产品、新工艺发生的研究开发费用，未形成无形资产计入当期损益的，在据实扣除的基础上加扣50%；形成无形资产的，按照无形资产成本的150%摊销。根据财政部财税〔2017〕34号相关通知，科技型中小企业开展研发活动中实际发生的研发费用，未形成无形资产计入当期损益的，在按规定据实扣除的基础上，在2017年1月1日至2019年12月31日期间，再按照实际发生额的75%在税前加计扣除；形成无形资产的，在上述期间按照无形资产成本的175%在税前摊销。

12. 由于技术进步、产品更新换代较快的固定资产和常年处于强震动、高腐蚀状态的固定资产，可缩短折旧年限提取折旧，但最低折旧年限不得低于规定年限的60%；也可采用双倍余额递减法或者年数总和法等加速折旧法提取折旧。

13. 企业以《资源综合利用企业所得税优惠目录》规定的资源作为主要原材料，生产国家非限制和禁止并符合国家和行业相关标准的产品取得的收入，减按90%计入收入总额。

【提示】

同时从事不同税收待遇的项目，优惠项目应单独计算所得，并合理分摊期间费用。没有单独计算的，不得享受所得税优惠。

任务十九　企业所得税应纳税额的计算

一、基本计算公式

企业所得税应纳税额的计算公式如下。

应纳税所得额 = 收入总额 − 不征税收入 − 免税收入 − 允许的各项扣除 − 允许弥补以前年度亏损

应纳所得税额 = 应纳税所得额 × 适用税率 − 减免税额 − 抵免税额

【提示】

企业应纳税所得额的计算，以权责发生制为原则，属于当期的收入和费用，不论款项是否收付，均作为当期的收入和费用；不属于当期的收入和费用，即使款项已经在当期收付，也不作为当期的收入和费用。

二、计算公式解析

1. 收入总额。企业所得税法规定，企业以货币形式和非货币形式从各种来源取得的收入为收入总额，包括销售货物收入、提供劳务收入、转让财产收入、股息红利等权益性投资收益、利息收入、租金收入、特许权使用费收入、接受捐赠收入、其他收入。货币形式的收入包括现金、存款、应收账款、应收票据、准备持有至到期的债券投资以及债务的豁免等；非货币形式的收入包括存货、固定资产、生物资产、无形资产、股权投资、不准备持有至到期的债券投资、劳务以及有关权益等，非货币形式取得的收入应当按照公允价值确定收入额。

(1) 销售货物收入是指销售商品、产品、原材料、包装物、低值易耗品以及其他存货取得的收入。

(2) 提供劳务收入是指建筑安装、修理修配、交通运输、仓储租赁、金融保险、邮电通信、咨询经纪、文化体育、科学研究、技术服务、教育培训、餐饮住宿、中介代理、卫生保健、社区服务、旅游、娱乐、加工以及其他劳务服务活动取得的收入。

(3) 转让财产收入是指转让固定资产、投资性房地产、生物资产、无形资产、股权、债权等财产取得的收入。

【注意】

销售货物收入、提供劳务收入、转让财产收入等确认的时点分别遵循企业所得税等有关条款规定。

(1) 分期确认收入的规定：①以分期收款方式销售货物的，按照合同约定的收款日期确认收入的实现。②企业受托加工制造大型机械设备、船舶、飞机等，以及从事建筑、安装、装配工程业务或者提供劳务等持续时间超过 12 个月的，按照纳税年度内完工进度或者完成的工作量确认收入的实现。

(2) 分成取得收入的规定：采取产品分成方式取得收入的，按照企业分得产品的时间确认收入的实现，其收入额按照产品的公允价值确定。

(3) 股息、红利等权益性投资收益是指企业因权益性投资从被投资方取得的收入。除国务院财政、税务主管部门另有规定外，以被投资方作出利润分配决定时间确认收入的实现。

按照会计准则，权益法下投资企业确认的投资收益，是以取得投资时被投资单位各项可辨认资产的公允价值为基础，在被投资单位实现净利润时调整确认。

(4) 利息收入是指企业将资金提供他人使用但不构成权益性投资，或者因他人占用本企业资金取得的收入，包括存款利息、贷款利息、债券利息、欠款利息等收入。其中持有至到期的长期债券或发放长期贷款取得的利息收入按照实际利率法确认收入。利息收入按照合同约定的债务人应付利息的日期确认收入的实现。

(5) 租金收入是指企业提供固定资产、包装物或者其他资产的使用权取得的收入。租金收入按照合同约定的承租人应付租金的日期确认收入的实现。

(6) 特许权使用费收入是指企业提供专利权、非专利技术、商标权、著作权以及其他特许权的使用权取得的收入，按照合同约定的应付特许权使用费的日期确认收入的实现。

(7) 接受捐赠收入是指企业接受的来自其他企业、组织或者个人无偿给予的货币性资产、非货币性资产。接受捐赠收入在实际收到捐赠资产时确认收入实现。

(8) 其他收入包括资产溢余、逾期未退包装物押金收入、确实无法偿付的应付款项、已作坏账损失处理后又收回的应收款项、债务重组收入、补贴收入、违约金收入、汇兑收益等。

(9) 视同销售的规定。企业发生非货币性资产交换，以及将货物、财产、劳务用于捐赠、偿债、赞助、集资、广告、样品、职工福利和利润分配等用途的，应当视同销售货物、转让财产和提供劳务，国务院、财政、税务主管部门另有规定的除外。发生视同销售时按相应的价款或公允价值确定计税收入。

2. 不征税收入。不征税收入指财政拨款，依法收取并纳入财政管理的行政事业性收费、政府性基金，国务院规定的其他不征税收入。

3. 免税收入。免税收入指国债利息收入，符合条件的居民企业之间的股息、红利等权益性投资收益，境内设立机构、场所的非居民企业从居民企业取得与该机构、场所有实际联系的股息、红利等权益性投资收益，符合条件的非营利组织的收入。

4. 允许的各项扣除。企业所得税法规定，企业实际发生的与取得收入有关的、合理的支出，包括成本、费用、税金、损失和其他支出，准予在计算应纳税所得额时扣除。扣除时应区分收益性支出和资本性支出，收益性支出在发生当期直接扣除；资本性支出应当分期扣除或者计入有关资产成本，不得在发生当期直接扣除。注意，企业的不征税收入用于支出所形成的费用或者财产，不得扣除或者计算对应的折旧、摊销扣除。

其中，“成本”是指企业在生产经营活动中发生的销售成本、销货成本、业务支出以及其他耗费；“费用”是指企业在生产经营活动中发生的销售费用、管理费用和财务费用，已经计入成本的有关费用除外；“税金”是指企业发生的除企业所得税和允许抵扣的增值税以外的各项税金及其附加；“损失”是指企业在生产经营活动中发生的固定资产和存货的盘亏、毁损、报废损失，转让财产损失，呆账损失，坏账损失，自然灾害等不可抗力因素造成的损失以及其他损失。关于扣除项目的一些规定如下。

工资、薪金是指企业每一纳税年度支付给在本企业任职或者受雇的员工的所有现金形式或者非现金形式的劳动报酬，包括基本工资、奖金、津贴、补贴、年终加薪、加班工资以及与任职或受雇有关的其他支出。企业发生的合理的工资薪金支出，准予扣除。

企业依照规定范围和标准为职工缴纳的基本养老保险费、基本医疗保险费、失业保险费、工伤保险费、生育保险费等基本社会保险费和住房公积金，准予扣除。企业为投资者或职工支付的补充养老保险费、补充医疗保险费，在国务院财政、税务主管部门规定的范围和标准内，准予扣除。除特殊工种人身安全保险费和国务院财政、税务主管部门规定可以扣除的其他商业保险费外，企业为投资者或职工支付的商业保险费，不得扣除。

企业发生的职工福利费支出，不超过工资薪金总额 14% 的部分，准予扣除。企业拨缴的工会经费，不超过工资薪金总额 2% 的部分，准予扣除。除国务院财政、税务主管部门另有规定外，企业发生的职工教育经费支出，不超过工资薪金总额 8% 的部分，准予扣除；超过部分，准予在以后纳税年度结转扣除。

【小贴士】

关于企业职工教育经费税前扣除政策的通知

（财税〔2018〕51 号）

为鼓励企业加大职工教育投入，现就企业职工教育经费税前扣除政策通知如下：

一、企业发生的职工教育经费支出，不超过工资薪金总额 8% 的部分，准予在计算企业所得税应纳税所得额时扣除；超过部分，准予在以后纳税年度结转扣除。

二、本通知自2018年1月1日起执行。

财政部　国家税务总局

2018年5月7日

【注意】

根据财政部、国家税务总局《关于调整个体工商户个人独资企业和合伙企业个人所得税税前扣除标准有关问题的通知》规定，个人独资企业和合伙企业发生的职工教育经费支出在工资薪金总额2.5%的标准内据实扣除。据此，在没有新的相关税收政策发布之前，合伙企业、个人独资企业在计算应纳税所得额时，仍然只能按不超过工资薪金总额2.5%的标准据实扣除职工教育经费。至于以后有新的税收政策出台则从其规定。

(2) 借款利息支出。不需要资本化的借款费用，准予扣除；企业购建固定资产、无形资产和12个月以上才能达到可销售状态的存货，在资产购置、建造期间的借款费用，计入资产成本，分期扣除。

非金融企业向金融企业借款的利息支出、金融企业存款和同业拆借的利息支出、企业发行债券的利息支出，准予扣除。非金融企业向非金融企业借款的利息，不超过同期同类金融企业贷款利率的部分，准予扣除。

除计入资产成本或者与利润分配相关外，汇兑损失准予扣除。

(3) 业务招待费。企业发生的与生产经营活动有关的业务招待费支出，按照发生额的60%扣除，但最高不得超过当年销售（营业）收入的5‰。筹建期间的业务招待费按实际发生额的60%扣除。

(4) 广告费和业务宣传费。企业发生的符合条件的广告费和业务宣传费支出，除另有规定外，不超过当年销售（营业）收入15%的部分，准予扣除；超过部分，准予在以后纳税年度结转扣除。

(5) 公益性捐赠支出。企业发生的公益性捐赠支出，不超过年度利润总额12%的部分，准予扣除。公益性捐赠指企业通过公益性社会团体或县级以上人民政府及其部门，用于《中华人民共和国公益事业捐赠法》规定的公益事业的捐赠。公益性社会团体指基金会、慈善组织等依法登记，具有法人资格，不以营利为目的，资产及其增值为法人所有，不经营无关业务，有健全的财务会计制度，捐赠者不以任何形式参与财产分配的组织。

【小贴士】

关于公益性捐赠支出企业所得税税前结转扣除有关政策的通知

（财税〔2018〕15号）

各省、自治区、直辖市、计划单列市财政厅（局）、国家税务局、地方税务局，新疆生产建设兵团财政局：

根据《中华人民共和国企业所得税法》和《中华人民共和国企业所得税法实施条例》

的有关规定，现就公益性捐赠支出企业所得税税前结转扣除有关政策通知如下：

一、企业通过公益性社会组织或者县级（含县级）以上人民政府及其组成部门和直属机构，用于慈善活动、公益事业的捐赠支出，在年度利润总额12%以内的部分，准予在计算应纳税所得额时扣除；超过年度利润总额12%的部分，准予结转以后三年内在计算应纳税所得额时扣除。

本条所称公益性社会组织，应当依法取得公益性捐赠税前扣除资格。

本条所称年度利润总额，是指企业依照国家统一会计制度的规定计算的大于零的数额。

二、企业当年发生及以前年度结转的公益性捐赠支出，准予在当年税前扣除的部分，不能超过企业当年年度利润总额的12%。

三、企业发生的公益性捐赠支出未在当年税前扣除的部分，准予向以后年度结转扣除，但结转年限自捐赠发生年度的次年起计算最长不得超过三年。

四、企业在对公益性捐赠支出计算扣除时，应先扣除以前年度结转的捐赠支出，再扣除当年发生的捐赠支出。

五、本通知自2017年1月1日起执行。2016年9月1日至2016年12月31日发生的公益性捐赠支出未在2016年税前扣除的部分，可按本通知执行。

财政部　国家税务总局

2018年2月11日

(6) 总机构管理费。企业之间支付的管理费、企业内营业机构之间支付的租金和特许权使用费以及非银行企业内营业机构之间支付的利息，不得扣除。非居民企业在境内设立的机构、场所，就其中国境外总机构发生的与该机构、场所生产经营有关的费用，能够提供总机构出具的费用汇集范围、定额、分配依据和方法等证明文件并合理分摊的，准予扣除。

(7) 企业依照法律、行政法规有关规定提取的用于环境保护、生态恢复等方面的专项资金，准予扣除。提取后改变用途的，不得扣除。

(8) 企业参加财产保险，按照规定缴纳的保险费，准予扣除。

(9) 企业根据生产经营活动的需要租入固定资产支付的租赁费，按照以下方法扣除：以经营租赁方式租入固定资产发生的租赁费支出，按照租赁期限均匀扣除；以融资租赁方式租入固定资产发生的租赁费支出，按照规定构成融资租入固定资产价值的部分应当提取折旧费用，分期扣除。

(10) 企业发生的合理的劳动保护支出，即确因工作需要为雇员配备或提供的工作服、手套、安全保护用品、防暑降温用品等支出准予扣除。

(11) 固定资产折旧费。固定资产按直线法计算折旧的，准予扣除。

各类固定资产的最低折旧年限如下。

① 房屋、建筑物为20年。

② 飞机、火车、轮船、机器、机械和其他生产设备为10年。

③ 与生产经营活动有关的器具、工具、家具等为5年。

④ 飞机、火车、轮船以外的运输工具为4年。

⑤ 电子设备为3年。

【小贴士】

关于设备、器具扣除有关企业所得税政策的通知

（财税〔2018〕54号）

为引导企业加大设备、器具投资力度，现就有关企业所得税政策通知如下：

一、企业在2018年1月1日至2020年12月31日期间新购进的设备、器具，单位价值不超过500万元的，允许一次性计入当期成本费用在计算应纳税所得额时扣除，不再分年度计算折旧；单位价值超过500万元的，仍按企业所得税法实施条例、《财政部 国家税务总局关于完善固定资产加速折旧企业所得税政策的通知》（财税〔2014〕75号）、《财政部 国家税务总局关于进一步完善固定资产加速折旧企业所得税政策的通知》（财税〔2015〕106号）等相关规定执行。

二、本通知所称设备、器具，是指除房屋、建筑物以外的固定资产。

财政部 国家税务总局

2018年5月7日

（12）生物资产的折旧费。生产性生物资产按照直线法计算的折旧，准予扣除。

生产性生物资产的最低折旧年限如下。

① 林木类生产性生物资产为10年。

② 畜类生产性生物资产为3年。

（13）无形资产及长期待摊费用的摊销。无形资产按照直线法计算的摊销费用，准予扣除，但无形资产的摊销年限不得低于10年。长期待摊费用的摊销年限不得低于3年。

需要注意，计算应纳税所得额时不得扣除的支出，包括以下几个方面。

① 向投资者支付的股息、红利等权益性投资收益款项。

② 企业所得税税款。

③ 税收滞纳金。

④ 罚金、罚款和被没收财物的损失。

⑤ 公益救济以外的捐赠支出。

⑥ 赞助支出。

⑦ 未经核定的准备金支出。

⑧ 与取得收入无关的其他支出。

5. 允许弥补以前年度亏损。亏损结转制度是一种税收优惠制度。企业纳税年度发生的亏损，准予向以后年度结转，用以后年度的所得弥补，但结转年限最长不得超过5年。注意，企业在汇总计算缴纳企业所得税时，境外营业机构的亏损不得抵减境内营业机构的盈利。

李克强主持召开国务院常务会议，决定再推出7项减税措施，支持创业创新和小微企业发展等，其中第四项是将高新技术企业和科技型中小企业亏损结转年限由5年延长至10年。该项措施从2018年1月1日起实施。

【例5－1】某企业盈亏状况见表5－1，7年共应缴纳多少企业所得税？

表5－1　　某企业2008～2014年度盈亏状况　　单位：万元

年　度	2008	2009	2010	2011	2012	2013	2014
应纳税所得额	－100	－50	20	20	10	40	100

【解析】2008 年度的亏损额 100 万元，按税法规定，可以用 2009 ~ 2013 年的税前利润补亏。实际情况，2009 年继续亏损 50 万元，至 2013 年止，2008 年的亏损累计弥补 90（20 + 20 + 10 + 40）万元，2008 年还有 10 万元亏损，只能用以后年度的税后利润弥补，不得税前扣除。

2009 年度的亏损额 50 万元，按税法规定，可以用 2010 ~ 2014 年的税前利润补亏。实际情况，2010 ~ 2013 年的税前利润已全部用于 2008 年度的亏损弥补，故 2009 年的亏损可以用 2014 年的税前利润弥补。

2014 年补亏后，应缴纳所得税 = (100 - 50) × 25% = 12.5（万元）

6. 减免税额、抵免税额。减免税额的相关规定可以参见税收优惠的内容。

税收抵免制度是避免所得双重征税的制度。我国为避免重复征税，采用限额扣除法，该抵免限额应当分国（地区）不分项计算，即居民企业的境外机构已在境外缴纳的所得税税额，在国内汇总纳税时，可以从其当期应纳税额中抵免。抵免限额为按照我国企业所得税法规定计算的应纳税额，超过抵免限额的部分，可以在以后 5 个年度内（指超过抵免限额当年的次年起连续 5 个纳税年度），用同一国家每年度抵免限额抵免当年应抵税额后的余额进行抵补。其计算公式为：

抵免限额 = 中国境内、境外所得依照企业所得税法计算的应纳税总额 ×
（来源于某国的应纳税所得额 ÷ 中国境内、境外应纳税所得总额）

居民企业从其直接或者间接控制 20% 以上股份的外国企业分得的来源于中国境外的股息、红利等权益性投资收益，外国企业在境外实际缴纳的所得税税额中属于该项所得负担的部分，可以作为该居民企业的可抵免境外所得税税额，按照上述规定在抵免限额内抵免。

【例 5 - 2】某公司 2017 年度境内生产经营取得应纳税所得额 1 000 万元，所得税税率为 25%。其在 A、B 两国设有分支机构，A 国分支机构当年应纳税所得额为 600 万元，其中生产经营所得为 500 万元，A 国规定的税率为 40%，特许权使用费所得为 100 万元，A 国规定的税率为 20%。B 国分支机构当年应纳税所得额为 400 万元，其中生产经营所得为 250 万元，B 国规定的税率为 30%，租金所得为 150 万元，B 国规定的税率为 10%。公司能提供境外纳税的佐证材料，计算该公司当年境内、外所得汇总缴纳的所得税。

【解析】

① 公司境内、境外所得汇总缴纳所得税 = (1 000 + 600 + 400) × 25% = 500（万元）

② A 国分支机构在境外已纳税额 = 500 × 40% + 100 × 20% = 200 + 20 = 220（万元）

A 国分支机构税额抵扣限额 = 500 × 600 ÷ 2 000 = 150（万元）

③ B 国分支机构在境外已纳税额 = 250 × 30% + 150 × 10% = 75 + 15 = 90（万元）

B 国分支机构税额抵扣限额 = 500 × 400 ÷ 2 000 = 100（万元）

④ 当年度境内、境外所得汇总后实际应纳税所得额 = 500 - 150 - 90 = 260（万元）

【例 5 - 3】某公司有年末会计利润 100 万元，经注册会计师审核，发现有以下项目需调整：

企业当年发生的不应该资本化的借款利息 80 万元，其中向非金融机构借款 500 万元，利率 10%，同期的金融机构借款利率 8%；

企业账面列支业务招待费 50 万元，该企业当年的销售收入为 5 000 万元；

企业全年发生广告费和业务宣传费共计 100 万元；

全年发生公益性捐赠 40 万元；

当年计入损益的研究开发费 80 万元；

当年已经列入营业外支出的税务罚款7万元。

据此资料，计算该公司的应纳税所得额和应交所得税。

【解析】

① 借款利息允许扣除：500×8%=40（万元）

实际发生50万元。

调增应纳税所得额10万元。

② 业务招待费：50×60%=30（万元），5 000×5‰=25（万元），故允许扣除25万元。

实际发生50万元。

调增应纳税所得额25万元。

③ 广告宣传费允许扣除：5 000×15%=750（万元）

实际发生100万元，全部允许扣除。

④ 捐赠允许扣除：100×12%=12（万元）

实际发生40万元。

调增应纳税所得额28万元。

⑤ 研发费加扣：80×50%=40（万元），调减应纳税所得额40万元。

⑥ 罚款不允许税前扣除，调增应纳税所得额7万元。

应税所得额=100+10+25+28-40+7=130（万元）

应交所得税=130×25%=32.5（万元）

任务二十　企业所得税纳税申报

一、企业所得税的征收方法

缴纳企业所得税采用按年计算，分月或分季预缴，年终汇算清缴、多退少补的征收方法。纳税人应于月份或季度终了后15日内预缴，年度终了后4个月内汇算清缴。纳税人预缴企业所得税时，应当按照纳税期限的实际数额预缴，按照实际数额预缴有困难的，可按上一年度应纳税所得额的1/12或1/4预缴，或者经当地税务机关认可的其他方法分期预缴企业所得税，预缴方法一经确定，不得随意改变。按月（季）预缴企业所得税的计算公式如下。

按月（季）预缴企业所得税时：

月(季)预缴的企业所得税额=月(季)实际的应纳税所得额×25%

或　　=上年应纳税所得额×1/12(或1/4)×25%

企业所得税的汇算清缴时：

全年应纳企业所得税额=全年应纳税所得额×25%

年终多退少补的企业所得税额=全年应纳企业所得税额-月(季)已预缴的企业所得税额

二、企业所得税的申报材料

纳税人办理纳税申报时应如实报送预缴企业所得税纳税申报表和企业所得税年度纳税申报

表，并根据不同情况相应报送下列有关证件、资料：财务会计报告及其说明材料；与纳税有关的合同、协议书；税控装置的电子报税资料和异地完税凭证；外出经营活动税收管理证明；境内或者境外公证机构出具的有关证明文件；税务机关规定应当报送的其他有关证件、资料。此仅列示以下报表：中华人民共和国企业所得税月（季）度预缴纳税申报表（A类），见表5－2。中华人民共和国企业所得税月（季）度预缴纳税申报表（B类），见表5－3。中华人民共和国企业所得税年度纳税申报表（主表），见表5－4。

表5－2　　中华人民共和国企业所得税月（季）度预缴纳税申报表（A类）

税款所属期间：　　年　　月　　日至　　年　　月　　日

纳税人识别号：□□□□□□□□□□□□□□□□□□

纳税人名称：　　　　　　　　　　　　　　　　　　　　金额单位：人民币元（列至角分）

行次	项目		本期金额	累计金额
1	一、据实预缴			
2	营业收入			
3	营业成本			
4	利润总额			
5	税率（25%）			
6	应纳所得税额（4行×5行）			
7	减免所得税额			
8	实际已缴所得税额		—	
9	应补（退）的所得税额（6行－7行－8行）		—	
10	二、按照上一纳税年度应纳税所得额的平均额预缴			
11	上一纳税年度应纳税所得额		—	
12	本月（季）应纳税所得额（11行÷12或11行÷4）			
13	税率（25%）		—	—
14	本月（季）应纳所得税额（12行×13行）			
15	三、按照税务机关确定的其他方法预缴			
16	本月（季）确定预缴的所得税额			
17	总分机构纳税人			
18	总机构	总机构应分摊的所得税额（9行或14行或16行×25%）		
19	总机构	中央财政集中分配的所得税额（9行或14行或16行×25%）		
20	总机构	分支机构分摊的所得税额（9行或14行或16行×50%）		
21	分支机构	分配比例		
22	分支机构	分配的所得税额（20行×21行）		

谨声明：此纳税申报表是根据《中华人民共和国企业所得税法》、《中华人民共和国企业所得税法实施条例》和国家有关税收规定填报的，是真实的、可靠的、完整的。

法定代表人（签字）：　　年　　月　　日

纳税人公章：	代理申报中介机构公章：	主管税务机关受理专用章：
会计主管：	经办人： 经办人执业证件号码：	受理人：
填表日期：　年　月　日	代理申报日期：　年　月　日	受理日期：　年　月　日

本表适用于实行查账征收方式申报企业所得税的居民纳税人及在中国境内设立机构的非居民纳税人在月（季）度预缴企业所得税时使用。

表5－3　　中华人民共和国企业所得税月（季）度预缴纳税申报表（B类）

税款所属期间：　　年　　月　　日至　　年　　月　　日

纳税人识别号：□□□□□□□□□□□□□□□□□

纳税人名称：　　　　　　　　　　　　　　　　金额单位：人民币元（列至角分）

<table>
<tr><td colspan="3">项　　目</td><td>行次</td><td>累计金额</td></tr>
<tr><td rowspan="10">应纳税所得额的计算</td><td rowspan="3">按收入总额核定应纳税所得额</td><td>收入总额</td><td>1</td><td></td></tr>
<tr><td>税务机关核定的应税所得率（%）</td><td>2</td><td></td></tr>
<tr><td>应纳税所得额（1行×2行）</td><td>3</td><td></td></tr>
<tr><td rowspan="3">按成本费用核定应纳税所得额</td><td>成本费用总额</td><td>4</td><td></td></tr>
<tr><td>税务机关核定的应税所得率（%）</td><td>5</td><td></td></tr>
<tr><td>应纳税所得额［4行÷(1－5行)×5行］</td><td>6</td><td></td></tr>
<tr><td rowspan="4">按经费支出换算应纳税所得额</td><td>经费支出总额</td><td>7</td><td></td></tr>
<tr><td>税务机关核定的应税所得率（%）</td><td>8</td><td></td></tr>
<tr><td>换算的收入额［7行÷(1－8行)］</td><td>9</td><td></td></tr>
<tr><td>应纳税所得额（8行×9行）</td><td>10</td><td></td></tr>
<tr><td colspan="2" rowspan="3">应纳所得税额的计算</td><td>税率（25%）</td><td>11</td><td></td></tr>
<tr><td>应纳所得税额（3行×11行或6行×11行或10行×11行）</td><td>12</td><td></td></tr>
<tr><td>减免所得税额</td><td>13</td><td></td></tr>
<tr><td colspan="2" rowspan="2">应补（退）所得税额的计算</td><td>已预缴所得税额</td><td>14</td><td></td></tr>
<tr><td>应补（退）所得税额（12行－13行－14行）</td><td>15</td><td></td></tr>
<tr><td colspan="5">谨声明：此纳税申报表是根据《中华人民共和国企业所得税法》、《中华人民共和国企业所得税法实施条例》和国家有关税收规定填报的，是真实的、可靠的、完整的。</td></tr>
<tr><td colspan="5">法定代表人（签字）：　　年　　月　　日</td></tr>
</table>

<table>
<tr><td>纳税人公章：</td><td>代理申报中介机构公章：</td><td>主管税务机关受理专用章：</td></tr>
<tr><td rowspan="2">会计主管：</td><td>经办人：</td><td rowspan="2">受理人：</td></tr>
<tr><td>经办人执业证件号码：</td></tr>
<tr><td>填表日期：　　年　　月　　日</td><td>代理申报日期：　　年　　月　　日</td><td>受理日期：　　年　　月　　日</td></tr>
<tr><td colspan="3">本表为按照核定征收管理办法（包括核定应税所得率和核定税额征收方式）缴纳企业所得税的纳税人在月（季、年）度申报缴纳企业所得税时使用，包括依法被税务机关指定的扣缴义务人。</td></tr>
</table>

表 5－4　　　　　中华人民共和国企业所得税年度纳税申报表（A 类）

税款所属期间：　　年　　月　　日至　　年　　月　　日

纳税人名称：

纳税人识别号：□□□□□□□□□□□□□□□□□□□□　　　　金额单位：元（列至角分）

类别	行次	项　　目	金额
利润总额计算	1	一、营业收入（填附表一）	
	2	减：营业成本（填附表二）	
	3	营业税金及附加	
	4	销售费用（填附表二）	
	5	管理费用（填附表二）	
	6	财务费用（填附表二）	
	7	资产减值损失	
	8	加：公允价值变动收益	
	9	投资收益	
	10	二、营业利润	
	11	加：营业外收入（填附表一）	
	12	减：营业外支出（填附表二）	
	13	三、利润总额（10＋11－12）	
应纳税所得额计算	14	加：纳税调整增加额（填附表三）	
	15	减：纳税调整减少额（填附表三）	
	16	其中：不征税收入	
	17	免税收入	
	18	减计收入	
	19	减、免税项目所得	
	20	加计扣除	
	21	抵扣应纳税所得额	
	22	加：境外应税所得弥补境内亏损	
	23	纳税调整后所得（13＋14－15＋22）	
	24	减：弥补以前年度亏损（填附表四）	
	25	应纳税所得额（23－24）	
应纳税额计算	26	税率（25%）	
	27	应纳所得税额（25×26）	
	28	减：减免所得税额（填附表五）	
	29	减：抵免所得税额（填附表五）	
	30	应纳税额（27－28－29）	
	31	加：境外所得应纳所得税额（填附表六）	
	32	减：境外所得抵免所得税额（填附表六）	
	33	实际应纳所得税额（30＋31－32）	
	34	减：本年累计实际已预缴的所得税额	
	35	其中：汇总纳税的总机构分摊预缴的税额	
	36	汇总纳税的总机构财政调库预缴的税额	
	37	汇总纳税的总机构所属分支机构分摊的预缴税额	
	38	合并纳税（母子体制）成员企业就地预缴比例	
	39	合并纳税企业就地预缴的所得税额	
	40	本年应补（退）的所得税额（33－34）	
附列资料	41	以前年度多缴的所得税额在本年抵减额	
	42	以前年度应缴未缴在本年入库所得税额	

纳税人公章：	代理申报中介机构公章：	主管税务机关受理专用章：
经办人：	经办人及执业证件号码：	受理人：
申报日期：　　年　　月　　日	代理申报日期：　　年　　月　　日	受理日期：　　年　　月　　日

三、企业所得税的纳税地点

1. 对居民企业纳税地点的规定。除税收法律、行政法规另有规定外，居民企业以企业登记注册地为纳税地点；但登记注册地在境外的，以实际管理机构所在地为纳税地点。居民企业在中国境内设立不具有法人资格的营业机构，应当汇总计算并缴纳企业所得税。

2. 对非居民企业纳税地点的规定。非居民企业在中国境内设立机构、场所的，应当就其所设机构、场所取得在来源于中国境内的所得，以及发生在中国境外但与其所设机构、场所有实际联系的所得，以机构、场所所在地为纳税地点。非居民企业在中国境内设立两个或者两个以上机构、场所的，经税务机关审核批准，可以选择由其主要机构、场所汇总缴纳企业所得税。主要机构、场所，应当同时符合下列条件：对其他各机构、场所的生产经营活动负有监督管理责任；设有完整的账簿、凭证，能够准确反映各机构、场所的收入、成本、费用和盈亏情况。

非居民企业在中国境内未设立机构、场所的，或者虽设立机构、场所但取得的所得与其所设机构、场所没有实际联系的，实行源泉扣缴，以扣缴义务人所在地为纳税地点。扣缴义务人未依法扣缴或者无法履行扣缴义务的，由纳税人在所得发生地缴纳。纳税人未依法缴纳的，税务机关可以从该纳税人在中国境内其他收入项目的支付人应付的款项中进行追缴。扣缴义务人每次代扣的税款，应当自代扣之日起 7 日内缴入国库，并向所在地的税务机关报送扣缴企业所得税报告表。

3. 特殊规定。中央企业所得税、外资银行和地方银行及非银行金融企业所得税、保险企业所得税、铁道部所属铁路运营企业所得税、邮电部所属邮电通信企业所得税、有中央和中央企业投资参股的联营企业所得税、股份制企业所得税，由国家税务局系统负责征收。纳税申报地点分别如下。

（1）铁道部所属运营企业，由铁道部汇总缴纳；铁路施工企业，由铁路工程局汇总缴纳；铁道部所属的工业、供销企业及其他单位均在独立核算的企业所在地缴纳。

（2）民航总局所属的企业，已成为独立法人的，由法人企业就地缴纳；不是法人企业的，由民航总局汇总缴纳。

（3）邮电部所属的邮电企业，由邮电部汇总缴纳；邮电部所属的工业、供销、施工企业及其他企业，由独立核算的企业就地缴纳。

（4）建筑安装企业离开工商登记注册地或经营管理所在地到本县（区）以外地区施工的，应向其所在地的主管税务机关申请开具外出经营活动税收管理证明，其经营所得由所在地主管税务机关一并计征企业所得税。否则，其经营所得由企业项目施工地主管税务机关就地征收企业所得税。

（5）股权型企业集团，其核心层与紧密层企业如果是附属关系，母、子公司均有法人资格，由法人就地缴纳；如果紧密层企业为没有法人资格的分支机构，由其总机构汇总缴纳。

（6）联营企业的生产、经营所得，一律先就地（其经营所在地）缴纳所得税，然后再进行分配。

（7）国家政策性银行和商业银行系统、中国人民保险公司系统的所得税，分别以独立核算的总行、分行为纳税人；地方性银行、保险公司、证券公司及城市信用社等非银行金融企业，均以独立核算的企业为纳税人。

四、企业所得税的纳税期限

企业所得税实行按月或按季预缴、年终汇算清缴的征收方法。纳税人预缴所得税时，应当按照纳税期限的实际数额预缴；按照实际数额预缴有困难的，可按上一年度应纳税所得额的1/12或1/4预缴，或者经当地税务机关认可的其他方法分期预缴所得税。预缴方法一经确定，不得随意改变。

企业所得税按纳税年度计算，纳税年度自公历1月1日起到12月31日止。企业在一个纳税年度中间开业，或者终止经营活动，使该纳税年度的实际经营期不是12个月的，应当以其实际经营期为一个纳税年度。企业依法清算时，应当以清算期间作为一个纳税年度。

企业所得税分月或者分季预缴。企业应当自月份或者季度终了之日起15日内，向税务机关报送会计报表和预缴企业所得税纳税申报表，预缴税款。企业应当自年度终了之日起5个月内，向税务机关报送年度企业所得税纳税申报表并汇算清缴，结清应交应退税款。企业在报送企业所得税纳税申请表时，应当按照规定附送财务会计报告和其他有关资料。

企业在年度中间终止经营活动的，应当在停止生产、经营之日起的30日内向当地主管税务机关办理企业所得税的申报，应当自实际经营终止之日起60日内，向税务机关办理当期企业所得税汇算清缴。企业应当在办理注销登记前，就其清算所得向税务机关申报并依法缴纳企业所得税。

汇总纳税的成员企业，年度终了后45日内，向其所在地主管税务机关报送会计决算报表和所得税申报表，并在纳税年度终了后的5个月内汇算清缴所得税。

纳税人在纳税年度中间发生合并、分立的，依据税法的规定，合并、分立后其纳税人地位发生变化的，应在办理变更税务登记之前办理企业的所得税申报，及时进行汇算清缴，并结清税款；其纳税人地位不变的，纳税年度可以连续计算。

纳税人在纳税年度内无论盈利、亏损或处于减免税期间，均应当按照规定的期限，向当地主管税务机关报送所得税申报表和会计报表。

任务二十一　企业所得税税收筹划

一、企业所得税纳税人的税收筹划

纳税人的税收筹划主要是通过纳税人之间的合并、分立、集团公司内设立子公司或分公司的选择，以达到规避高税率、享受税收优惠的目的。

企业可以通过分公司与子公司相互转换来实现减轻企业税负的目的。子公司是独立的法人，要承担全面纳税义务；分公司不是独立的法人，只承担有限纳税义务。一般来说，当外地的营业活动处于初始阶段时，母公司可在外地设立一个分支机构（分公司），使外地的开业亏损能在汇总纳税时减少母公司的应纳税款。

【例5-4】假设某集团由总公司和两家子公司甲和乙组成。2017年总公司本部实现利润100万元，子公司甲实现利润10万元，子公司乙亏损15万元，所得税税率为25%。计算该集团的应交企业所得税。

【解析】

公司本部应交所得税：100×25%=25（万元）

甲子公司应交所得税：10×25%=2.5（万元）

乙子公司由于当年亏损，该年度无须缴纳所得税。

该集团整体税负：25+2.5=27.5（万元）

如果甲和乙不是子公司，而是分公司，则该集团整体税负为：（100+10-15）×25%=23.75（万元），低于母子公司的整体税负。

二、企业所得税计税依据的税收筹划

企业所得税的计税依据是应纳税所得额，而应纳税所得额的大小取决于收入和扣除项目两个因素。在收入筹划过程中，可以通过推迟计税依据实现和设法减少计税依据来进行筹划。

【例5-5】A公司2017年购买B公司的股票1 000万元，获B公司20%股份。2015年年底B公司报告净收益1 200万元，A公司所得税率为33%，B公司所得税率为15%。采用成本法核算时：B公司年末没有分配利润，则A公司不用补交所得税；等收到股利240万元时，才补交所得税。采用权益法核算时：B公司年末还没有分配利润，则A公司照样要补交所得税。我们在选择投资和会计核算方法时，必须注意上面的相关会计理论，否则将会面临纳税调整。

在收入总额既定的前提下，扣除项目的筹划空间比较大，可以通过增加准予扣除项目的金额，达到减少应纳税所得额的目的，进而减少应交所得税。例如推迟获利年度；通过企业的兼并、合并，使成员企业之间的利润和亏损互相抵冲等。另外，还可以考虑选择合理的费用分摊方法、资产租赁方式、筹资方式，达到税收筹划的目的。

不同的费用分摊方式会扩大或缩小企业成本，从而影响企业利润水平，因此企业可以选择有利的方法来进行费用的分摊。

（1）在盈利年度，应选择能使成本费用尽快得到分摊的分摊方法。其目的是使成本费用的抵税作用尽早发挥，推迟利润的实现，从而推迟所得税的纳税义务时间。例如，在盈利企业，对低值易耗品的价值摊销应选择一次摊销法。

（2）在亏损年度，分摊方法的选择应充分考虑亏损的税前弥补程度。在其亏损额预计不能或不能全部在未来年度里得到税前弥补的年度，应选择能使成本费用尽可能地摊入亏损能全部得到税前弥补或盈利的年度，从而使成本费用的抵税作用得到最大限度的发挥。

（3）在享受税收优惠政策的年度，应选择能避免成本费用的抵税作用被优惠政策抵销的分摊方法。例如，在享受免税和正常纳税的交替年度，应选择能使减免税年度摊销额最小和正常纳税年度摊销最大的分摊方法。

三、企业所得税减免税的税收筹划

在详细了解税法规定的减税免税政策的基础上，应该充分利用税收优惠政策进行纳税筹划，以便合法降低整体税负。减免税筹划应注意的问题是必须履行有关程序。对于可以享受免征、减征企业所得税待遇的企业，应当将从事的行业、主要产品名称和确定的经营期等情况报主管税务机关审核，未经审核同意的，不得享受免征、减征企业所得税待遇。

还可以考虑，在低税率地区设立子公司；通过经营行业的选择或兴办高新技术企业等享受低税率。

【例 5－6】 某科技公司 2017 年 8 月开业，当年每月实现利润为 5 万元，2017 年预计可实现利润 200 万元。该企业如何进行纳税筹划?

【解析】 如果选择当年为免税期，则当年不交所得税为 $5\times5\times33\%=8.25$（万元），第二年应交税 $200\times33\%=66$（万元）；如果选择第二年为免税期，则可节税 $66-8.25=57.75$（万元）。

注意：如果当年经营期不到半年，可申请当年交税第二年起才免税，但如果企业选择该办法，一旦次年发生亏损，其上一年度已交的企业所得税不给予退还，年度亏损也应计算为免税执行期限，其亏损额只能留在以后年度的纳税所得中给予抵扣。

【小结】

本项目主要介绍了我国企业所得税法的概念及税目、税率，应纳税额的计算方法以及企业所得税征收管理的相关规定。

【相关阅读】

新企业所得税法精神

一、新企业所得税法及其实施条例的制定背景

为进一步完善社会主义市场经济体制，适应经济社会发展新形势的要求，为各类企业创造公平竞争的税收环境，根据党的十六届三中全会关于“统一各类企业税收制度”的精神，2007 年 3 月 16 日，第十届全国人民代表大会第五次会议审议通过了《中华人民共和国企业所得税法》（以下简称新《企业所得税法》），同日胡锦涛主席签署中华人民共和国主席令第 63 号，自 2008 年 1 月 1 日起施行。

新《企业所得税法》第 59 条规定，国务院根据本法制定实施条例。为了保障新企业所得税法的顺利实施，财政部、税务总局、国务院法制办会同有关部门根据新企业所得税法规定，认真总结实践经验，充分借鉴国际惯例，对需要在实施条例中明确的重要概念、重大税收政策以及征管问题作了深入研究论证，在此基础上起草了《中华人民共和国企业所得税法实施条例（草案）》，报送国务院审议。2007 年 11 月 28 日，国务院第 197 次常务会议审议原则通过。12 月 6 日，温家宝总理签署国务院令第 512 号，正式发布《中华人民共和国企业所得税法实施条例》（以下简称《实施条例》），自 2008 年 1 月 1 日起与新《企业所得税法》同步实施。

二、新企业所得税法及其实施条例与原税法相比的重大变化

与外商投资企业和外国企业所得税法及其实施细则、企业所得税暂行条例相比，新企业所得税法及其实施条例的重大变化，表现在以下方面：一是法律层次得到提升，改变了过去内资企业所得税以暂行条例（行政法规）形式立法的做法；二是制度体系更加完整，在完善所得税制基本要素的基础上，充实了反避税等内容；三是制度规定更加科学，借鉴国际通行的所得税处理办法和国际税制改革新经验，在纳税人分类及义务的判定、税率的设置、税前扣除的规范、优惠政策的调整、反避税规则的引入等方面，体现了国际惯例和前瞻性；四是更加符合我国经济发展状况，根据我国经济社会发展的新要求，建立税收优惠政策新体系，实施务实的过渡优惠措施，服务我国经济社会发展。

三、新企业所得税法及其实施条例的主要内容

新企业所得税法实现了五个方面的统一，并规定了两个方面的过渡政策。具体是：统一税法并适用于所有内外资企业，统一并适当降低税率，统一并规范税前扣除范围和标准，统一并规范税收优惠政策，统一并规范税收征管要求。除了上述“五个统一”外，新企业所得税法规定了两个方面的过渡优惠政策。一是对新税法公布前已经批准设立、享受企业所得税低税率和定期减免税优惠的老企业，给予过渡性照顾。二是对法律设置的发展对外经济合作和技术交流的特定地区内，以及国务院已规定执行上述地区特殊政策的地区内新设立的国家需要重点扶持的高新技术企业，给予过渡性税收优惠。同时，国家已确定的其他鼓励类企业，可以按照国务院规定享受减免税优惠政策。

为了保证新企业所得税法的可操作性，实施条例按照新企业所得税法的框架，对新企业所得税法的规定逐条逐项细化，明确了重要概念、重大政策以及征管问题。主要内容包括：一是明确了界定新企业所得税法的若干重要概念，如实际管理机构、公益性捐赠、非营利组织、不征税收入、免税收入等；二是进一步明确了企业所得税重大政策，具体包括：收入、扣除的具体范围和标准，资产的税务处理，境外所得税抵免的具体办法，优惠政策的具体项目范围、优惠方式和优惠管理办法等；三是进一步规范了企业所得税征收管理的程序性要求，具体包括特别纳税调整中的关联交易调整、预约定价、受控外国公司、资本弱化等措施的范围、标准和具体办法，纳税地点，预缴税和汇算清缴方法，纳税申报期限，货币折算等。

四、新企业所得税制度体系建设的总体设想

新企业所得税法及其实施条例出台后，对企业所得税的基本税制要素、重大政策问题以及主要的税收处理作了明确，但由于企业所得税涉及各行各业，与企业生产经营的方方面面密切相关，还无法做到对所有企业、所有经济交易事项的所得税处理逐一规定。比如实施条例中仅规定了企业重组的所得税处理原则，没有对各种形式的企业重组的所得税处理予以具体明确；居民企业汇总纳税的所得税管理也没有作具体规定。因此，针对企业所得税制度的特点，结合我国20多年的税收立法实践，新企业所得税法及其实施条例出台后，国务院财政、税务主管部门还将根据新企业所得税法及其实施条例的规定，针对一些具体的操作性问题，研究制定部门规章和具体操作的规范性文件，作为新企业所得税法及其实施条例的配套制度。通过这样制度安排，形成企业所得税法律、行政法规和规章及其规范性文件的三个层次的制度框架，形成一个体系完备、符合国际惯例、便于操作的企业所得税制度体系。

五、纳税人范围的确定

考虑到实践中从事生产经营经济主体的组织形式多样，为充分体现税收公平、中性的原则，新企业所得税法及其实施条例改变过去内资企业所得税以独立核算的三个条件来判定纳税人标准的做法，将以公司制和非公司制形式存在的企业和取得收入的组织确定为企业所得税纳税人，具体包括国有企业、集体企业、私营企业、联营企业、股份制企业、中外合资经营企业、中外合作经营企业、外国企业、外资企业、事业单位、社会团体、民办非企业单位和从事经营活动的其他组织，保持与国际上大多数国家的做法协调一致。

同时考虑到个人独资企业、合伙企业属于自然人性质企业，没有法人资格，股东承担无限责任，因此，新企业所得税法及其实施条例将依照中国法律、行政法规成立的个人独资企业、合伙企业排除在企业所得税纳税人之外。

六、纳税人和纳税义务的确定

税收管辖权是一国政府在税收管理方面的主权，是国家主权的重要组成部分。为了更好地有效行使我国税收管辖权，最大限度地维护我国的税收利益，新企业所得税法根据国际通行做法，选择了地域管辖权和居民管辖权相结合的双重管辖权标准，把纳税人分为居民企业和非居民企业，分别确定不同的纳税义务。居民企业承担全面纳税义务，就来源于我国境内、境外的全部所得纳税；非居民企业承担有限纳税义务，一般只就来源于我国境内的所得纳税。

新企业所得税法划分居民企业和非居民企业采用“注册地标准”和“实际管理机构标准”的双重标准。实施条例根据注册地标准，将依法在中国境内成立的企业，具体界定为依照中国法律、行政法规在中国境内成立的企业、事业单位、社会团体以及其他取得收入的组织，为居民企业。尽管登记注册地标准便于识别居民企业身份，但同时考虑到目前许多企业为规避一国税负和转移税收负担，往往在低税率地区或避税港注册登记，设立基地公司，人为选择注册地以规避税收负担，因此，新企业所得税法同时采用实际管理机构标准，规定在外国（地区）注册的企业，但实际管理机构在我国境内的，也认定为居民企业，需承担无限纳税义务。实施条例对实际管理机构的概念作了界定，即实际管理机构是指对企业的生产经营、人员、账务、财产等实施实质性全面管理和控制的机构。

资料来源：北京市国家税务局网站。

【课后训练】

一、单选题

1. 依据《企业所得税法》的规定，下列各项中，按照分配所得的企业所在地确定所得来源地的是（　　）。

A. 提供劳务所得　　B. 权益性投资资产转让所得

C. 权益性投资所得　　D. 特许权使用费所得

2. 下列情况属于外部移送资产，需缴纳企业所得税的有（　　）。

A. 用于职工奖励或福利　　B. 将资产在总机构及其分支机构之间转移

C. 改变资产形状、结构或性能　　D. 将资产用于生产、制造、加工另一产品

3. 下列各项中，属于应纳税所得额收入组成部分的收入是（　　）。

A. 销售货物收入　　B. 财政补助　　C. 行政事业性收费　　D. 政府性基金

4. 计算应纳税所得额时，准予扣除的支出项目是（　　）。

A. 税收滞纳金　　B. 企业所得税税款

C. 企业对外投资期间投资资产的成本　　D. 工资

5. 下列不属于流转税法的是（　　）。

A. 增值税　　B. 企业所得税　　C. 消费税　　D. 营业税

6. 某公司2014年度实现会计利润总额30万元。经某注册税务师审核，“财务费用”账户中列支有两笔利息费用：向银行借入生产用资金100万元，借用期限6个月，支付借款利息3万元；经过批准向本企业职工借入生产用资金80万元，借用期限9个月，支付借款利息4万元。该公司2014年度的应纳税所得额为（　　）万元。

A. 20　　B. 30　　C. 31　　D. 30.4

7. 某企业2014年销售收入1 000万元，年实际发生业务招待费10万元，该企业当可在所得税前列支的业务招待费金额是（　　）万元。

A. 5　　B. 6　　C. 8　　D. 10

8. 2014年某企业当年实现自产货物销售收入500万元，当年发生计入销售费用中的广告费60万元，企业上年还有35万元的广告费没有在税前扣除，企业当年可以税前扣除的广告费是（　　）万元。

A. 15　　B. 60　　C. 75　　D. 95

9. 下列各项中，能作为业务招待费税前扣除限额计提依据的是（　　）。

A. 销售货物收入　　B. 债务重组收入

C. 转让无形资产所有权的收入　　D. 确实无法偿付的应付款项

10. 某企业2014年销售收入1 000万元，年实际发生业务招待费10万元，该企业当可在所得税前列支的业务招待费金额是（　　）万元。

A. 5　　B. 6　　C. 8　　D. 10

二、多选题

1. 依据新《企业所得税法》的规定，下列企业属于企业所得税纳税人的有（　　）。

A. 依照中国法律在中国境内成立的私营企业

B. 依照中国法律在中国境内成立的个人独资企业

C. 依照外国法律成立但实际管理机构在中国境内的企业

D. 依照外国法律成立未在境内设立机构但有来源于中国境内所得的企业

E. 依照外国法律成立有来源中国境内所得的个人独资企业

2. 根据企业所得税法律制度的规定，下列收入中，属于企业所得税不征税收入的有（　　）。

A. 财政拨款　　B. 国债利息收入　　C. 物资及现金溢余

D. 依法收取并纳入财政管理的政府性基金　　E. 符合条件的非营利组织收入

3. 关于企业所得税收入确认时间的正确表述有（　　）。

A. 股息、红利等权益性投资收益，以投资方收到分配金额作为收入的实现

B. 利息收入，按照合同约定的债务人应付利息的日期确认收入的实现

C. 租金收入，在实际收到租金收入时确认收入的实现

D. 接受捐赠收入，在实际收到捐赠资产时确认收入的实现

E. 特许权使用费收入，在实际收到时确认收入的实现

4. 下列可以在所得税前扣除税金的包括（　　）。

A. 购买存货允许抵扣的增值税　　B. 出口关税

C. 购置摩托车不得抵扣的增值税　　D. 企业所得税　　E. 消费税

5. 企业缴纳的下列保险金可以在税前直接扣除的有（　　）。

A. 为特殊工种的职工支付的人身安全保险费

B. 为没有工作的董事长夫人缴纳的社会保险费用

C. 为投资者或者职工支付的商业保险费

D. 企业为投资者支付的补充养老保险

6. 根据企业所得税法的规定，在计算企业所得税应纳税所得额时，下列项目不得在企业所得税税前扣除的有（　　）。

A. 外购货物管理不善发生的损失　　B. 违反法律被司法部门处以的罚金

C. 非广告性质的赞助支出　　D. 银行按规定加收的罚息

7. 根据企业所得税的相关规定，在计算应纳税所得额时不得扣除的项目有（　　）。

A. 向母公司支付的管理费　　B. 业务招待费支出

C. 企业违反销售协议被采购方索取的罚款　　D. 被税务机关征收的税收滞纳金

E. 为企业子女入托支付给幼儿园的非广告性质赞助支出

8. 下列各项中，属于企业所得税征收税范围的有（　　）。

A. 居民企业来源于境外的所得

B. 设立机构、场所的非居民企业，其机构、场所来源于中国境内的所得

C. 未设立机构、场所的非居民企业来源于中国境外的所得

D. 居民企业来源于中国境内的所得

9. 根据企业所得税的规定，以下适用25%税率的是（　　）。

A. 在中国境内的居民企业

B. 在中国境内设有机构场所，且所得与其机构、场所有关联的非居民企业

C. 在中国境内设有机构场所，但所得与其机构、场所没有实际联系的非居民企业

D. 在中国境内未设立机构场所的非居民企业

10. 纳税人下列行为应视同销售确认所得税收入的有（　　）。

A. 将货物用于投资　　B. 将商品用于捐赠

C. 将产品用于集体福利　　D. 将产品用于在建工程

三、判断题

1. 非居民企业在中国境内设立机构、场所的，应当就其所设机构、场所取得的来源于中国境内的所得，缴纳企业所得税，税率为20%。（　　）

2. 股息红利等权益性投资所得，按照实际投资的企业所在地确定。（　　）

3. 公允价值是指按照市场价格确定的价值。（　　）

4. 企业在纳税年度内无论盈利或亏损，都应依照《企业所得税法》规定的期限，向税务机关办理纳税申报手续。（　　）

5. 外购商誉的支出，在企业整体转让或者清算时，准予扣除。（　　）

6. 企业的不征税收入用于支出所形成的费用或财产，不得扣除或者计算对应的折旧、摊销扣除。（　　）

7. 企业发生的劳动保护支出，全部准予扣除。（　　）

8. 企业发生的职工教育经费支出，不超过工资薪金总额2.5%的部分，准予扣除；超过部分，不准予在以后纳税年度结转扣除。（　　）

9. 在计算应纳税所得额时，企业财务、会计处理办法与税收法律、行政法规的规定不一致的，应当依照财务、会计处理办法的规定计算。（　　）

10. 计算企业所得税时，企业纳税年度的亏损准予向以后年度结转，用以后年度的所得弥补，但结转年限最长不得超过3年。（　　）

四、综合题

1. 某洗衣机厂为居民纳税企业，某纳税年度实际发生的工资薪金支出为300万元，本期“三项经费”实际发生额为45万元，其中福利费为30万元、拨缴的工会经费为6万元，已取得工会拨缴收据，实际发生职工教育经费9万元。求该企业在计算企业所得税时允许扣除的“三项经费”支出。

2. 2017年度，某企业财务资料显示，2017年开具增值税专用发票取得收入2 000万元，另外从事运输服务，收入220万元。收入对应的销售成本和运输成本合计为1 550万元，期间费用、税金及附加为200万元，营业外支出100万元（其中90万元为公益性捐赠支出），上年度企业经税务机关核定的亏损为30万元。企业在所得税前可以扣除的捐赠支出为多少万元?

3. 某居民企业2017年实际支出的工资、薪金总额为150万元，福利费本期发生30万元，拨缴的工会经费3万元，已经取得工会拨缴收据，实际发生职工教育经费4.50万元，该企业在计算2017年应纳税所得额时，应调整的应纳税所得额为多少元?

4. 某企业，2017年经营情况如下：

（1）取得产品销售收入2 000万元。

（2）准予扣除的产品销售成本1 200万元。

（3）产品销售费用160万元，其中广告费用50万元；管理费用240万元，其中业务招待费20万元；不需资本化的借款利息80万元，其中40万元为向非金融机构借款发生的利息，年利率为5.5%，同期金融机构贷款年利率为5%。

（4）应缴纳的增值税税额为60万元，其他销售税费160万元。

（5）营业外支出30万元，其中通过县政府向山区某农村义务教育捐款10万元，直接向遭受自然灾害的学校捐款5万元，缴纳税收滞纳金1万元。

要求：根据税法规定，计算该企业2017年应纳的企业所得税。

项目六　个人所得税

【学习目标】

1. 掌握个人所得税的纳税义务人、应税项目和税率；
2. 熟悉个人所得税减免政策；
3. 掌握个人所得税应纳税额的计算；
4. 熟悉个人所得税征收管理相关规定。

【案例导入】

某公司新职员小王在拿到第一个月工资单时，看到工资单上列明代扣个人所得税 50 元，他想：依法纳税是每个公民的光荣义务，那如何做到明明白白纳税呢？这就需要了解个人所得税的纳税义务人、应税项目、税率、应纳税额的计算方法及税收减免政策和征收管理的相关规定。

任务二十二　认识个人所得税

一、个人所得税的概念

个人所得税是调整征税机关与自然人之间在个人所得税的征纳与管理过程中所发生的社会关系的法律规范的总称。

个人所得税是对自然人（包括个人和具有自然人性质的企业）取得的各项应税所得征收的一种所得税。

【相关阅读】

一、我国个人所得税制度于何时建立

党的十一届三中全会以后，随着改革开放方针的贯彻落实，我国对外贸易、对外经济交往、对外文化技术交流与合作的不断扩大，外籍人员到中国工作、提供劳务并取得各种收入的情况日益增多，为了维护我国税收权益，遵循国际惯例，需相应制定对个人所得征税的法律和法规。为此，1980 年 9 月 10 日第五届全国人民代表大会第三次会议审议通过了《中华人民共和国个人所得税法》，并同时公布实施。同年 12 月 14 日，经国务院批准，财政部公布了个人所得税法施行细则。从此，我国的个人所得税制度开始建立。

二、我国个人所得税制度从建立以来经过几轮调整

为了有效调节不同社会成员间收入水平的差距，国务院于 1986 年分别发布了《城乡个体工商户所得税暂行条例》和《个人收入调节税暂行条例》，与《中华人民共和国个人所得

税法》形成我国个人所得课税三足鼎立的局面。

为更好地适应建立社会主义市场经济体制的要求，建立一部统一的既适应中、外籍纳税人，也适应于个体工商户和其他人员的新的个人所得税法，1993 年 10 月 31 日第八届全国人民代表大会常务委员会第四次会议通过了《关于修改〈中华人民共和国个人所得税法〉的决定》，对个人所得税法进行了修订，将原来的个人所得税、个人收入调节税和城乡个体工商业户所得税三个个人所得课税的法律、法规进行修改和合并。1994 年 1 月 28 日国务院第 142 号令发布《中华人民共和国个人所得税法实施条例》。

为了鼓励消费，启动内需，刺激经济增长，1999 年 8 月 30 日第九届全国人民代表大会常务委员会第十一次会议通过了第二次修正的《中华人民共和国个人所得税法》，对个人取得的储蓄存款利息所得开征个人所得税，税率为 20%。

随着居民生活水平的不断提高，原有的费用扣除标准已经不能适应新形势的要求，2005 年 10 月第十届全国人民代表大会常务委员会第十八次会议通过《关于修改〈中华人民共和国个人所得税法〉的决定》，将费用扣除标准自 800 元提升至 1 600 元（自 2006 年 1 月 1 日起执行）。

随着我国物价水平的上涨，2005 年制定的费用扣除标准已经难以跟上当时的物价水平，2007 年 12 月第十届全国人民代表大会常务委员会第三十一次会议通过《关于修改〈中华人民共和国个人所得税法〉的决定》，将费用扣除标准自 1 600 元提升至 2 000 元（自 2008 年 3 月 1 日起执行）。

为进一步降低中低收入者税收负担，强化税收对收入分配的调节作用，2011 年 6 月 30 日，第十一届全国人大常委会第二十一次会议通过《关于修改〈中华人民共和国个人所得税法〉的决定》，对减除费用标准、税率表、申报时间等方面都进行了调整，使个人所得税法向着“提低、扩中、调高”的改革目标进一步完善（自 2011 年 9 月 1 日起执行）。

资料来源：上海市税务局，http：//www. csj. sh. gov. cn/pub/bsfw/bszn/sszcczzn/201204/t20120410_390219. html.

二、个人所得税纳税义务人

1. 纳税义务人。在中国境内有住所，或者无住所而在境内居住满一年，从中国境内和境外取得所得的个人；在中国境内无住所又不居住或者无住所而在境内居住不满一年，从中国境内取得所得的个人，均为个人所得税的纳税义务人。具体包括：中国公民、个体工商户；中国香港、中国澳门、中国台湾同胞；外籍个人。

下列所得，不论支付地点是否在中国境内，均为来源于中国境内的所得：（1）因任职、受雇、履约等而在中国境内提供劳务取得的所得；（2）将财产出租给承租人在中国境内使用而取得的所得；（3）转让中国境内的建筑物、土地使用权等财产或者在中国境内转让其他财产取得的所得；（4）许可各种特许权在中国境内使用而取得的所得；（5）从中国境内的公司、企业以及其他经济组织或者个人取得的利息、股息、红利所得。

2. 居民纳税人和非居民纳税人的纳税义务。个人所得税将纳税业务人以其常住地和居住时间为标准分为居民纳税人和非居民纳税人。

(1) 居民纳税义务人。在中国境内有住所，或者无住所而在境内居住满 1 年的个人，是居民纳税义务人，应当承担无限纳税义务，即就其在中国境内和境外取得的所得，依法缴纳个人所得税。

在中国境内有住所的个人，是指因户籍、家庭、经济利益关系而在中国境内习惯性居住的个人。在境内居住满一年，是指在一个纳税年度中在中国境内居住 365 日。在一个纳税年度中离境，一次不超过 30 日或者多次累计不超过 90 日的属临时离境，不扣减日数。

(2) 非居民纳税人。在中国境内无住所又不居住或者无住所而在境内居住不满 1 年的个人，是非居民纳税义务人，承担有限纳税义务，仅就其从中国境内取得的所得，依法缴纳个人所得税。

三、个人所得税的应税项目

1. 工资、薪金所得。工资、薪金所得是指个人因任职或者受雇而取得的工资、薪金、奖金、年终加薪、劳动分红、津贴、补贴以及与任职或者受雇有关的其他所得。

2. 个体工商户的生产、经营所得。个体工商户的生产、经营所得包括：(1) 个体工商户从事工业、手工业、建筑业、交通运输业、商业、饮食业、服务业、修理业以及其他行业生产、经营取得的所得；(2) 个人经政府有关部门批准，取得执照，从事办学、医疗、咨询以及其他有偿服务活动取得的所得；(3) 其他个人从事个体工商业生产、经营取得的所得；(4) 上述个体工商户和个人取得的与生产、经营有关的各项应纳税所得。

3. 对企事业单位的承包经营、承租经营所得。对企事业单位的承包经营、承租经营所得是指个人承包经营、承租经营以及转包、转租取得的所得，包括个人按月或者按次取得的工资、薪金性质的所得。

4. 劳务报酬所得。劳务报酬所得是指个人从事设计、装潢、安装、制图、化验、测试、医疗、法律、会计、咨询、讲学、新闻、广播、翻译、审稿、书画、雕刻、影视、录音、录像、演出、表演、广告、展览、技术服务、介绍服务、经纪服务、代办服务以及其他劳务取得的所得。

5. 稿酬所得。稿酬所得是指个人因其作品以图书、报刊形式出版、发表而取得的所得。

6. 特许权使用费所得。特许权使用费所得是指个人提供专利权、商标权、著作权、非专利技术以及其他特许权的使用权取得的所得；提供著作权的使用权取得的所得，不包括稿酬所得。

7. 利息、股息、红利所得。利息、股息、红利所得是指个人拥有债权、股权而取得的利息、股息、红利所得。

8. 财产租赁所得。财产租赁所得是指个人出租建筑物、土地使用权、机器设备、车船以及其他财产取得的所得。

9. 财产转让所得。财产转让所得是指个人转让有价证券、股权、建筑物、土地使用权、机器设备、车船以及其他财产取得的所得。

10. 偶然所得。偶然所得是指个人得奖、中奖、中彩以及其他偶然性质的所得。

个人所得的形式，包括现金、实物、有价证券和其他形式的经济利益。所得为实物的，应当按照取得的凭证上所注明的价格计算应纳税所得额，无凭证的实物或者凭证上所注明的价格明显偏低的，参照市场价格核定应纳税所得额；所得为有价证券的，根据票面价格和市场价格核定应纳税所得额；所得为其他形式的经济利益的，参照市场价格核定应纳税所得额。个人取得的所得，难以界定应纳税所得项目的，由主管税务机关确定。

四、个人所得税的税率

1. 工资、薪金所得，适用3% ~45%的超额累进税率，如表6－1所示。

表6－1　　工资、薪金所得税税率

级数	全月应纳税所得额	税率（%）	速算扣除数
1	不超过1 500元的部分	3	0
2	超过1 500 ~4 500元的部分	10	105
3	超过4 500 ~9 000元的部分	20	555
4	超过9 000 ~35 000元的部分	25	1 005
5	超过35 000 ~55 000元的部分	30	2 755
6	超过55 000 ~80 000元的部分	35	5 505
7	超过80 000元的部分	45	13 505

注：本表所称全月应纳税所得额是指依照《中华人民共和国个人所得税法》第6条的规定，以每月收入额减除费用3 500元和附加减除费用后的余额。

2. 个体工商户、个人独资企业和合伙企业的生产、经营所得和对企事业单位的承包经营、承租经营所得，适用5% ~35%的超额累进税率，如表6－2所示。

表6－2　　个体工商户生产经营所得税税率

级数	全年应纳税所得额	税率（%）	速算扣除数
1	不超过15 000元的部分	5	0
2	超过15 000 ~30 000元的部分	10	750
3	超过30 000 ~60 000元的部分	20	3 750
4	超过60 000 ~100 000元的部分	30	9 750
5	超过100 000元的部分	35	14 750

3. 稿酬所得，适用比例税率，税率为20%，并按应纳税额减征30%。实际税率为14%。

4. 劳务报酬所得，适用比例税率，税率为20%。对劳务报酬所得一次收入畸高的，可以实行加成征收，即个人一次取得劳务报酬，其应纳税所得额超过2万~5万元的部分，依照税法规定计算应纳税额后再按照应纳税额加征五成；超过5万元的部分，加征十成。如表6－3所示。

表 6－3　劳务报酬所得税税率

级数	每次应纳税所得额	税率（%）	速算扣除数
1	不超过 20 000 元的部分	20	0
2	超过 20 000 ~ 50 000 元的部分	30	2 000
3	超过 50 000 元的部分	40	7 000

5. 特许权使用费所得，利息、股息、红利所得，财产租赁所得，财产转让所得，偶然所得和其他所得，适用比例税率，税率为 20%。

五、个人所得税的免征和减征

1. 下列各项个人所得，免纳个人所得税。（1）省级人民政府、国务院部委和中国人民解放军军以上单位，以及外国组织、国际组织颁发的科学、教育、技术、文化、卫生、体育、环境保护等方面的奖金；（2）国债和国家发行的金融债券利息；（3）按照国家统一规定发给的补贴、津贴；（4）福利费、抚恤金、救济金；（5）保险赔款；（6）军人的转业费、复员费；（7）按照国家统一规定发给干部、职工的安家费、退职费、退休工资、离休工资、离休生活补助费；（8）依照我国有关法律规定应予免税的各国驻华使馆、领事馆的外交代表、领事官员和其他人员的所得；（9）中国政府参加的国际公约、签订的协议中规定免税的所得；（10）经国务院财政部门批准免税的所得。

2. 减征个人所得税的情况。有下列情形之一的，经批准可以减征个人所得税，减征的幅度和期限由省、自治区、直辖市人民政府规定。（1）残疾、孤老人员和烈属的所得；（2）因严重自然灾害造成重大损失的；（3）其他经国务院财政部门批准减税的。

【相关阅读】

关于将商业健康保险个人所得税试点政策推广到全国范围实施的通知

（财税〔2017〕39 号）

各省、自治区、直辖市、计划单列市财政厅（局）、地方税务局、保监局，新疆生产建设兵团财务局：

自 2017 年 7 月 1 日起，将商业健康保险个人所得税试点政策推广到全国范围实施。现将有关问题通知如下：

一、关于政策内容

对个人购买符合规定的商业健康保险产品的支出，允许在当年（月）计算应纳税所得额时予以税前扣除，扣除限额为 2 400 元/年（200 元/月）。单位统一为员工购买符合规定的商业健康保险产品的支出，应分别计入员工个人工资薪金，视同个人购买，按上述限额予以扣除。

2 400 元/年（200 元/月）的限额扣除为个人所得税法规定减除费用标准之外的扣除。

二、关于适用对象

适用商业健康保险税收优惠政策的纳税人，是指取得工资薪金所得、连续性劳务报酬所得的个人，以及取得个体工商户生产经营所得、对企事业单位的承包承租经营所得的个体工商户业主、个人独资企业投资者、合伙企业合伙人和承包承租经营者。

三、关于商业健康保险产品的规范和条件

符合规定的商业健康保险产品，是指保险公司参照个人税收优惠型健康保险产品指引框架及示范条款开发的、符合下列条件的健康保险产品：

（一）健康保险产品采取具有保障功能并设立有最低保证收益账户的万能险方式，包含医疗保险和个人账户积累两项责任。被保险人个人账户由其所投保的保险公司负责管理维护。

（二）被保险人为16周岁以上、未满法定退休年龄的纳税人群。保险公司不得因被保险人既往病史拒保，并保证续保。

（三）医疗保险保障责任范围包括被保险人医保所在地基本医疗保险基金支付范围内的自付费用及部分基本医疗保险基金支付范围外的费用，费用的报销范围、比例和额度由各保险公司根据具体产品特点自行确定。

（四）同一款健康保险产品，可依据被保险人的不同情况，设置不同的保险金额，具体保险金额下限由保监会规定。

（五）健康保险产品坚持“保本微利”原则，对医疗保险部分的简单赔付率低于规定比例的，保险公司要将实际赔付率与规定比例之间的差额部分返还到被保险人的个人账户。

根据目标人群已有保障项目和保障需求的不同，符合规定的健康保险产品共有三类，分别适用于：(1) 对公费医疗或基本医疗保险报销后个人负担的医疗费用有报销意愿的人群；(2) 对公费医疗或基本医疗保险报销后个人负担的特定大额医疗费用有报销意愿的人群；(3) 未参加公费医疗或基本医疗保险，对个人负担的医疗费用有报销意愿的人群。

符合上述条件的个人税收优惠型健康保险产品，保险公司应按《保险法》规定程序上报保监会审批。

四、关于税收征管

（一）单位统一组织为员工购买或者单位和个人共同负担购买符合规定的商业健康保险产品，单位负担部分应当实名计入个人工资薪金明细清单，视同个人购买，并自购买产品次月起，在不超过200元/月的标准内按月扣除。一年内保费金额超过2 400元的部分，不得税前扣除。以后年度续保时，按上述规定执行。个人自行退保时，应及时告知扣缴单位。个人相关退保信息保险公司应及时传递给税务机关。

（二）取得工资薪金所得或连续性劳务报酬所得的个人，自行购买符合规定的商业健康保险产品的，应当及时向代扣代缴单位提供保单凭证。扣缴单位自个人提交保单凭证的次月起，在不超过200元/月的标准内按月扣除。一年内保费金额超过2 400元的部分，不得税前扣除。以后年度续保时，按上述规定执行。个人自行退保时，应及时告知扣缴义务人。

（三）个体工商户业主、企事业单位承包承租经营者、个人独资和合伙企业投资者自行购买符合条件的商业健康保险产品的，在不超过2 400元/年的标准内据实扣除。一年内保费金额超过2 400元的部分，不得税前扣除。以后年度续保时，按上述规定执行。

五、关于部门协作

商业健康保险个人所得税税前扣除政策涉及环节和部门多，各相关部门应密切配合，切实落实好商业健康保险个人所得税政策。

（一）财政、税务、保监部门要做好商业健康保险个人所得税优惠政策宣传解释，优化服务。税务、保监部门应建立信息共享机制，及时共享商业健康保险涉税信息。

（二）保险公司在销售商业健康保险产品时，要为购买健康保险的个人开具发票和保单凭证，载明产品名称及缴费金额等信息，作为个人税前扣除的凭据。保险公司要与商业健康保险信息平台保持实时对接，保证信息真实准确。

（三）扣缴单位应按照本通知及税务机关有关要求，认真落实商业健康保险个人所得税前扣除政策。

（四）保险公司或商业健康保险信息平台应向税务机关提供个人购买商业健康保险的相关信息，并配合税务机关做好相关税收征管工作。

六、关于实施时间

本通知自2017年7月1日起执行。自2016年1月1日起开展商业健康保险个人所得税政策试点的地区，自2017年7月1日起继续按本通知规定的政策执行。《财政部　国家税务总局　保监会关于开展商业健康保险个人所得税政策试点工作的通知》（财税〔2015〕56号）、《财政部　国家税务总局　保监会关于实施商业健康保险个人所得税政策试点的通知》（财税〔2015〕126号）同时废止。

财政部　国家税务总局　保监会

2017年4月28日

【相关阅读】

李克强：今年将提高个人所得税起征点

中国网新闻3月5日讯（记者 吴佳潼）十三届全国人大一次会议今日在北京开幕。国务院总理李克强作政府工作报告。

李克强表示，今年将提高个人所得税起征点，增加子女教育、大病医疗等专项费用扣除，合理减负，鼓励人民群众通过劳动增加收入、迈向富裕。

资料来源：中国网2018－03－05，责任编辑：张艳玲。

任务二十三　个人所得税应纳税额的计算

一、工资、薪金所得

1. 工资、薪金所得以每月收入额减除费用3 500元的余额，为应纳税所得额。

$$\begin{aligned}\text{应纳税额} &= \text{应纳税所得额} \times \text{适用税率} - \text{速算扣除数} \\ &= (\text{每月收入额} - 3\,500\text{元}) \times \text{适用税率} - \text{速算扣除数}\end{aligned}$$

2. 对在中国境内无住所而在中国境内取得工资、薪金所得的纳税义务人和在中国境内有住所而在中国境外取得工资、薪金所得的纳税义务人，每月在减除3 500元费用的基础上，再减除附加减除费用1 300元。

附加减除费用适用的范围，包括：（1）在中国境内的外商投资企业和外国企业中工作的外籍人员；(2) 应聘在中国境内的企业、事业单位、社会团体、国家机关中工作的外籍专家；(3) 在中国境内有住所而在中国境外任职或者受雇取得工资、薪金所得的个人；(4) 国务院财政、税务主管部门确定的其他人员。

3. 每月收入额不含单位为个人缴付的和个人缴付的基本养老保险费、基本医疗保险费、失业保险费、住房公积金等免税项目。

【例6－1】李明是一家公司的职员，月薪6 000元，本月公司为其代扣代缴五险一金1 200元。本月李明应缴个人所得税多少元？

【解析】计算应纳税所得额时应将五险一金扣除。

本月应纳税所得额＝6 000－3 500－1 200＝1 300（元）

本月应纳税额＝1 300×3%＝39（元）

二、个体工商户的生产、经营所得

个体工商户的生产、经营所得以每一纳税年度的收入总额减除成本、费用以及损失后的余额，为应纳税所得额。成本、费用，是指纳税义务人从事生产、经营所发生的各项直接支出和分配计入成本的间接费用以及销售费用、管理费用、财务费用；损失，是指纳税义务人在生产、经营过程中发生的各项营业外支出。

上述所称生产、经营所得，包括企业分配给投资者个人的所得和企业当年留存的所得(利润)。

应纳税额＝应纳税所得额×适用税率－速算扣除数
＝(全年收入总额－成本、费用以及损失)×适用税率－速算扣除数

从事生产、经营的纳税义务人未提供完整、准确的纳税资料，不能正确计算应纳税所得额的，由主管税务机关核定其应纳税所得额。

三、对企事业单位的承包经营、承租经营所得

对企事业单位的承包经营、承租经营所得，以每一纳税年度的收入总额，减除必要费用后的余额，为应纳税所得额。这里所说的每一纳税年度的收入总额，是指纳税义务人按照承包经营、承租经营合同规定分得的经营利润和工资、薪金性质的所得；所说的减除必要费用，是指按月减除3 500元。

应纳税额＝应纳税所得额×适用税率－速算扣除数
＝(纳税年度收入总额－必要费用)×适用税率－速算扣除数

四、劳务报酬所得、稿酬所得、特许权使用费所得、财产租赁所得

劳务报酬所得、稿酬所得、特许权使用费所得、财产租赁所得每次收入不超过4 000元的，减除费用800元；每次收入4 000元以上的，减除20%的费用，其余额为应纳税所得额。

劳务报酬所得，属于一次性收入的，以取得该项收入为一次；属于同一项目连续性收入

的，以一个月内取得的收入为一次。

稿酬所得，以每次出版、发表取得的收入为一次。

特许权使用费所得，以一项特许权的一次许可使用所取得的收入为一次。

财产租赁所得，以一个月内取得的收入为一次。

1. 每次收入不足4 000元的：

$$应纳税额=(每次收入额-800元)\times 20\%$$

2. 每次收入超过4 000元的：

$$应纳税额=每次收入额\times(1-20\%)\times 20\%$$

【例6-2】某农业学校张老师在2014年10月给农户进行技术指导获得报酬800元，指导其他学校学生论文获得3 000元。张老师该月应缴纳个人所得税是多少元？

【解析】

技术指导应纳税额$=(800-800)\times 20\%=0$

论文指导应纳税额$=(3\ 000-800)\times 20\%=440$（元）

张老师10月应缴个人所得税额$=0+440=440$（元）

五、财产转让所得

财产转让所得以转让财产的收入额减除财产原值和合理费用后的余额，为应纳税所得额。这里所说的财产原值，是指：

1. 有价证券，为买入价以及买入时按照规定交纳的有关费用。
2. 建筑物，为建造费或者购进价格以及其他有关费用。
3. 土地使用权，为取得土地使用权所支付的金额、开发土地的费用以及其他有关费用。
4. 机器设备、车船，为购进价格、运输费、安装费以及其他有关费用。
5. 其他财产，参照以上方法确定。

纳税义务人未提供完整、准确的财产原值凭证，不能正确计算财产原值的，由主管税务机关核定其财产原值。

这里所说的合理费用，是指卖出财产时按照规定支付的有关费用。

$$\begin{aligned}应纳税额&=应纳税所得额\times 20\%\\&=(转让财产的收入额-财产原值-合理费用)\times 20\%\end{aligned}$$

六、利息、股息、红利所得，偶然所得和其他所得

利息、股息、红利所得，偶然所得和其他所得，以每次收入额为应纳税所得额。

$$应纳税额=应纳税所得额\times 20\%=每次收入额\times 20\%$$

七、其他相关规定

1. 个人将其所得通过中国境内的社会团体、国家机关向教育和其他社会公益事业以及

遭受严重自然灾害地区、贫困地区的捐赠。捐赠额未超过纳税义务人申报的应纳税所得额30%的部分，可以从其应纳税所得额中扣除。

2. 两个或者两个以上的个人共同取得同一项目收入的，应当对每个人取得的收入分别按照税法规定减除费用后计算纳税。

3. 在中国境内有住所，或者无住所而在境内居住满一年的个人，从中国境内和境外取得的所得，应当分别计算应纳税额。

4. 纳税义务人从中国境外取得的所得，准予其在应纳税额中扣除依照该所得来源国家或者地区的法律应当缴纳并且实际已经缴纳的税额，但扣除额不得超过该纳税义务人境外所得依照规定计算的应纳税额。纳税义务人依照规定申请扣除已在境外缴纳的个人所得税税额时，应当提供境外税务机关填发的完税凭证原件。

【相关阅读】

现在大部分企业在年终时都会根据其全年经济效益和对雇员全年工作业绩的综合考核情况，向雇员发放一次性奖金（包括年终加薪、实行年薪制和绩效工资办法的单位根据考核情况兑现的年薪和绩效工资），那这部分应税所得该如何缴纳个人所得税呢？

根据《国家税务总局关于调整个人取得全年一次性奖金等计算征收个人所得税方法问题的通知》（国税发〔2005〕9号）规定：

纳税人取得全年一次性奖金，单独作为一个月工资、薪金所得计算纳税，并按以下计税办法，由扣缴义务人发放时代扣代缴：

（一）先将雇员当月内取得的全年一次性奖金，除以12个月，按其商数确定适用税率和速算扣除数。如果在发放年终一次性奖金的当月，雇员当月工资薪金所得低于税法规定的费用扣除额，应将全年一次性奖金减除“雇员当月工资薪金所得与费用扣除额的差额”后的余额，按上述办法确定全年一次性奖金的适用税率和速算扣除数。

（二）将雇员个人当月内取得的全年一次性奖金，按本条第（一）项确定的适用税率和速算扣除数计算征税，计算公式如下：

1. 如果雇员当月工资薪金所得高于（或等于）税法规定的费用扣除额的，适用公式为：

应纳税额 = 雇员当月取得全年一次性奖金 × 适用税率 − 速算扣除数

2. 如果雇员当月工资薪金所得低于税法规定的费用扣除额的，适用公式为：

应纳税额 =（雇员当月取得全年一次性奖金 − 雇员当月工资薪金所得与费用扣除额的差额）× 适用税率 − 速算扣除数

在一个纳税年度内，对每一个纳税人，该计税办法只允许采用一次。

案例：王东于2014年12月取得全年一次性奖金为24 000元，且该月王东工资高于税法规定的费用扣除额3 500元。

第一，全年一次性奖金除以12的商数为2 000元，查找相应的适用税率为10%和速算扣除数为105元；

第二，计算应纳税额，应纳税额 = 24 000 × 10% − 105 = 2 295（元）

资料来源：《国家税务总局关于调整个人取得全年一次性奖金等计算征收个人所得税方法问题的通知》（国税发〔2005〕9号）。

任务二十四　个人所得税征收管理

一、个人所得税征收方式

个人所得税，以所得人为纳税义务人，以支付所得的单位或者个人为扣缴义务人。个人所得超过国务院规定数额的，在两处以上取得工资、薪金所得或者没有扣缴义务人的，以及具有国务院规定的其他情形的，纳税义务人应当按照国家规定办理纳税申报。其余情形由扣缴义务人代扣代缴，扣缴义务人应当按照国家规定办理全员全额扣缴申报。

1. 自行申报纳税。纳税义务人有下列情形之一的，应当按照规定到主管税务机关办理纳税申报：（1）年所得 12 万元以上的；（2）从中国境内两处或者两处以上取得工资、薪金所得的；（3）从中国境外取得所得的；（4）取得应纳税所得，没有扣缴义务人的；（5）国务院规定的其他情形。

年所得 12 万元以上的纳税义务人，在年度终了后 3 个月内到主管税务机关办理纳税申报。

纳税义务人办理纳税申报的地点以及其他有关事项的管理办法，由国务院税务主管部门制定。

2. 代扣代缴。我国个人所得税的征收，基本上采用代扣代缴的源泉控制办法。代扣代缴，是指按照税法规定负有扣缴税款义务的单位或个人，在向个人支付应纳税所得时，应计算应纳税额，从其所得中扣除缴入国库并专项记载备查，同时向税务机关报送扣缴个人所得税报告表。

凡支付个人应纳税所得的企业、事业单位、机关、社会团体、军队、驻华机构、个体户等单位或者个人，为个人所得税的扣缴义务人。

扣缴义务人向个人支付应纳税所得额时，不论纳税义务人是否属于本单位人员，均应代扣代缴其应纳的个人所得税税款。

二、个人所得税征收期限

1. 工资、薪金所得应纳的税款，按月计征，由扣缴义务人或者纳税义务人在次月 15 日内缴入国库，并向税务机关报送纳税申报表。特定行业（采掘业、远洋运输业、远洋捕捞业以及国务院财政、税务主管部门确定的其他行业）的工资、薪金所得应纳的税款，可以实行按年计算、分月预缴的方式计征，即按月预缴，自年度终了之日起 30 日内，合计其全年工资、薪金所得，再按 12 个月平均并计算实际应纳的税款，多退少补。

2. 个体工商户的生产、经营所得应纳的税款，按年计算，分月预缴，由纳税义务人在次月 15 日内预缴，年度终了后 3 个月内汇算清缴，多退少补。

3. 对企事业单位的承包经营、承租经营所得应纳的税款，按年计算，由纳税义务人在年度终了后 30 日内缴入国库，并向税务机关报送纳税申报表。纳税义务人在 1 年内分次取得承包经营、承租经营所得的，应当在取得每次所得后的 15 日内预缴，年度终了后 3 个月内汇算清缴，多退少补。

4. 从中国境外取得所得的纳税义务人，应当在年度终了后30日内，将应纳的税款缴入国库，并向税务机关报送纳税申报表。

三、各项所得的计算，以人民币为单位

各项所得的计算，以人民币为单位。应纳税所得为外国货币的，按照填开完税凭证的上一月最后一日人民币汇率中间价，折合成人民币计算应纳税所得额。依照税法规定，在年度终了后汇算清缴的，对已经按月或者按次预缴税款的外国货币所得，不再重新折算；对应当补缴税款的所得部分，按照上一纳税年度最后一日人民币汇率中间价，折合成人民币计算应纳税所得额。

任务二十五　个人所得税税收筹划

筹划类型一：纳税人主体类别的筹划

筹划原理：利用了我国个人所得税法对不同类型的纳税主体采用了不同的税收政策的特点。

【例6－3】关于居民纳税人与非居民纳税人的选择。

案例：斯诺先生是美国居民，打算来我国居住一年半，本来计划是2016年1月1日来中国并于2017年5月30日回美国。为了避免成为中国的居民纳税人，斯诺先生对其行程做了一个调整，决定于2016年2月10日来中国，于2017年7月10日回国。这样，虽然斯诺先生仍然在中国居住了一年半时间，但由于其跨越了两个纳税年度，而且在这两个纳税年度内均没有居住满一年，因此并不构成我国的居民纳税人。也就是说，斯诺先生可以只就来源于中国的所得纳税，从而避免了无限纳税义务。

【解析】税法依据：居民纳税人与非居民纳税人的分类。

我国税法上按照住所和居住时间两个标准，将个人所得税的纳税人分为两类：一类是中国税法居民，一类是非中国税法居民，前者称为居民纳税人，后者称为非居民纳税人，前者的所得无论是否来源于中国境内都要向中国政府纳税，后者只有来源于中国境内的所得才向中国政府纳税。

筹划类型二：收入类型的筹划

筹划原理：我国税法对不同类别的收入实行不同的税基和税率以及税收优惠政策。

【例6－4】用多次发奖金代替一次发奖金减轻员工税负。

案例：张先生2015年3月从单位获得工资400元，由于同时在一家外资公司做兼职工作，张先生从中每月收入为2 400元。兼职合同没有约定张先生与外资公司的关系，外资公司以劳务报酬的形式为张先生代扣代缴个人所得税为：（2400－800）×20%＝320（元）。张

先生所在单位工资低于800元，因此该项所得应纳税额为0。如果张先生修改其与外资公司的合同，使二者成为雇佣关系。由于张先生在两处获得工资所得，因此，他必须自己申报缴纳个人所得税，税额为：(2 400 + 400 - 800) × 10% - 25 = 175（元）。张先生通过变更所得性质可以少缴纳个人所得税为320 - 175 = 145（元）。

【解析】税法依据：劳务报酬所得的应纳税所得额为：每次劳务报酬收入不足4 000元的，用收入减去800元的费用；每次劳务报酬收入超过4 000元的，用收入减去收入额的20%。个人所得税月薪酬计税的起征点是3 500元，低于3 500元不缴纳个人所得税。

总结：此种纳税筹划方式也是通过变换税基的种类适用较低的税率，实现对税率这一筹划客体的选择来达到直接减少纳税绝对额的目的。

资料来源：税悟，作者：顾春晓.

【相关阅读】

个税法草案提交人大　中等收入以下群体最获益

原标题：个税法草案提交人大　中等收入以下群体最获益

新华社消息，备受关注的个人所得税法修正案草案19日提请十三届全国人大常委会第三次会议审议，这是个税法自1980年出台以来第七次大修，也将迎来一次根本性变革。

据悉，财政部部长刘昆19日在全国人大作关于《中华人民共和国个人所得税法修正案(草案)》的说明。从说明的内容来看，此次个税改革主要有四大看点，一是工资薪金、劳务报酬、稿酬和特许权使用费等四项劳动性所得首次实行综合征税；二是个税起征点由每月3 500元提高至每月5 000元（每年6万元）；三是首次增加子女教育支出、继续教育支出、大病医疗支出、住房贷款利息和住房租金等专项附加扣除；四是优化调整税率结构，扩大较低档税率级距。

"综合所得"标志着我国个税制度将向综合税制迈出重要一步。这也是此次个税改革的一大亮点。现行个人所得税法采用分类征税方式，将应税所得分为11类，实行不同征税办法。

专家指出，综合所得，可以更加体现公平的收入分配原则，可以有效化解收入来源单一的工薪阶层缴税较多、收入来源多元化的高收入阶层缴税较少的问题。而提起征点、扩税率级距、增专项扣除三项内容将释放减税红利，尤其是工薪阶层、中等收入群体获益明显。

提高起征点，即现行的工资、薪金所得的基本减除费用标准为3 500元/月，劳务报酬所得、稿酬所得、特许权使用费所得，每次收入不超过4 000元的，减除费用800元；4 000元以上的，减除20%的费用。草案将上述综合所得的基本减除费用标准提高到5 000元/月(6万元/年)。

刘昆指出，这一标准综合考虑了人民群众消费支出水平增长等各方面因素，并体现了一定前瞻性。按此标准并结合税率结构调整测算，取得工资、薪金等综合所得的纳税人，总体上税负都有不同程度下降，特别是中等以下收入群体税负下降明显，有利于增加居民收入、增强消费能力。

扩税率级距，优化税率结构也是一大亮点。刘昆说，以现行工资薪金所得税率为基础，拟将按月计算应纳税所得额调整为按年计算，并优化调整部分税率的级距：扩大3%、10%、20%三档低税率的级距，相应缩小25%税率的级距，30%、35%、45%三档较高税率的级距不变。对经营所得，也适当调整各档税率级距，其中最高档级距下限从10万元提高至50万元。

刘昆指出，专项附加扣除考虑了个人负担的差异性，更符合个人所得税基本原理，有利于税制公平。业内测算，月收入1万元、三险一金扣除2 000元的情况下，现有税制需缴纳345元个税，改革后个税为90元，降幅超过70%，如果加上专项扣除项，月入1万元者有可能免缴或仅缴纳少量个税。

资料来源：人民网，http：//finance. people. com. cn/n1/2018/0620/c1004 – 30067696. html.

【小结】

本项目主要介绍了我国个人所得税法的概念及税目、税率，应纳税额的计算方法以及个人所得税征收管理的相关规定。

【课后训练】

一、单选题

1. 张琳教授于2017年6月取得发表文章的稿酬20 000元；进行讲座取得收入4 000元。根据个人所得税法的规定，张琳当月应缴纳个人所得税额为（　　）元。

A. 2 688　　B. 2 880　　C. 3 840　　D. 4 800

2. 李明2017年全年的工资情况如下，1～6月每月工资收入6 000元，7～12月每月工资收入9 000元。李明2014年工资应缴纳的个人所得税为（　　）元。

A. 4 140　　B. 7 980　　C. 7 000　　D. 4 020

3. 个人所得税最早于1799年在（　　）创立。

A. 美国　　B. 英国　　C. 法国　　D. 德国

4. 《中华人民共和国个人所得税法》颁布实施的日期是（　　）。

A. 1980年9月10日　　B. 1993年10月31日　　C. 1994年1月1日　　D. 2006年1月1日

5. 工资、薪金所得适用的税率是（　　）。

A. 20%的比例税率　　B. 10%的比例税率

C. 3%～45%的七级超额累进税率　　D. 5%～45%的九级超额累进税率

二、多选题

1. 根据《个人所得税法》的规定，以下各项所得适用累进税率形式的有（　　）。

A. 工资薪金所得　　B. 个体工商户生产经营所得

C. 财产转让所得　　D. 承包承租经营所得

2. 根据《个人所得税法》的规定，下列所得中，适用比例税率的有（　　）。

A. 财产租赁所得　　B. 特许权使用费所得　　C. 工资、薪金所得　　D. 承包经营所得

3. 根据个人所得税法律制度的规定，可以将个人所得税的纳税义务人区分为居民纳税义务人和非居民纳税义务人，依据的标准有（　　）。

A. 境内有无住所　　B. 境内工作时间　　C. 取得收入的工作地　　D. 境内居住时间

4. 个人取得的下列所得，免征个人所得税的有（　　）。

A. 按国家统一规定发给的津贴

B. 个人转让自用 8 年的家庭唯一生活用房的所得

C. 本单位发给的先进个人奖金

D. 离退休人员工资

5. 下列各项中，属于个人所得税应税项目的是（　　）。

A. 劳动报酬所得　　B. 稿酬所得　　C. 保险赔款　　D. 彩票中奖所得

三、判断题

1. 某演员取得一次性的演出收入 2.1 万元，对此应实行加成征收办法计算个人所得税。（　　）

2. 对于个人所得税的非居民纳税人，只就其来源于中国境内所得部分征税，境外所得部分不属于我国《个人所得税法》规定的征税范围。（　　）

3. 个人取得的工资所得按月征收个人所得税，个人取得的稿酬所得按年征收个人所得税。（　　）

4. 同一作品在报刊上连载取得的收入，应当以每次连载取得的收入为一次计征个人所得税。（　　）

5. 个体工商户生产经营所得的个人所得税税率为 25% 的比例税率。（　　）

四、综合题

中国居民李强是一家公司的员工，其 2017 年的收入情况如下：

（1）为一企业提供技术服务，取得一次性劳务报酬 2 000 元。

（2）发表论文收到一次性稿酬收入 5 000 元。

（3）取得公司发放的股息、红利所得 4 000 元。

根据上述材料，回答下列问题：

（1）下列关于李强取得劳务报酬收入的说法中，正确的有（　　）。

A. 劳务报酬所得的税率是 20%　　B. 劳务报酬所得的税率是 30%

C. 若收入超过 2 万元，可以加成征收　　D. 劳务报酬所得 2 000 元，可以扣除 800 元的费用

（2）下列关于李强取得稿酬所得的说法中，正确的有（　　）。

A. 稿酬所得 5 000 元，可以扣除 800 元的费用

B. 稿酬所得 5 000 元，可以扣除 20% 的费用

C. 对稿酬所得，可以减征 30% 的税额

D. 稿酬所得的实际税率为 14%

（3）李强为其他单位提供技术服务，应缴纳个人所得税（　　）元。

A. 240　　B. 420　　C. 440　　D. 480

（4）李强发表文章取得稿酬收入，应缴纳个人所得税（　　）元。

A. 520　　B. 560　　C. 588　　D. 840

（5）下列关于李强个人所得税的说法中，正确的有（　　）。

A. 李强的个人所得税应当由其支付人作为扣缴义务人

B. 李强应当在当年度结束后执行 12 万元以上年所得的申报

C. 李强取得公司分配的股息、红利所得，税率为 20%

D. 股息、红利所得的应纳税额是 800 元

项目七　其他税种

【学习目标】

1. 了解城市维护建设税、教育费附加、印花税、车船税等税的特点、征收范围；
2. 能准确计算城市维护建设税、教育费附加、印花税、车船税等税的应纳税额；
3. 熟悉城市维护建设税、教育费附加、印花税、车船税等税的征收管理。

【案例导入】

企业除了增值税、消费税、企业所得税等主要的税种外还有其他税吗？答案是有的，例如，企业签订一个购销合同，要交印花税；又如，买辆车要交车船税，另外企业还要交城建税和教育费附加。下面就带大家认识了解这些税的相关规定。

任务二十六　认识城市维护建设税

一、城市维护建设税的概念

城市维护建设税，简称城建税，是我国为了加强城市的维护建设，扩大和稳定城市维护建设资金的来源，对有经营收入的单位和个人征收的一个税种。它是1984年工商税制全面改革中设置的一个新税种。

【提示】

城市维护建设税是我国为了加强城市的维护建设，扩大和稳定城市维护建设资金的来源，而对有经营收入的单位和个人征收的一个税种。城市维护建设税是1984年工商税制全面改革中设置的一个新税种。1985年2月8日，国务院发布《中华人民共和国城市维护建设税暂行条例》，从1985年度起施行。1994年税制改革时，保留了该税种，作了一些调整，并准备适时进一步扩大征收范围和改变计征办法。

资料来源：《城市维护建设税暂行条例》。

二、城市维护建设税的征税范围和纳税义务人

凡缴纳增值税、消费税的单位和个人，都是城市维护建设税的纳税人。对中外合资企业和外资企业不征收城市维护建设税。

按照现行税法的规定，城市维护建设税的纳税人是在征税范围内从事工商经营，缴纳“两税”（即增值税、消费税，下同）的单位和个人。任何单位或个人，只要缴纳“两税”

中的一种，就必须同时缴纳城市维护建设税。

自 2010 年 12 月 1 日起，对外商投资企业、外国企业及外籍个人征收城市维护建设税。

三、应纳税额的计算

1. 计税依据。城市维护建设税的计税依据是纳税人实际缴纳的增值税、消费税税额。滞纳金、罚款不是城市维护建设税的计税依据；但外资商场偷逃的增值税税金是应该计征城建税的。2010 年 12 月 1 日开始，外商投资企业和外国企业需要缴纳城建税及附加；进口货物不需要缴纳城建税和教育费附加。

【提示】

城市维护建设税是以纳税人实际缴纳的流通转税额为计税依据征收的一种税，纳税环节确定在纳税人缴纳的增值税、消费税的环节上，从商品生产到消费流转过程中只要发生增值税、消费税当中的一种税的纳税行为，就要以这种税为依据计算缴纳城市维护建设税。

资料来源：《城市维护建设税暂行条例》。

【练一练】

下列项目属于城市维护建设税计税依据的是（　　）。

A. 中外合资企业在华机构缴纳的企业所得税

B. 个体工商户拖欠增值税加收的滞纳金

C. 个人独资企业偷税被处的增值税罚款

D. 外资商场偷逃的增值税税金

答案：D

2. 税率。按照纳税人所在地的不同，实行不同档次的税率。

（1）纳税人所在地在市区的，税率为 7%；这里称的“市”是指国务院批准市建制的城市，“市区”是指省人民政府批准的市辖区（含市郊）的区域范围。

（2）纳税人所在地在县城、镇的，税率为 5%；这里所称的“县城、镇”是指省人民政府批准的县城、县属镇（区级镇），县城、县属镇的范围按县人民政府批准的城镇区域范围。

（3）纳税人所在地不在市区、县城或镇的，税率为 1%。

3. 税收减免。城市维护建设税由于是以纳税人实际缴纳的增值税、消费税为计税依据，并随同增值税、消费税征收，因此减免增值税、消费税、营业税也就意味着减免城市维护建设税，所以城市维护建设税一般不能单独减免。但是如果纳税人确有困难需要单独减免的，可以由省级人民政府酌情给予减税或者免税照顾。

减少或免除城市维护建设税税负的优待规定。城建税以“两税”的实缴税额为计税依据征收，一般不规定减免税，但对下列情况可免征城建税：

（1）海关对进口产品代征的流转税，免征城建税；

（2）从 1994 年起，对三峡工程建设基金，免征城建税；

（3）2010 年 12 月 1 日前，对中外合资企业和外资企业暂不征收城建税。2010 年 12 月

1 日以后，根据 2010 年 10 月 18 日颁布的《国务院关于统一内外资企业和个人城市维护建设税和教育费附加制度的通知》，外商投资企业、外国企业及外籍个人适用国务院 1985 年发布的《中华人民共和国城市维护建设税暂行条例》和 1986 年发布的《征收教育费附加的暂行规定》。

【提示】

(1) 出口产品退还增值税、消费税的，不退还已纳的城建税；(2) “两税”先征后返、先征后退、即征即退的，不退还城建税。

资料来源：《城市维护建设税暂行条例》。

4. 应纳税额的计算。城建税纳税人的应纳税额大小是由纳税人实际缴纳的“两税”税额决定的，其计算公式为：

应纳税额 =（实纳增值税 + 消费税）× 适用税率

【例 7-1】 某县城一生产企业为增值税一般纳税人，本期进口原材料一批，向海关缴纳进口环节增值税 10 万元，本期在国内销售甲产品缴纳增值税 30 万元，消费税 50 万元，由于缴纳消费税时超过纳税期限 10 天，被罚滞纳金 1 万元，本期出口乙产品一批，按规定退回增值税 5 万元，该企业本期应缴纳城市维护建设税（　　）万元。

A. 4.55　　B. 4　　C. 4.25　　D. 5.6

【答案】 B

【解析】 (30 + 50) × 5% = 4（万元）

【例 7-2】 某镇化妆品生产企业 2014 年 5 月缴纳消费税 4 万元，增值税 5 万元，被查补消费税 1 万元、增值税 0.5 万元，并被处以罚款 0.8 万元，加收滞纳金 0.06 万元，试计算该化妆品生产企业应缴纳的城建税。

【解析】 计算城市维护建设税时不包括加收的滞纳金和罚款，应纳税额 =（实纳增值税 + 实纳消费税）× 适用税率。所以 2014 年 5 月该企业应该缴纳城市维护建设税为：

应纳税额 = (4 + 5 + 1 + 0.5) × 1% = 0.105（万元）

四、征收管理

1. 城市维护建设税的纳税期限和纳税地点按照规定，城市维护建设税应当与流转税同时缴纳，自然其纳税期限和纳税地点也与流转税相同。例如，某施工企业所在地在 A 市，而本期它在 B 市承包工程，按规定应当就其工程结算收入在 B 市缴纳增值税，相应地，也应当在 B 市缴纳与增值税相应的城市维护建设税。

2. 预缴税款。对于按规定以 1 日、3 日、5 日、10 日、15 日为一期缴纳“两税”的纳税人，应在按规定预缴“两税”的同时，预缴相应的城市维护建设税。

3. 纳税申报。企业应当于月度终了后在进行“两税”申报的同时，进行城市维护建设税的纳税申报。

4. 税款缴纳。对于以一个月为一期缴纳“两税”的施工企业，应当在缴纳当月全部

"两税"税额时，同时按照纳税申报表确定的应纳税额全额缴纳城市维护建设税。

【提示】

财政部　国家税务总局关于扩大有关政府性基金免征范围的通知

（财税〔2016〕12号）

教育部、水利部，各省、自治区、直辖市、计划单列市财政厅（局）、国家税务局、地方税务局、新疆生产建设兵团财务局：

经国务院批准，现将扩大政府性基金免征范围的有关政策通知如下：

一、将免征教育费附加、地方教育附加、水利建设基金的范围，由现行按月纳税的月销售额或营业额不超过3万元（按季度纳税的季度销售额或营业额不超过9万元）的缴纳义务人，扩大到按月纳税的月销售额或营业额不超过10万元（按季度纳税的季度销售额或营业额不超过30万元）的缴纳义务人。

二、免征上述政府性基金后，各级财政部门要做好经费保障工作，妥善安排相关部门和单位预算，保障工作正常开展，积极支持相关事业发展。

三、本通知自2016年2月1日起执行。

财政部　国家税务总局2016年1月29日

资料来源：国家税务总局，税收政策最新文件，http：//www.chinatax.gov.cn/n810341/n810755/c2005027/content.html.

任务二十七　认识教育费附加

一、教育费附加概述

1. 概念。教育费附加是对缴纳增值税、消费税的单位和个人征收的一种附加费。教育费附加是发展地方性教育事业，扩大地方教育经费的资金来源。

【提示】

1984年国务院颁布了《关于筹措农村学校办学经费的通知》，开征了农村教育事业经费附加。1985年，中共中央做出了《关于教育体制改革的决定》，指出国家增拨教育经费的同时，开辟多种渠道筹措经费。为此，国务院于1986年4月28日颁布了《征收教育费附加的暂行规定》，并于同年7月1日开征。

资料来源：《征收教育费附加暂行规定》。

2. 征收范围及缴费义务人。教育费附加征费范围同增值税、消费税的征收范围相同。凡缴纳增值税、消费税的单位和个人，均为教育费附加的纳费义务人（简称"纳费人"）。凡代征增值税、消费税的单位和个人，亦为代征教育费附加的义务人。农业、乡镇企业，由乡镇人民政府征收农村教育事业附加，不再征收教育费附加。《国务院关于统一内外资企业和个人城市维护建设税和教育费附加制度的通知》（国发〔2010〕35号）和财政部、国家税务总局发布的《关于对外资企业征收城市维护建设税和教育费附加有关问题的通知》（财税〔2010〕103号）明确了外商投资企业、外国企业和外籍人员适用于现行有效的城市维护建设税和教育费附加政策规定，凡是缴纳增值税、消费税的外商投资企业、外国企业和外籍人员纳税人均需按规定缴纳城市维护建设税和教育费附加。

3. 税率。教育费附加的征收率为3%。

【提示】

教育费附加征收率：根据国务院《关于教育费附加征收问题的紧急通知》的精神，教育费附加征收率为流转税税额的3%。

资料来源：《征收教育费附加暂行规定》（中华人民共和国国务院令第448号）。

二、教育费附加的计算

1. 计费依据。以纳税人实际缴纳的增值税、消费税的税额为计费依据。

2. 计算公式。

应纳教育费附加 =（实际缴纳的增值税 + 消费税）×3%

【提示】

1. 纳费人申报缴纳增值税、消费税的同时，申报、缴纳教育费附加。

2. 教育费附加由地方税务局负责征收，也可委托国家税务局征收。

3. 纳费人不按规定期限缴纳教育费附加，需处以滞纳金和罚款的，由县、市人民政府规定。

4. 海关进口产品征收增值税、消费税，不征收教育费附加。

任务二十八　认识地方教育费附加

一、地方教育费附加概述

1. 概念。地方教育费附加是指根据国家有关规定，为实施“科教兴省”战略，增加地方教育的资金投入，促进各省、自治区、直辖市教育事业发展，开征的一项地方政府性基金。该收入主要用于各地方的教育经费的投入补充。

按照地方教育费附加使用管理规定，在各省、直辖市的行政区域内，凡缴纳增值税、消费税的单位和个人，都应按规定缴纳地方教育费附加。

【提示】

地方教育附加不是全国统一开征的费种，其开征依据是《中华人民共和国教育法》

(1995）第七章（教育投入与条件保障）第57条的规定：省、自治区、直辖市人民政府根据国务院的有关规定，可以决定开征用于教育的地方附加费，专款专用。

据此，内蒙古自治区政府于1995年9月1日开征地方教育费附加，辽宁省于1999年1月1日起开征，福建省于2002年1月1日起开征，征收率均为1%。此后，陆续有省、直辖市开征地方教育费附加。

为贯彻落实《国家中长期教育改革和发展规划纲要（2010～2020年)》，财政部下发了《关于统一地方教育附加政策有关问题的通知》（财综〔2010〕98号)。财综〔2010〕98号要求，各地统一征收地方教育费附加，地方教育费附加征收标准为单位和个人实际缴纳的增值税、营业税和消费税税额的2%。已经报财政部审批且征收标准低于2%的省份，应将地方教育费附加的征收标准调整为2%。具体的开征时间由各省自己制订方案后于2010年12月31日前报财政部审批。文件下发后，全国已经有20多个省（自治区、直辖市）开征了地方教育费附加。

资料来源：《关于统一地方教育附加政策有关问题的通知》（财综〔2010〕98号)。

2. 征收范围及缴费义务人。地方教育费附加征费范围同增值税、消费税的征收范围相同。凡缴纳增值税、消费税的单位和个人，均为地方教育费附加的纳费义务人（简称纳费人)。凡代征增值税、消费税的单位和个人，亦为代征地方教育费附加的义务人。

3. 税率。教育费附加的征收率为2%。

二、地方教育费附加的计算

1. 计费依据。以纳税人实际缴纳的增值税、消费税的税额为计费依据。

2. 计算公式。

应纳地方教育费附加＝(实际缴纳的增值税＋消费税税额)×2%

任务二十九　认识印花税

一、印花税概念

印花税是对经济活动和经济交往中书立、领受具有法律效力的凭证的行为所征收的一种税。因采用在应税凭证上粘贴印花税票作为完税的标志而得名。印花税的纳税人包括在中国境内书立、领受规定的经济凭证的企业、行政单位、事业单位、军事单位、社会团体、其他单位、个体工商户和其他个人。

【相关阅读】

印花税的由来

印花税是一个很古老的税种，人们比较熟悉，但对它的起源却鲜为人知。从税史学理论上讲，任何一种税种的“出台”，都离不开当时的政治与经济的需要，印花税的产生也是如此。其间并有不少趣闻。

公元1624年，荷兰政府发生经济危机，财政困难。当时执掌政权的统治者摩里斯(Maurs)为了解决财政上的需要，拟提出要用增加税收的办法来解决支出的困难，但又怕人民反对，便要求政府的大臣们出谋献策。众大臣议来议去，就是想不出两全其美的妙法来。于是，荷兰的统治阶级就采用公开招标办法，以重赏来寻求新税设计方案，谋求敛财之妙策。印花税，就是从千万个应征者设计的方案中精选出来的"杰作"。可见，印花税的产生较之其他税种，更具有传奇色彩。

印花税的设计者可谓独具匠心。他观察到人们在日常生活中使用契约、借贷凭证之类的单据很多，连绵不断，所以，一旦征税，税源将很大；而且，人们还有一个心理，认为凭证单据上由政府盖个印，就成为合法凭证，在诉讼时可以有法律保障，因而对缴纳印花税也乐于接受。正是这样，印花税被资产阶级经济学家誉为税负轻微、税源畅旺、手续简便、成本低廉的"良税"。英国的哥尔柏（Kolebe）说过："税收这种技术，就是拔最多的鹅毛，听最少的鹅叫"。印花税就是这种具有"听最少鹅叫"特点的税种。

从1624年世界上第一次在荷兰出现印花税后，由于印花税"取微用宏"，简便易行，欧美各国竞相效法。丹麦在1660年、法国在1665年、美国在1671年、奥地利在1686年、英国在1694年先后开征了印花税。它在不长的时间内，就成为世界上普遍采用的一个税种，在国际上盛行。

资料来源：税率网，http：//www. shuilv. org/yhshui/3125. html.

二、印花税的征税范围和纳税义务人

1. 征税范围。在中华人民共和国境内书立、领受本条例所列举凭证的单位和个人，都是印花税的纳税义务人（以下简称"纳税人"），应当按照本条例规定缴纳印花税。凭证分为五类，即经济合同，产权转移书据，营业账簿，权利、许可证照和经财政部门确认的其他凭证。具体征税范围如下：

(1) 经济合同。合同是指当事人之间为实现一定目的，经协商一致，明确当事人各方权利、义务关系的协议。以经济业务活动作为内容的合同，通常称为经济合同。经济合同按照管理的要求，应依照《合同法》和其他有关合同法规订立。经济合同的依法订立，是在经济交往中为了确定、变更或终止当事人之间的权利和义务关系的合同法律行为，其书面形式即经济合同书。我国印花税只对依法订立的经济合同书征收。印花税税目中的合同比照我国原《经济合同法》对经济合同的分类，在税目税率表中列举了10大类合同。它们是：

① 购销合同。包括供应、预购、采购、购销结合及协作、调剂、补偿、易货等合同；还包括各出版单位与发行单位（不包括订阅单位和个人）之间订立的图书、报刊、音像征订凭证。

对于工业、商业、物资、外贸等部门经销和调拨商品、物资供应的调拨单（或其他名称的单、卡、书、表等），应当区分其性质和用途，即看其是作为部门内执行计划使用的，还是代替合同使用的，以确定是否贴花。凡属于明确双方供需关系，据以供货和结算，具有合同性质的凭证，应按规定缴纳印花税。

对纳税人以电子形式签订的各类应税凭证按规定征收印花税。

对发电厂与电网之间、电网与电网之间（国家电网公司系统、南方电网公司系统内部各级电网互供电量除外）签订的购售电合同，按购销合同征收印花税。电网与用户之间签订的供用电合同不征印花税。

② 加工承揽合同。包括加工、定作、修缮、修理、印刷、广告、测绘、测试等合同。

③ 建设工程勘察设计合同。包括勘察、设计合同的总包合同、分包合同和转包合同。

④ 建筑安装工程承包合同。包括建筑、安装工程承包合同的总包合同、分包合同和转包合同。

⑤ 财产租赁合同。包括租赁房屋、船舶、飞机、机动车辆、机械、器具、设备等合同；还包括企业、个人出租门店、柜台等所签订的合同，但不包括企业与主管部门签订的租赁承包合同。

⑥ 货物运输合同。包括民用航空运输、铁路运输、海上运输、内河运输、公路运输和联运合同。

⑦ 仓储保管合同。包括仓储、保管合同或作为合同使用的仓单、栈单（或称入库单）。对某些使用不规范的凭证不便计税的，可就其结算单据作为计税贴花的凭证。

⑧ 借款合同。包括银行及其他金融组织和借款人（不包括银行同业拆借所签订的借款合同）。

⑨ 财产保险合同。包括财产、责任、保证、信用等保险合同。

⑩ 技术合同。包括技术开发、转让、咨询、服务等合同。其中：技术转让合同包括专利申请转让、非专利技术转让所书立的合同，但不包括专利权转让、专利实施许可所书立的合同。后者适用于“产权转移书据”合同。技术咨询合同是合同当事人就有关项目的分析、论证、评价、预测和调查订立的技术合同，而一般的法律、会计、审计等方面的咨询不属于技术咨询，其所立合同不贴印花。技术服务合同的征税范围包括技术服务合同、技术培训合同和技术中介合同。

【提示】

在确定应税经济合同的范围时，特别需要注意以下三个问题：

(1) 具有合同性质的凭证应视同合同征税。所谓具有合同性质的凭证，是指具有合同效力的协议、契约、合约、单据、确认书及其他各种名称的凭证。它们从属于以上10个合同税目的分类，而非独立列举的征税类别。这类凭证具有上述10类合同大致相同的内容、形式和作用，虽未采用规范的合同名称，但对当事人各方仍具有特定的民事法律约束力。因为这些凭证一经凭证当事人书立，双方（或多方）信守，付诸实施（履行），就发挥着规范合同的作用，而不一定具有合同法规要求的完备条款和规范的行为约定，但是，就其书立行为和实施行为而言，显然属于具有民事法律意义、发生法律后果并以涉及权利义务关系为目的的行为。因此，鉴于这类凭证的上述性质和特点，印花税除对依法成立的具有规范内容和名称的10类合同书征税外，还规定具有合同性质的凭证亦应纳税。

(2) 未按期兑现合同亦应贴花。印花税既是凭证税，又具有行为税性质。纳税人签订应税合同，就发生了应税经济行为，必须依法贴花，履行完税手续。所以，不论合同是否兑现或能否按期兑现，都应当缴纳印花税。

(3) 同时书立合同和开立单据的贴花方法。办理一项业务（如货物运输、仓储保管、财产保险、银行借款等），如果既书立合同，又开立单据，只就合同贴花；凡不书立合同，只开立单据，以单据作为合同适用的，其使用的单据应按规定贴花。

(2) 产权转移书据。产权转移即财产权利关系的变更行为，表现为产权主体发生变更。产权转移书据是在产权的买卖、交换、继承、赠与、分割等产权主体变更过程中，由产权出让人与受让人之间所订立的民事法律文书。

我国印花税税目中的产权转移书据包括财产所有权、版权、商标专用权、专利权、专有技术使用权共5项产权的转移书据。其中，财产所有权转移书据，是指经政府管理机关登记注册的不动产、动产的所有权转移所书立的书据，包括股份制企业向社会公开发行的股票，因购买、继承、赠与所书立的产权转移书据。其他4项则属于无形资产的产权转移书据。

另外，土地使用权出让合同、土地使用权转让合同、商品房销售合同按照产权转移书据征收印花税。

(3) 营业账簿。印花税税目中的营业账簿归属于财务会计账簿，是按照财务会计制度的要求设置的，反映生产经营活动的账册。按照营业账簿反映的内容不同，在税目中分为：记载资金的账簿（简称“资金账簿”）和其他营业账簿两类，以便于分别采用按金额计税和按件计税两种计税方法。

① 资金账簿。是反映生产经营单位“实收资本”和“资本公积”金额增减变化的账簿。

② 其他营业账簿。是反映除资金资产以外的其他生产经营活动内容的账簿，即除资金账簿以外的，归属于财务会计体系的生产经营用账册。

【知识链接】

有关“营业账簿”征免范围应明确的问题

(1) 纳入征税范围的营业账簿，不按立账簿人是否属于经济组织（工商企业单位、工商业户）来划定范围，而是按账簿的经济用途来确定征免界限。例如，一些事业单位实行企业化管理，从事生产经营活动，其账簿就视同于企业账簿，应纳印花税；而一些企业单位内的职工食堂、工会组织以及自办的学校、托儿所、幼儿园设置的经费收支账簿，不反映生产经营活动，就不属于“营业账簿”税目的适用范围。

(2) 其他营业账簿包括日记账簿和各明细分类账簿。

(3) 对采用一级核算形式的单位，只就财会部门设置的账簿贴花；采用分级核算形式的，除财会部门的账簿应贴花之外，财会部门设置在其他部门和车间的明细分类账，亦应按规定贴花。

(4) 车间、门市部、仓库设置的不属于会计核算范围或虽属会计核算范围，但不记载金额的登记簿、统计簿、台账等，不贴印花。

(5) 对会计核算采用单页表式记载资金活动情况，以表代账的，在未形成账簿（账册）前，暂不贴花，待装订成册时，按册贴花。

（6）对有经营收入的事业单位，凡属由国家财政部门拨付事业经费，实行差额预算管理的单位，其记载经营业务的账簿，按其他账簿定额贴花，不记载经营业务的账簿不贴花；凡属经费来源实行自收自支的单位，对其营业账簿，应就记载资金的账簿和其他账簿分别按规定贴花。

（7）跨地区经营的分支机构使用的营业账簿，应由各分支机构在其所在地缴纳印花税。对上级单位核拨资金的分支机构，其记载资金的账簿按核拨的账面资金数额计税贴花；对上级单位不核拨资金的分支机构，只就其他账簿按定额贴花。

（8）实行公司制改造并经县级以上政府和有关部门批准的企业在改制过程中成立的新企业（重新办理法人登记的），其新启用的资金账簿记载的资金或因企业建立资本纽带关系而增加的资金，凡原已贴花的部分可不再贴花，未贴花的部分和以后新增加的资金按规定贴花。

公司制改造包括国有企业依《公司法》整体改造成国有独资有限责任公司；企业通过增资扩股或者转让部分产权，实现他人对企业的参股，将企业改造成有限责任公司或股份有限公司；企业以其部分财产和相应债务与他人组建新公司；企业将债务留在原企业，而以其优质财产与他人组建的新公司。

（9）以合并或分立方式成立的新企业，其新启用的资金账簿记载的资金，凡原已贴花的部分可不再贴花，未贴花的部分和以后新增加的资金按规定贴花。合并包括吸收合并和新设合并，分立包括存续分立和新设分立。

（10）企业债权转股权新增加的资金按规定贴花。

（11）企业改制中经评估增加的资金按规定贴花。

（12）企业其他会计科目记载的资金转为实收资本或资本公积的资金按规定贴花。

资料来源：注册税务师考试用书《税法Ⅱ》。

（4）权利、许可证照。权利、许可证照是政府授予单位、个人某种法定权利和准予从事特定经济活动的各种证照的统称。包括政府部门发给的房屋产权证、工商营业执照、商标注册证、专利证、土地使用证等。

（5）经财政部门确定征税的其他凭证。除了税法列举的以上五大类应税经济凭证之外，在确定经济凭证的征免税范围时，需要注意以下三点：

① 由于目前同一性质的凭证名称各异，不够统一，为此，各类凭证不论以何种形式或名称书立，只要其性质属于条例中列举征税范围内的凭证，均应照章纳税。

② 应税凭证均是指在中国境内具有法律效力，受中国法律保护的凭证。

③ 适用于中国境内，并在中国境内具备法律效力的应税凭证，无论在中国境内或者境外书立，均应依照印花税的规定贴花。

2. 纳税人。凡在我国境内书立、领受、使用属于征税范围内所列凭证的单位和个人，都是印花税的纳税义务人。包括各类企业、事业、机关、团体、部队，以及中外合资经营企业、合作经营企业、外资企业、外国公司企业和其他经济组织及其在华机构等单位和个人。按照征税项目划分的具体纳税人是：

（1）立合同人。书立各类经济合同的，以立合同人为纳税人。所谓立合同人，是指合同的当事人。当事人在两方或两方以上的，各方均为纳税人。

（2）立账簿人。建立营业账簿的。以立账簿人为纳税人。

（3）立据人。订立各种财产转移书据的，以立据人为纳税人。如立据人未贴印花或少贴印花，书据的持有人应负责补贴印花。所立书据以合同方式签订的，应由持有书据的各方分别按全额贴花。

（4）领受人。领取权利许可证照的，以领受人为纳税人。

对于同一凭证，如果由两方或者两方以上当事人签订并各执一份的。各方均为纳税人，应当由各方就所持凭证的各自金额贴花。所谓当事人，是指对凭证有直接权利义务关系的单位和个人，不包括保人、证人、鉴定人。如果应税凭证是由当事人的代理人代为书立的，则由代理人代为承担纳税义务。

（5）使用人。指在国外书立或领受，在国内使用应税凭证的单位和个人。

【练一练】

下列不是与应税合同有关的印花税的纳税义务人的是（　　）。

A. 合同订立人　　B. 合同担保人　　C. 合同鉴定人　　D. 合同证人

答案：BCD

三、应纳税额的计算

印花税以应纳税凭证所记载的金额、费用、收入额或者凭证的件数为计税依据，按照规定的适用税率或者税额标准计算缴纳。

应纳税额计算公式：

应纳印花税＝计税依据×核定比例×税率

应纳税额＝应纳税记载的金额（或者费用、收入额）×适用税率

应纳税额＝应纳税凭证的件数×适用税额标准

印花税实行由纳税人根据规定自行计算应纳税额，购买并一次贴足印花税票（以下简称贴花）的缴纳办法。

为简化贴花手续，应纳税额较大或者贴花次数频繁的，纳税人可向税务机关提出申请，采取以缴款书代替贴花或者按期汇总缴纳的办法。

印花税的纳税环节应当在书立或领受时贴花。印花税一般实行就地纳税。

【例7－3】甲、乙两方签订一份运输保管合同，合同上注明的费用60万元，其中运费50万元，仓储保管费10万元。计算该合同的双方各缴纳的印花税税额应为多少万元。

【解析】$50\times0.5‰+10\times1‰=0.035$（万元）

【提示】

关于对营业账簿减免印花税的通知

（财税〔2018〕50号）

各省、自治区、直辖市、计划单列市财政厅（局）、国家税务局、地方税务局，新疆生

产建设兵团财政局：

为减轻企业负担，鼓励投资创业，现就减免营业账簿印花税有关事项通知如下：

自2018年5月1日起，对按万分之五税率贴花的资金账簿减半征收印花税，对按件贴花5元的其他账簿免征印花税。

请遵照执行。

财政部　国家税务总局

2018年5月3日

印花税税目表见表7-1。

表7-1　印花税税目表

	税目	范围	税率	纳税人	说明
1	购销合同	包括供应、预购、采购、购销、结合及协作、调剂、补偿、易货等合同	按购销金额0.3‰贴花	立合同人	
2	加工承揽合同	包括加工、定作、修缮、修理、印刷广告、测绘、测试等合同	按加工或承揽收入0.5‰贴花	立合同人	
3	建设工程勘察设计合同	包括勘察、设计合同	按收取费用0.5‰贴花	立合同人	
4	建筑安装工程承包合同	包括建筑、安装工程承包合同	按承包金额0.3‰贴花	立合同人	
5	财产租赁合同	包括租赁房屋、船舶、飞机、机动车辆、机械、器具、设备等合同	按租赁金额1‰贴花。税额不足1元，按1元贴花	立合同人	
6	货物运输合同	包括民用航空运输、铁路运输、海上运输、内河运输、公路运输和联运合同	按运输费用0.5‰贴花	立合同人	单据作为合同使用的，按合同贴花
7	仓储保管合同	包括仓储、保管合同	按仓储保管费用1‰贴花	立合同人	仓单或栈单作为合同使用的，按合同贴花
8	借款合同	银行及其他金融组织和借款人（不包括银行同业拆借）所签订的借款合同	按借款金额0.05‰贴花	立合同人	单据作为合同使用的，按合同贴花
9	财产保险合同	包括财产、责任、保证、信用等保险合同	按保险费收入1‰贴花	立合同人	单据作为合同使用的，按合同贴花
10	技术合同	包括技术开发、转让、咨询、服务等合同	按所载金额0.3‰贴花	立合同人	
11	产权转移书据	包括财产所有权和版权、商标专用权、专利权、专有技术使用权等转移书据、土地使用权出让合同、土地使用权转让合同、商品房销售合同	按所载金额0.5‰贴花	立据人	

续表

	税目	范围	税率	纳税人	说明
12	营业账簿	生产、经营用账册	记载资金的账簿，按实收资本和资本公积的合计金额0.5‰贴花。其他账簿按件贴花5元	立账簿人	
13	权利、许可证照	包括政府部门发给的房屋产权证、工商营业执照、商标注册证、专利证、土地使用证	按件贴花5元	领受人	

四、纳税申报

印花税的缴纳方法。

1. 一般纳税方法。自行贴花，纳税人自行计算应纳税额，自行向税务机关购买印花税票，自行在应税凭证上一次贴足印花，自行划红或盖章加注销。这是使用范围较广泛的纳税办法，一般适于应税凭证少或同一凭证纳税次数少的纳税人。

2. 简化的纳税方法。对应纳印花税税额超过500元的一份凭证，经税务机关批准，纳税人可用填开完税证或缴款书的办法纳税，不再贴花。

对需频繁贴花的同一种类应税凭证，在税务机关批准前提下，由纳税人在限期内（最长不超过1个月）汇总计算。

3. 委托代征。税务机关为了加强源泉控制管理，可能委托某些代理填开应税凭证的单位（如代办运输、联运的单位）对凭证的当事人应纳的印花税予以代扣，并按期汇总缴纳。

【提示】

关于金融机构与小型微型企业签订借款合同免征印花税的通知

各省、自治区、直辖市、计划单列市财政厅（局）、地方税务局，西藏自治区国家税务局，新疆生产建设兵团财务局：

为鼓励金融机构对小型、微型企业提供金融支持，进一步促进小型、微型企业发展，现将有关印花税政策通知如下：

1. 自2014年11月1日至2017年12月31日，对金融机构与小型、微型企业签订的借款合同免征印花税。

2. 上述小型、微型企业的认定，按照《工业和信息化部　国家统计局　国家发展和改革委员会　财政部关于印发中小企业划型标准规定的通知》（工信部联企业〔2011〕300号）的有关规定执行。

财政部　国家税务总局

2014年10月24日

资料来源：财政部网站。

任务三十　认识车船税

一、车船税的概念及征收范围

1. 车船税的概念。车船税是指对在我国境内应依法到公安、交通、农业、渔业、军事等管理部门办理登记的车辆、船舶，根据其种类，按照规定的计税依据和年税额标准计算征收的一种财产税。从 2007 年 7 月 1 日开始，有车族需要在投保交强险时缴纳车船税。

2. 车船税的征收范围。车船税的征收范围是指依法应当在我国车船管理部门登记的车船（除规定减免的车船外）。

（1）车辆，包括机动车辆和非机动车辆。机动车辆，指依靠燃油、电力等能源作为动力运行的车辆，如汽车、拖拉机、无轨电车等；非机动车辆，指依靠人力、畜力运行的车辆，如三轮车、自行车、畜力驾驶车等。

（2）船舶，包括机动船舶和非机动船舶。机动船舶，指依靠燃料等能源作为动力运行的船舶，如客轮、货船、气垫船等；非机动船舶，指依靠人力或者其他力量运行的船舶，如木船、帆船、舢板等。

二、车船税的纳税义务人

车船的所有人或者管理人为车船税的纳税义务人。其中，所有人是指在我国境内拥有车船的单位和个人；管理人是指对车船具有管理权或者使用权，不具有所有权的单位。上述单位，包括在中国境内成立的行政机关、企业、事业单位、社会团体以及其他组织；上述个人，包括个体工商户以及其他个人。

三、车船税的扣缴义务

从事机动车交通事故责任强制保险（以下简称“交强险”）业务的保险机构为机动车车船税的扣缴义务人，应当在收取保险费时按照规定的税目税额代收车船税，并在机动车交强险的保险单以及保费发票上注明已收税款的信息，作为代收税款凭证。

由保险机构在办理机动车“交强险”业务时代收代缴机动车的车船税，可以方便纳税人缴纳车船税，节约征纳双方的成本，实现车辆车船税的源泉控管。

四、车船税税率

车船税实行定额税率。定额税率也称固定税额，是税率的一种特殊形式（见表 7－2）。

表 7－2 车船税税目表

税目		计税单位	年基准税额	备注
乘用车（按发动机汽缸容量（排气量）分档）	1.0升（含）以下的	每辆	60～360元	核定载客人数9人（含）以下
	1.0升以上至1.6升（含）的		300～540元	
	1.6升以上至2.0升（含）的		360～660元	
	2.0升以上至2.5升（含）的		660～1 200元	
	2.5升以上至3.0升（含）的		1 200～2 400元	
	3.0升以上至4.0升（含）的		2 400～3 600元	
	4.0升以上的		3 600～5 400元	
商用车	客车	每辆	480～1 440元	核定载客人数9人以上，包括电车
	货车	整备质量每吨	16～120元	包括半挂牵引车、三轮汽车和低速载货汽车等
挂车		整备质量每吨	按照货车税额的50%计算	
其他车辆	专用作业车	整备质量每吨	16～120元	不包括拖拉机
	轮式专用机械车			
摩托车		每辆	36～180元	
船舶	机动船舶	净吨位每吨	3～6元	拖船、非机动驳船分别按照机动船舶税额的50%计算
	游艇	艇身长度每米	600～2 000元	

五、车船税征收管理

依法应当在车船登记部门登记的车船，纳税人自行申报缴纳的，应在车船的登记地缴纳车船税；保险机构代收代缴车船税的，应在保险机构所在地缴纳车船税。已由保险机构代收代缴车船税的，纳税人不再向税务机关申报缴纳车船税。

依法不需要办理登记的车船，应在车船的所有人或者管理人所在地缴纳车船税。

车船税纳税义务发生时间为取得车船所有权或者管理权的当月，应当以购买车船的发票或者其他证明文件所载日期的当月为准。

六、购置的新车船，购置当年的车船税税额的计算

车船税按年申报，分月计算，一次性缴纳。购置的新车船，购置当年的应纳税额自取得车船所有权或管理权的当月起按月计算，应纳税额为年应纳税额除以12再乘以应纳税月份数。

【相关阅读】

车船税："小税种"发挥"大效应"

车船税是对车船所有者征收的一种财产税。自2012年我国第一部财产行为税法律《中华人民共和国车船税法》实施以来，针对车船税税源分散、流动性强、管理难度大的特点，税务机关构建了"社会共治、源泉扣缴、联网征收、便捷服务"四位一体的车船税管理体系。专家学者和业内人士认为，这些措施有效加强了税收征管和纳税服务，较好地发挥了车船税在引导绿色消费、调节财富分配、完善自然人税收管理体系等方面的积极作用。

政策"开路"引导绿色消费

我国车船税以乘用车按排气量为计税依据划分了7档税额。"这种累进税制在引导绿色消费方面起到了积极作用。"税务总局财产和行为税司有关负责人介绍，车船税还给予新能源汽车税收减免，强化了绿色消费引导机制。

"不仅享受政府补贴，还享受车船税减免，性价比相较同等配置的传统燃油汽车高多了"。浙江省金华市的汤女士经多次比较后选定了一款新能源汽车。"汤女士选择的这款车在折算补贴返还后比指导价便宜9万元。"浙江豪众汽车销售经理程健说，车船税减免和政府补贴政策的"叠加效应"让购买者更愿意选择新能源汽车。税收减免政策进一步强化了对绿色消费的引导，2012～2016年全国共有478.5万辆节能汽车、新能源汽车享受了税收优惠，减免车船税近10亿元。

"正向"调节功能显现

汽车排气量大小与其价格正相关，按排气量征收车船税对于调节分配具有积极的促进作用。

2016年，全国2.0升排量以下的中小排量乘用车计税车辆占全部计税乘用车的92%，其车船税收入却占全部乘用车车船税收入的69%；而2.0升排量以上的乘用车计税车辆仅占全部计税乘用车的8%，税收收入占比31%。

税务总局财产和行为税司有关负责人认为，这些数据说明，公众选购车辆更青睐于中小排量汽车，中小排量汽车始终是主体车辆，大排量车仍占少数，这与车船税税额累进机制引导绿色消费的政策导向是一致的。

为完善自然人税收管理提供借鉴

为规范车船税管理，税务总局在推动社会共治、加强源泉扣缴、实现联网征收、提供便捷服务等方面推出一系列措施。这其中，实现源泉扣缴是关键环节，税务部门协同公安、交通运输、海事等部门实行共管共治，建立了机动车代收代缴和船舶委托代征两大机制，并通过"税险同步"这一有效抓手强化了源头管控。"车主须先缴纳车船税才能开具交强险保单，也就是见税出单。"浙商财产保险股份有限公司河南分公司财务负责人说。

信息管税是车船税管理的重要手段。目前，全国32个省市已实现与保险公司联网征收，通过“税险联网、自动计税、实时监控”的信息化管理流程，掌握保险公司代收代缴明细。青岛、深圳等税务部门还建立了与海事部门的船舶信息共享及联网征收机制，由海事局计算并代征船舶车船税，实现了车船税“一网征收”。

“在微信公众号也能缴纳车船税了，自助办税机还能打印电子缴款凭证。”在广州市越秀区地税局办税服务厅的纳税人王先生说。各地地税部门不断推出系列便利化办税举措方便纳税人，如山西省地税局等开发了面向纳税人的车船税缴税查询系统，珠海市地税局开通了车船税全省通办专窗等。

国家行政学院经济学部教授许正中表示，车船税在立法先行、信息管税和便民服务等方面积累了有益经验，使“小税种”发挥了“大效应”，为推进税收立法、完善自然人税收管理体系、完善财产税制度等提供了有益借鉴。

资料来源：中国政府网，2017年7月25日。

任务三十一　认识房产税

一、房产税的概念

房产税是以房屋为征税对象，按房屋的计税余值或租金收入为计税依据，向产权所有人征收的一种财产税。

二、房产税征收范围和纳税义务人

1. 房产税征收范围。房产税在城市、县城、建制镇和工矿区范围内征收。

2. 房产税纳税义务人。房产税由产权所有人缴纳。产权属于全民所有的，由经营管理的单位缴纳。产权出典的，由承典人缴纳。产权所有人、承典人不在房产所在地的，或者产权未确定及租典纠纷未解决的，由房产代管人或者使用人缴纳。上述列举的产权所有人、经营管理单位、承典人、房产代管人或者使用人，统称为房产税的纳税人。

三、计税依据

房产税依照房产原值一次减除30%后的余值计算缴纳。房产出租的，以房产租金收入为房产税的计税依据。

四、税率

依照房产余值计算缴纳的，税率为1.2%。

依照房产租金收入计算缴纳的，税率为12%。

对个人按市场价格出租的居民住房，房产税暂减按4%的税率征收。

五、纳税地点

在房产所在地地方税务机关缴纳。

【相关阅读】

房产税的起源

房产税是为中外各国政府广为开征的古老的税种。欧洲中世纪时，房产税就成为封建君主敛财的一项重要手段，且名目繁多，如“窗户税”“灶税”“烟囱税”等，这类房产税大多以房屋的某种外部标志作为确定负担的标准。中国古籍《周礼》上所称“廛布”即为最初的房产税。至唐代的间架税、清代和中华民国时期的房捐，均属房产税性质。

对房屋征税，我国自古有之。周期的“廛布”，唐朝的间架税，清朝初期的“市廛输钞”“计檩输钞”，清末和民国时期的“房捐”等，都是对房屋征税。中华人民共和国成立后，1950 年 1 月政务院公布的《全国税政实施要则》，规定全国统一征收房产税。同年 6 月，将房产税和地产税合并为房地产税。

1951 年 8 月 8 日，政务院公布《城市房地产税暂行条例》。

1973 年简化税制，将试行工商税的企业缴纳的城市房地产税并入工商税，只对有房产的个人、外国侨民和房地产管理部门继续征收城市房地产税。1984 年 10 月，国营企业实行第二步利改税和全国改革工商税制时，确定对企业恢复征收城市房地产税。

同时，鉴于中国城市的土地属于国有，使用者没有土地产权的实际情况，将城市房地产税分为房产税和土地使用税。

1986 年 9 月 15 日，国务院发布《中华人民共和国房产税暂行条例》，决定从当年 10 月 1 日起施行。对在中国有房产的外商投资企业、外国企业和外籍人员仍征收城市房地产税。

美国房产税税率是 0.8% ~3%。其政府公共部门、教育组织等所有或占有的物业全面性免税。美国各州对于自用住宅免税额方式不尽相同。加州是对财产课税价值给予一个固定金额免税额。有些州是按财产课税价值给予某一比例免税额，如麻省给予 20%，印第安纳州给予 4%。这一免税项目是最大项目。

资料来源：税率网，http：//www. shuilv. org/news/3559. html.

任务三十二　认识土地使用税

一、土地使用税概念

土地使用税，是指在城市、县城、建制镇、工矿区范围内使用土地的单位和个人，以实际占用的土地面积为计税依据，依照规定税额计算征收，由土地所在地的税务机关征收的一种税赋。由于土地使用税只在县城以上城市征收，因此也称城镇土地使用税。

【相关阅读】

土地使用税的发展

1988年9月27日国务院发布了《中华人民共和国城镇土地使用税暂行条例》。后来，随着土地有偿使用制度的实施和经济的快速发展，土地需求逐渐增加，土地价值不断攀升，1988年规定的税额标准变得明显偏低。此外，仅对内资纳税人征收城镇土地使用税也不符合公平税负、鼓励竞争的原则。国务院于2006年12月30日重新修订、公布了《中华人民共和国城镇土地使用税暂行条例》，并自2007年1月1日起执行。此次修订的主要内容为：一是将税额幅度提高两倍；二是将征税对象扩大到外商投资企业、外国企业、外籍个人。开征土地使用税，有利于进一步增加地方财政收入，完善地方税体系，巩固分税制财政体制；有利于促进合理、节约使用土地，提高土地使用效益。

二、土地使用税的征税对象和纳税义务人

1. 土地使用税的征税对象。土地使用税以土地面积为征税对象，向土地使用人征缴，属于以有偿占用为特点的行为税类型。

城镇土地使用税的征税范围为城市、县城、建制镇、工矿区等。其中，城市是指经国务院批准建立的市，包括市区和郊区；县城是指县人民政府所在地的城镇；建制镇是指经省、自治区、直辖市人民政府批准设立的建制镇；工矿区是指工商业比较发达，人口比较集中，符合国务院规定的建制镇标准，但尚未设立建制镇的大中型工矿企业所在地。工矿区须经省、自治区、直辖市人民政府批准。城市、县城、建制镇、工矿区的具体征税范围，由各省、自治区、直辖市人民政府划定。

2. 土地使用税的纳税义务人。土地使用税的纳税义务人为实际使用土地的单位和个人。单位包括国有企业、集体企业、私营企业、股份制企业、外商投资企业、外国企业以及其他企业和事业单位、社会团体、国家机关、军队以及其他单位；个人包括个体工商户以及其他个人。

三、土地使用税的税率

土地使用税以纳税人实际占用的土地面积为计税依据，依照规定税额计算征收。

土地使用税每平方米年税额如下：（1）大城市1.5～30元；（2）中等城市1.2～24元；（3）小城市0.9～18元；（4）县城、建制镇、工矿区0.6～12元。

各省、自治区、直辖市人民政府，应当在上述税额幅度内，根据市政建设状况、经济繁荣程度等条件，确定所辖地区的适用税额幅度。经济落后地区土地使用税的适用税额标准可以适当降低，但降低额不得超过上述规定最低税额的30%。经济发达地区土地使用税的适用税额标准可以适当提高，但须报经财政部批准。

四、土地使用税的征收管理

1. 土地使用税应纳税额的计算。土地使用税根据实际使用土地的面积，按税法规定的单位税额缴纳。其计算公式如下：

应纳土地使用税额 = 应税土地的实际占用面积 × 适用单位税额

土地使用税采取按年征收，分期缴纳的方法。缴纳期限由省、自治区、直辖市人民政府确定。

2. 土地使用税的减免。下列土地免缴土地使用税：（1）国家机关、人民团体、军队自用的土地；（2）由国家财政部门拨付事业经费的单位自用的土地；（3）宗教寺庙、公园、名胜古迹自用的土地；（4）市政街道、广场、绿化地带等公共用地；（5）直接用于农、林、牧、渔业的生产用地；（6）经批准开山填海整治的土地和改造的废弃土地，从使用的月份起免缴土地使用税 5 ~ 10 年；

纳税人缴纳土地使用税确有困难需要定期减免的，由省、自治区、直辖市税务机关审核后，报国家税务局批准。财政部另行规定免税的能源、交通、水利设施用地和其他用地。

3. 新征用的土地，依照下列规定缴纳土地使用税：（1）征用的耕地，自批准征用之日起满 1 年时开始缴纳土地使用税；（2）征用的非耕地，自批准征用次月起缴纳土地使用税。

任务三十三　认识资源税

一、资源税的含义与发展

1. 资源税的含义。资源税是对自然资源征税的税种的总称。是对在我国境内开采应税矿产品和生产盐的单位和个人，就其销售额及销售数量征收的一种税。

2. 资源税的发展。1984 年，为了逐步建立和健全我国的资源税体系，我国开始征收资源税。鉴于当时的一些客观原因，资源税税目只有煤炭、石油和天然气三种，后来又扩大到对铁矿石征税。

随着我国经济体制改革的逐步推进，1993 年 12 月 25 日国务院重新修订颁布了《中华人民共和国资源税暂行条例》，财政部同年还发布了资源税实施细则，自 1994 年 1 月 1 日起执行。2011 年 9 月 30 日，国务院公布了《国务院关于修改〈中华人民共和国资源税暂行条例〉的决定》，2011 年 10 月 28 日，财政部公布了修改后的《中华人民共和国资源税暂行条例实施细则》，两个文件都于 2011 年 11 月 1 日起施行。

修订后的条例扩大了资源税的征收范围，由过去的煤炭、石油、天然气、铁矿石少数几种资源扩大到原油、天然气、煤炭、其他非金属矿原矿、黑色金属矿原矿、有色金属矿原矿和盐 7 类，其中，原油仅指开采的天然原油，不包括以油母页岩等炼制的原油天然气，暂不包括煤矿生产的天然气煤炭，不包括以原煤加工的洗煤和选煤等金属矿产品和非金属矿产品，均指原矿石；盐，系指固体盐、液体盐。但总的来看，资源税仍只囿于矿藏品，对大部分非矿藏品资源都没有征税。

二、资源税的征税范围和纳税义务人

1. 资源税征税范围。资源税的征税范围包括原油、天然气、煤炭、其他非金属矿原矿、黑色金属矿原矿，有色金属矿原矿、盐7类。

2. 资源税纳税义务人和扣缴义务人。我国资源税的纳税义务人为在中华人民共和国领域及管辖海域开采矿产品或者生产盐的单位和个人。收购未税矿产品的单位为资源税的扣缴义务人。

三、资源税税目和税率

资源税的税目、税率及财政部的有关规定见表7－3。

表7－3　　资源税税目税率

税目		税率
一、原油		销售额的5%～10%
二、天然气		销售额的5%～10%
三、煤炭	焦煤	每吨8～20元
	其他煤炭	每吨0.3～5元
四、其他非金属矿原矿	普通非金属矿原矿	每吨或者每立方米0.5～20元
	贵重非金属矿原矿	每千克或者每克拉0.5～20元
五、黑色金属矿原矿		每吨2～30元
六、有色金属矿原矿	稀土矿	每吨0.4～60元
	其他有色金属矿原矿	每吨0.4～30元
七、盐	固体盐	每吨10～60元
	液体盐	每吨2～10元

注：资源税税目、税率的部分调整，由国务院决定。(1) 原油，是指开采的天然原油，不包括人造石油。(2) 天然气，是指专门开采或者与原油同时开采的天然气。(3) 煤炭，是指原煤，不包括洗煤、选煤及其他煤炭制品。(4) 其他非金属矿原矿，是指上列产品和井矿盐以外的非金属矿原矿。(5) 固体盐，是指海盐原盐、湖盐原盐和井矿盐。液体盐，是指卤水。纳税人具体适用的税率，在资源税税目税率表规定的税率幅度内，根据纳税人所开采或者生产应税产品的资源品位、开采条件等情况，由财政部和国务院有关部门确定；财政部未列举名称且未确定具体适用税率的其他非金属矿原矿和有色金属矿原矿，由省、自治区、直辖市人民政府根据实际情况确定，报财政部和国家税务总局备案。

四、资源税的征收管理

1. 资源税应纳税额的计算。资源税的应纳税额，按照从价定率或者从量定额的办法，分别以应税产品的销售额乘以纳税人具体适用的比例税率或者以应税产品的销售数量乘以纳税人具体适用的定额税率计算。

应纳资源税额＝应税产品的销售额×比例税率

＝应税产品的销售数量×定额税率

【小贴士】

在纳税实务中，应注意：纳税人开采或者生产不同税目应税产品的，应当分别核算不同税目应税产品的销售额或者销售数量；未分别核算或者不能准确提供不同税目应税产品的销售额或者销售数量的，从高适用税率。

纳税人开采或者生产应税产品，自用于连续生产应税产品的，不缴纳资源税；自用于其他方面的，视同销售，应缴纳资源税。

2. 资源税的减免。（1）开采原油过程中用于加热、修井的原油免税；（2）纳税人开采或者生产应税产品过程中，因意外事故或者自然灾害等原因遭受重大损失的，由省、自治区、直辖市人民政府酌情决定减税或者免税；（3）国务院规定的其他减免税项目。

纳税人的减税、免税项目，应当单独核算销售额或者销售数量；未单独核算或者不能准确提供销售额或者销售数量的，不予减税或者免税。

3. 资源税纳税义务的发生时间、纳税地点和纳税期限。纳税人销售应税产品，纳税义务发生时间为收讫销售款或者取得索取销售款凭据的当天；自产自用应税产品，纳税义务发生时间为移送使用的当天。

资源税的纳税人应当向应税产品的开采或者生产所在地主管税务机关缴纳。纳税人在本省、自治区、直辖市范围内开采或者生产应税产品，其纳税地点需要调整的，由省、自治区、直辖市税务机关决定。扣缴义务人代扣代缴的资源税，应当向收购地主管税务机关缴纳。

纳税人的纳税期限为1日、3日、5日、10日、15日或者1个月，由主管税务机关根据实际情况具体核定。不能按固定期限计算纳税的，可以按次计算纳税。

纳税人以1个月为一期纳税的，自期满之日起10日内申报纳税；以1日、3日、5日、10日或者15日为一期纳税的，自期满之日起5日内预缴税款，于次月1日起10日内申报纳税并结清上月税款。

4. 其他规定。跨省、自治区、直辖市开采或者生产资源税应税产品的纳税人，其下属生产单位与核算单位不在同一省、自治区、直辖市的，对其开采或者生产的应税产品，一律在开采地或者生产地纳税。实行从量计征的应税产品，其应纳税款一律由独立核算的单位按照每个开采地或者生产地的销售量及适用税率计算划拨；实行从价计征的应税产品，其应纳税款一律由独立核算的单位按照每个开采地或者生产地的销售量、单位销售价格及适用税率计算划拨。

【小贴士】

关于对页岩气减征资源税的通知

（财税〔2018〕26号）

各省、自治区、直辖市、计划单列市财政厅（局）、国家税务局、地方税务局，新疆生产建设兵团财政局：

为促进页岩气开发利用，有效增加天然气供给，经国务院同意，自2018年4月1日至

2021 年 3 月 31 日，对页岩气资源税（按 6% 的规定税率）减征 30%。

请遵照执行。

财政部　国家税务总局

2018 年 3 月 29 日

任务三十四　认识土地增值税

一、土地增值税的定义

土地增值税是指转让国有土地使用权、地上的建筑物及其附着物并取得收入的单位和个人，以转让所取得的收入（包括货币收入、实物收入和其他收入）减除法定扣除项目金额后的增值额为计税依据向国家缴纳的一种税负，土地增值税不包括以继承、赠与方式无偿转让房地产的行为。

二、土地增值税的征税对象和纳税义务人

1. 土地增值税的征税对象。土地增值税的征税对象是指有偿转让国有土地使用权及地上建筑物和其他附着物产权所取得的增值额。增值额是指转让国有土地使用权及地上建筑物和其他附着物产权取得的收入减除规定的房地产开发成本、费用等支出后的余额。

上述准予减除的房地产开发成本、费用，具体为：(1) 取得土地使用权所支付的金额；(2) 开发土地的成本、费用；(3) 新建房及配套设施的成本、费用，或者旧房及建筑物的评估价格；(4) 与转让房地产有关的税金；(5) 财政部规定的其他扣除项目。

2. 土地增值税的纳税义务人。土地增值税的纳税义务人为转让国有土地使用权、地上的建筑物及其附着物并取得收入的单位和个人。

三、土地增值税的税率

土地增值税实行四级超率累进税率（见表 7－4）。

表 7－4　　土地增值税税率　　单位：%

级数	计税依据	适用税率	速算扣除率
1	增值额未超过扣除项目金额 50% 的部分	30	0
2	增值额超过扣除项目金额 50%、未超过扣除项目金额 100% 的部分	40	5
3	增值额超过扣除项目金额 100%、未超过扣除项目金额 200% 的部分	50	15
4	增值额超过扣除项目金额 200% 的部分	60	35

【相关阅读】

土地增值税八大实务问题解读

2010 年 4 月 17 日，国务院发布的《关于坚决遏制部分城市房价过快上涨的通知》（国发〔2010〕10 号，以下简称“国十条”）明确指出税务部门要严格按照税法和有关政策的规定，认真做好土地增值税的征收管理工作，对定价过高、涨幅过快的房地产开发项目进行重点清算和稽查。国十条的发布，标志着中国土地增值税进入了严清算时代。国家税务总局为了落实好国务院的宏观调控指示，先后发布了《关于土地增值税清算有关问题的通知》(国税函〔2010〕220 号，以下简称“220 号文”)、《关于加强土地增值税征管工作的通知》(国税发〔2010〕53 号）两个配套法规，具体界定了土地增值税的相关政策问题，其中的 220 号文更是明确了土地增值税清算的八大政策问题，笔者将结合土地增值税清算的现状对其逐一进行解读。

一、关于土地增值税清算时收入确认的问题

220 号文规定，土地增值税清算时，已全额开具商品房销售发票的，按照发票所载金额确认收入；未开具发票或未全额开具发票的，以交易双方签订的销售合同所载的售房金额及其他收益确认收入。销售合同所载商品房面积与有关部门实际测量面积不一致，在清算前已发生补、退房款的，应在计算土地增值税时予以调整。

解读：土地增值税清算收入确认的考量因素有三个，即发票、合同和补、退房款。土地增值税清算收入采取了发票和合同孰高确认收入的办法。对于补、退房款，属于在清算前发生的，予以调整；在清算后发生的，不再调整。

《商品房销售管理办法》规定，按套内建筑面积或建筑面积计价的，当事人应在合同中载明合同约定面积与产权登记面积发生误差的处理方式。合同未作约定的，按以下原则处理：面积误差比绝对值在3%以内（含3%）的，据实结算房价款；面积误差比绝对值超出3%时，买受人有权退房。买受人退房的，房地产开发企业应当在买受人提出退房之日起 30 日内将买受人已付房价款退还给买受人，同时支付已付房价款利息。买受人不退房的，产权登记面积大于合同约定面积时，面积误差比在3%以内（含3%）部分的房价款由买受人补足；超出3%部分的房价款由房地产开发企业承担，产权归买受人。产权登记面积小于合同约定面积时，面积误差比绝对值在3%以内（含3%）部分的房价款由房地产开发企业返还买受人；绝对值超出3%部分的房价款由房地产开发企业双倍返还买受人。

合同约定面积和产权面积的差异，引起了税收实务上的两个问题：一是在清算前的补、退房款是否能够调整收入；二是在清算后发生的补、退房款是否能够调整收入。如果一律按照实际收入调整，则开发企业在有退房款时可以得到税收利益，反之则有税收损失。

因面积价差占销售收入的比例不大，因此220 号文采取了简化处理，即在清算前发生的补、退房款应该调整收入，而清算后因面积价差发生的补、退房款，无论是补房款，还是退房款都不再进行调整。

二、房地产开发企业未支付的质量保证金，其扣除项目金额的确定问题

220 号文规定，房地产开发企业在工程竣工验收后，根据合同约定，扣留建筑安装施工企业一定比例的工程款，作为开发项目的质量保证金，在计算土地增值税时，建筑安装施工企业就质量保证金对房地产开发企业开具发票的，按发票所载金额予以扣除；未开具发票

的，扣留的质保金不得计算扣除。

解读：《建设工程质量保证金管理暂行办法》规定，全部或部分使用政府投资的建设项目，按工程价款结算总额5%左右的比例预留保证金，社会投资项目采用预留保证金方式的，预留保证金的比例可参照执行。实践中，开发企业一般均参照该办法，预留乙方5%比例的保证金。由于这5%的合同价款未支付给乙方，乙方可能不开具发票。例如，某开发企业出包合同总额为1亿元，开发企业已经结算合同价款9 500万元，预留5%保证金，乙方对保证金部分未开具发票。即开发企业只取得了9 500万元的发票，土地增值税和企业所得税对成本的处理采取了不同的方式：

1. 企业所得税。企业所得税政策考虑了质量保证金难以取得发票的现状，《房地产开发经营业务企业所得税处理办法》（国税发〔2009〕31号）规定，允许开发企业在出包合同总额的10%以内预提成本，因此该企业的企业所得税计税成本为9 500万元发票金额加上500万元预提成本，即可按出包合同总额1亿元计入计税成本。

2. 土地增值税。220号文明确规定，在清算前没有取得发票的，不允许预提成本，只有取得发票才能扣除。土地增值税政策认为开发企业预留保证金的行为可以分解为两个步骤：第一，开发企业全额支付了1亿元价款，因此应当取得1亿元工程发票，如果500万元的质量保证金未取得发票，不允许计入土地增值税成本；第二，开发企业又收取了500万元的质量保证金，作为“其他应付款”处理。

因此开发企业应注意以下两点：一是预留的质量保证金应尽量取得发票，否则土地增值税的利益将受到损失；二是如果在清算前无法取得质量保证金的发票，部分地方政策（如大连市）明确规定，清算后取得发票的，可以调整清算结论，因此在清算后取得发票的，应尽量向税务机关申请调整清算结论。

三、关于房地产开发费用的扣除问题

220号文规定：(1) 财务费用中的利息支出，凡能按转让房地产项目计算分摊并提供金融机构证明的，允许据实扣除，但最高不能超过按商业银行同类同期贷款利率计算的金额。其他房地产开发费用，在按照“取得土地使用权所支付的金额”与“房地产开发成本”金额之和的5%以内计算扣除。(2) 凡不能按转让房地产项目计算分摊利息支出或不能提供金融机构证明的，房地产开发费用在按“取得土地使用权所支付的金额”与“房地产开发成本”金额之和的10%以内计算扣除。全部使用自有资金，没有利息支出的，按照以上方法扣除。上述具体适用的比例按省级人民政府此前规定的比例执行。(3) 房地产开发企业既向金融机构借款，又有其他借款的，其房地产开发费用计算扣除时不能同时适用本条(1) 项、(2) 项所述两种办法。(4) 土地增值税清算时，已经计入房地产开发成本的利息支出，应调整至财务费用中计算扣除。

解读：开发贷款利息是开发企业成本的重要组成部分。220号文解决了长期以来贷款利息在费用扣除方面存在的争议。例如，某企业土地成本为6亿元，房屋开发成本为4.4亿元，该企业发生贷款利息6 000万元，其中向金融机构贷款支付贷款利息3 000万元，向某工业企业借款支付贷款利息3 000万元，其中记入“开发成本——开发间接费用”4 000万元（包括支付金融机构利息2 000万元及支付某工业企业利息2 000万元），计入财务费用2 000万元（包括支付金融机构利息1 000万元，支付某工业企业利息1 000万元）。

方案1：如果该企业不能提供金融机构证明，则土地增值税开发费用扣除金额为1[(6 +

4.4 - 0.4) ×10%] 亿元。需要说明的是，在220号文下发前，广州市等地方土地增值税文件认为，5%的比例扣除仅仅指财务费用的利息支出，而计入开发成本中的利息支出不需要调整出来，即在本例中，土地增值税开发费用扣除金额为1.04 [(6 +4.4) ×10%] 亿元。

220号文明确了开发费用的计算基数，应当将计入开发成本的利息调整至财务费用。需要注意的是，220号文考虑了资金的机会成本，如果开发企业全部是自有资金，没有发生利息支出的，视同不能提供金融机构证明，按照10%的比例扣除开发费用，而不是不允许扣除利息支出。即只要采取了定率扣除方法，无论是否发生利息，一律按照10%的比例扣除开发费用。

方案2：如果该企业可以提供金融机构的证明资料，则土地增值税利息扣除金额为能够提供金融机构证明的3 000万元，向非金融机构借款支付的利息3 000万元，由于不能提供金融机构证明，不允许扣除。即开发费用 = [6 + (4.4 - 0.4)] ×5% +0.3 =0.8（亿元）。

220号文实际上给了开发企业允许根据自身情况，选择适用利息扣除政策的空间，开发企业应进行测算比较，以获得最大的税收利益。在本例中，开发企业显然会选择方案1。

另外需要注意的是，220号文表述的10%“以内”的扣除比例，不能理解为按照实际发生利息和5%孰低的原则扣除，而是授权各省级人民政府确定固定的比例。

四、关于房地产企业逾期开发缴纳的土地闲置费的扣除问题

220号文规定，房地产开发企业逾期开发缴纳的土地闲置费不得扣除。

解读：《国务院关于促进节约集约用地的通知》（国发〔2008〕3号）规定，土地闲置满一年不满两年的，按出让或划拨土地价款的20%征收土地闲置费。没有按照合同规定开发而缴纳的土地闲置费，到底属于行政合同还是民事行为，在法学界存在颇多争议。如果将土地闲置费定义为行政行为，则不允许在税前扣除；而如果定义为民事主体的合同行为，则允许在税前扣除。企业所得税和土地增值税对该问题的认识显然是不同的。

1. 企业所得税持有合同说。国税发〔2009〕31号文明确规定，土地闲置费纳入土地征用费和拆迁补偿费。即土地闲置费允许在企业所得税计税成本中扣除。

2. 土地增值税持有行政行为说。即将土地闲置费看做行政罚款，其结果是土地增值税不允许土地闲置费税前扣除。该观点在国十条宏观调控条件下，明显带有税收调控的目的。

五、关于房地产开发企业取得土地使用权时支付的契税的扣除问题

220号文规定，房地产开发企业为取得土地使用权所支付的契税，应视同“按国家统一规定缴纳的有关费用”，记入“取得土地使用权所支付的金额”中扣除。

解读：《中华人民共和国契税暂行条例》于1997年10月1日开始执行，而《中华人民共和国土地增值税暂行条例》于1994年1月1日开始执行，因此，在土地增值税扣除项目中并未列举“取得土地使用权时缴纳的契税”。在实践中，大部分省份允许契税作为开发成本的一部分扣除，部分省份则要求将契税类似于利息支出从开发成本中调整出来，在“与转让房地产有关的税金”中扣除，这就意味着不允许契税作为加计扣除及开发费用扣除的基数。

《关于对契税会计处理办法请示的复函》（财会字〔1998〕36号）规定，在会计处理上，企业和事业单位取得土地使用权、房屋按规定缴纳的契税，应计入所取得土地使用权和房屋的成本。即在会计处理上，契税作为土地成本的一部分。220号文也明确契税应计入“取得土地使用权所支付的金额”在开发成本中扣除，其处理原则同会计处理一致。

六、关于拆迁安置土地增值税计算问题

220号文规定：(1) 房地产企业用建造的本项目房地产安置回迁户的，安置用房视同销售处理，按《国家税务总局关于房地产开发企业土地增值税清算管理有关问题的通知》（国税发〔2006〕187号）第三条第（一）款规定确认收入，同时将此确认为房地产开发项目的拆迁补偿费。房地产开发企业支付给回迁户的补差价款，计入拆迁补偿费；回迁户支付给房地产开发企业的补差价款，应抵减本项目拆迁补偿费。(2) 开发企业采取异地安置，异地安置的房屋属于自行开发建造的，房屋价值按国税发〔2006〕187号第三条第（一）款的规定计算，计入本项目的拆迁补偿费；异地安置的房屋属于购入的，以实际支付的购房支出计入拆迁补偿费。(3) 货币安置拆迁的，房地产开发企业凭合法有效凭据计入拆迁补偿费。

解读：拆迁补偿既可以采用房屋补偿方式，也可以采用货币补偿方式。对于房地产企业，如果被拆迁户选择货币补偿方式，该项支出应作为“拆迁补偿费”计入开发成本中的土地成本中；如果被拆迁户选择就地安置或异地安置房屋补偿方式，对补偿的房屋应视同对外销售，相当于被拆迁户用房地产企业支付的货币补偿资金向房地产企业购入房屋，视同销售收入应按其公允价值或参照同期同类房屋的市场价格确定，同时应按照同期同类房屋的成本确认视同销售成本。另外，还要确认土地成本中的“拆迁补偿费支出”，即以按公允价值或同期同类房屋市场价格计算的金额以“拆迁补偿费”的形式计入开发成本的土地成本中。

1. 产权调换。如果是用自行开发建造的房屋，无论是就地安置还是异地安置，都应该按照国税发〔2006〕187号文件第三条第（一）款规定，做视同销售处理。如果是用购置房屋来拆迁安置的，应将购房支出直接计入拆迁补偿费处理。

例如，某企业建造的房屋的市场公允价值为100万元，将该房屋拆迁补偿给业主。则土地增值税处理为：按照销售房屋100万元收入，计算该房屋的土地增值税收入；增加开发成本100万元，计入开发成本中，据以计算土地增值税的扣除项目；该项房屋的成本，可以在土地增值税前扣除。

若某开发企业，购入房屋的市场公允价值为100万元，作为拆迁房给业主。则土地增值税处理为：将100万元作为拆迁补偿费计入该项目的开发成本；开发企业对购入的还建房屋转交给业主的行为，无须计算缴纳土地增值税。即实践处理中，房屋的产权直接办理在业主名下，而由开发企业付款即可，无须将产权先办理到开发商名下，再置换给业主。

2. 货币补偿。计入该项目的土地征用及拆迁补偿费处理，如果有补价或退款的，则作为拆迁费的增加项或减少项处理。关于拆迁补偿问题，所得税的处理原则基本同土地增值税类似，即视同销售处理，在新《企业所得税法》实施以前，国家税务总局曾经出台的《关于房地产开发企业房屋抵顶地价计算缴纳企业所得税问题的批复》（国税函〔2002〕172号）对此进行了界定；而营业税则按照《关于外商投资企业从事城市住宅小区建设征收营业税问题的批复》（国税函发〔1995〕549号）规定，按核定的成本价格对还建的房屋征收营业税。

七、关于转让旧房准予扣除项目的加计问题

220号文规定，《财政部　国家税务总局关于土地增值税若干问题的通知》（财税〔2006〕21号）规定“纳税人转让旧房及建筑物，凡不能取得评估价格，但能提供购房发票的，经当地税务部门确认，《土地增值税暂行条例》第六条第（一）、（三）项规定的扣除项目的金额，可按发票所载金额并从购买年度起至转让年度止每年加计5%计算”。计算扣除项目时“每年”按购房发票所载日期起至售房发票开具之日止，每满12个月计一年；超过一年，或未满12个月但超过6个月的，可以视同为一年。

解读：220号文明确了21号文销售旧房中“每年”的计算适用四舍五入原则。

八、关于土地增值税清算后应补缴的土地增值税加收滞纳金问题

220号文规定，纳税人按规定预缴土地增值税后，清算补缴的土地增值税，在主管税务机关规定的期限内补缴的，不加收滞纳金。

解读：关于土地增值税滞纳金的处理，可以分为三种情况：一是未按规定预缴土地增值税的，根据《财政部　国家税务总局关于土地增值税若干问题的通知》（财税〔2006〕21号）的规定加征滞纳金。二是按规定清算补缴的土地增值税，不征收滞纳金。三是未按期清算而需要补缴的土地增值税，应从主管税务机关限期结束后的第二天开始加征滞纳金。根据《土地增值税清算管理规程》（国税发〔2009〕91号）规定，土地增值税的清算分为通知清算和自行清算，根据220号文规定，只有在规定期限内清算补缴税款，才不加征滞纳金。因此，如果开发企业达到自行清算标准而未按期清算的，将会有滞纳金风险。实践中，地产企业可以保留一些房子不卖，以规避自行清算的滞纳金风险。

资料来源：财政部网站。

四、土地增值税的征收管理

1. 土地增值税应纳税额的计算。计算土地增值税应纳税额，可按增值额乘以适用的税率减去扣除项目金额乘以速算扣除系数的简便方法计算，具体公式如下：

（1）增值额未超过扣除项目金额50%：

土地增值税税额＝增值额×30%

（2）增值额超过扣除项目金额50%，未超过100%的：

土地增值税税额＝增值额×40%－扣除项目金额×5%

（3）增值额超过扣除项目金额100%，未超过200%的：

土地增值税税额＝增值额×50%－扣除项目金额×15%

（4）增值额超过扣除项目金额200%：

土地增值税税额＝增值额×60%－扣除项目金额×35%

公式中的5%、15%和35%为速算扣除系数。

土地增值税以人民币为计算单位。转让房地产所取得的收入为外国货币的，以取得收入当天或当月1日国家公布的市场汇价折合成人民币，据以计算应纳土地增值税税额。

纳税人有下列情形之一的，按照房地产评估价格计算征收土地增值税：（1）隐瞒、虚报房地产成交价格的；（2）提供扣除项目金额不实的；（3）转让房地产的成交价格低于房地产评估价格，又无正当理由的。

房地产评估价格，是指由政府批准设立的房地产评估机构根据相同地段、同类房地产进行综合评定的价格。评估价格须经当地税务机关确认。

2. 土地增值税的减免。有下列情形之一的，免征土地增值税：

（1）纳税人建造普通标准住宅出售，增值额未超过扣除项目金额 20% 的；增值额超过扣除项目金额之和 20% 的，应就其全部增值额按规定计税。

普通住宅：普通标准住宅，是指按所在地一般民用住宅标准建造的居住用住宅。高级公寓、别墅、度假村等不属于普通标准住宅。普通标准住宅与其他住宅的具体划分界限由各省、自治区、直辖市人民政府规定。

（2）因国家建设需要依法征用、收回的房地产。因城市实施规划、国家建设的需要而搬迁，由纳税人自行转让原房地产的，免征土地增值税。符合免税规定的单位和个人，须向房地产所在地税务机关提出免税申请，经税务机关审核后，免予征收土地增值税。

（3）个人因工作调动或改善居住条件而转让原自用住房，经向税务机关申报核准，凡居住满 5 年或 5 年以上的，免予征收土地增值税；居住满 3 年未满 5 年的，减半征收土地增值税。居住未满 3 年的，按规定计征土地增值税。

3. 土地增值税纳税义务的发生时间、纳税地点和纳税期限。土地增值税的纳税人应在转让房地产合同签订后的 7 日内，到房地产所在地主管税务机关办理纳税申报，并向税务机关提交房屋及建筑物产权、土地使用权证书，土地转让、房产买卖合同，房地产评估报告及其他与转让房地产有关的资料。

纳税人因经常发生房地产转让而难以在每次转让后申报的，经税务机关审核同意后，可以定期进行纳税申报，具体期限由税务机关根据情况确定。

4. 土地增值税的征收机关。土地增值税由税务机关征收。土地管理部门、房产管理部门应当向税务机关提供有关资料，并协助税务机关依法征收土地增值税。纳税人未按照本条例缴纳土地增值税的，土地管理部门、房产管理部门不得办理有关的权属变更手续。

5. 其他规定。

（1）纳税人在项目全部竣工结算前转让房地产取得的收入，由于涉及成本确定或其他原因，而无法据以计算土地增值税的，可以预征土地增值税，待该项目全部竣工、办理结算后再进行清算，多退少补。具体办法由各省、自治区、直辖市地方税务局根据当地情况制定。

（2）纳税人转让房地产坐落在两个或两个以上地区的，应按房地产所在地分别申报纳税。

任务三十五　认识契税

一、契税的定义

契税是以所有权发生转移变动的不动产为征税对象，向产权承受人征收的一种财产税。应缴税范围包括：国有土地使用权出让、土地使用权出售、赠与和交换，房屋买卖，房屋赠与，房屋交换等。

【相关阅读】

契税的历史沿革

中国契税起源于东晋时期的“估税”，至今已有1 600多年的历史。当时规定，凡买卖田宅、奴婢、牛马，立有契据者，每一万钱交易额官府征收四百钱即税率为4%，其中卖方缴纳3%，买方缴纳1%。北宋开宝二年（公元969年），开始征收印契钱（性质上是税，只是名称为钱）。这是不再由买卖双方分摊，而是由买方缴纳了。并规定缴纳期限为两个月。从此，开始以保障产权为由征收契税。以后历代封建王朝对土地、房屋的买卖、典当等产权变动都征收契税，但税率和征收范围不完全相同。如清初顺治四年（公元1648年）规定，民间买卖、典押土地和房屋登录于官时，由买主依买卖价格，每一两银纳三分（即3%）。到清朝末年，土地、房屋的买卖契税税率提高到9%，典当契税税率提高到6%。

中华民国成立后，于1914年颁布契税条例。规定税率为：买契9%，典契6%。另外，还有一些免税规定：官方、自治团体和具有公益性的法人在买卖、典当土地房屋时免纳契税。1917年，北洋政府将税率改为买契6%，典契3%，各省征收附加税，但以不超过正税的1/3为限。

1927年国民政府公布验契暂行条例及章程，将契税划归地方收入。1934年国民政府第二次全国财政会议上，通过了《契税办法四项》，要求各省整理契税，规定买契6%，典契3%为税率高限，附加税以不超过正税的一半为原则。至此，契税税率在全国统一起来。1940年，国民政府公布《契税暂行条例》，将税率改为买契5%，典契3%。1942年修改《契税暂行条例》，将税目扩大为买卖、典当、赠与和交换，后又增加了分割和占有两个税目。由于契税是以保障产权的名义征收的，长期以来都是纳税人自觉向政府申报投税，请求验印或发给契证。因此，契税在群众中影响较深，素有“地凭文契官凭印”“买地不税契，诉讼没凭据”的谚语。

新中国成立后，政务院于1950年发布《契税暂行条例》，规定对土地、房屋的买卖、典当、赠与和交换征收契税。1954年财政部经政务院批准，对《契税暂行条例》的个别条款进行了修改，规定对公有制单位承受土地、房屋权属转移免征契税。社会主义改造完成以后，土地禁止买卖和转让，征收土地契税也就自然停止了。这样使得契税征收范围大大缩小，收入额很小。到“文化大革命”后期，全国契税征收工作基本处于停顿状态。

改革开放后，国家重新调整了土地、房屋管理方面的有关政策，房地产市场逐步得到了恢复和发展。为适应形势的要求，从1990年开始，全国契税征管工作全面恢复。恢复征收后，契税收入连年大幅度增加，从1990年的1.34亿元增加到1997年的36亿元，成为地方税收中最具增长潜力的税种。但由于《契税暂行条例》立法年代久远，很多规定与当前的实际情况相脱节，实际工作中难以操作和执行。为了适应社会主义市场经济形势的需要，充分发挥契税筹集财政收入和调控房地产市场的功能，从1990年起，就着手开始了《契税暂行条例》的修订工作。其间经过大量的调查研究，数易其稿。1997年7月7日，李鹏签署国务院第224号令，发布了《中华人民共和国契税暂行条例》，并于同年10月1日起开始实施。

资料来源：西安报，http：//epaper. xiance. com/xawb/html/2013－03/26/content_ 192926. htm 本组稿件由记者张娜，通讯员王军采写。

二、契税的纳税义务人

在中华人民共和国境内转移土地、房屋权属，承受的单位和个人为契税的纳税人，应当依照规定缴纳契税。

转移土地、房屋权属是指下列行为：(1) 国有土地使用权出让；(2) 土地使用权转让，包括出售、赠与和交换；(3) 房屋买卖；(4) 房屋赠与；(5) 房屋交换。上述行为不包括农村集体土地承包经营权的转移。

三、契税的税率

契税税率为3%～5%的幅度税率。

考虑到中国经济发展的不平衡，各地经济差别较大的实际情况，契税的适用税率，由省、自治区、直辖市人民政府在前款规定的幅度内按照该地区的实际情况确定，并报财政部和国家税务总局备案。

四、契税的征收管理

1. 契税应纳税额的计算。

(1) 契税的计算公式：

$$应纳税额 = 计税依据 \times 税率$$

应纳税额以人民币计算。转移土地、房屋权属以外汇结算的，按照纳税义务发生之日中国人民银行公布的人民币市场汇率中间价折合成人民币计算。

(2) 契税的计税依据为：①国有土地使用权出让、土地使用权出售、房屋买卖，为成交价格；②土地使用权赠与、房屋赠与，由征收机关参照土地使用权出售、房屋买卖的市场价格核定；③土地使用权交换、房屋交换，为所交换的土地使用权、房屋的价格的差额。

如果出让、出售的成交价格明显低于市场价格并且无正当理由的，或者所交换土地使用权、房屋的价格的差额明显不合理并且无正当理由的，由征收机关参照市场价格核定。

2. 契税的减免。有下列情形之一的，减征或者免征契税：(1) 国家机关、事业单位、社会团体、军事单位承受土地、房屋用于办公、教学、医疗、科研和军事设施的，免征；(2) 城镇职工按规定第一次购买公有住房的，免征；(3) 因不可抗力灭失住房而重新购买住房的，酌情准予减征或者免征；(4) 财政部规定的其他减征、免征契税的项目。

经批准减征、免征契税的纳税人改变有关土地、房屋的用途，不再属于规定的减征、免征契税范围的，应当补缴已经减征、免征的税款。

3. 契税纳税义务的发生时间、纳税地点和纳税期限。契税的纳税义务发生时间，为纳税人签订土地、房屋权属转移合同的当天，或者纳税人取得其他具有土地、房屋权属转移合同性质凭证的当天。

纳税人应当自纳税义务发生之日起10日内，向土地、房屋所在地的契税征收机关办理纳税申报，并在契税征收机关核定的期限内缴纳税款。

4. 契税的征收机关。契税征收机关为土地、房屋所在地的财政机关或者地方税务机关。具体征收机关由省、自治区、直辖市人民政府确定。土地管理部门、房产管理部门应当向契税征收机关提供有关资料，并协助契税征收机关依法征收契税。

5. 其他规定。

（1）纳税人办理纳税事宜后，契税征收机关应当向纳税人开具契税完税凭证。

（2）纳税人应当持契税完税凭证和其他规定的文件材料，依法向土地管理部门、房产管理部门办理有关土地、房屋的权属变更登记手续。纳税人未出具契税完税凭证的，土地管理部门、房产管理部门不予办理有关土地、房屋的权属变更登记手续。

任务三十六　认识环保税

一、环保税概述

为了保护和改善环境，减少污染物排放，推进生态文明建设，从2018年1月1日征收环保税。在中华人民共和国领域和中华人民共和国管辖的其他海域，直接向环境排放应税污染物的企业事业单位和其他生产经营者为环境保护税的纳税人，应当依照本法规定缴纳环境保护税。本法所称应税污染物，是指本法所附《环境保护税税目税额表》《应税污染物和当量值表》规定的大气污染物、水污染物、固体废物和噪声。

二、计税依据和应纳税额

1. 环境保护税计税依据。应税污染物的计税依据，按照下列方法确定：

（1）应税大气污染物按照污染物排放量折合的污染当量数确定。

（2）应税水污染物按照污染物排放量折合的污染当量数确定。

（3）应税固体废物按照固体废物的排放量确定。

（4）应税噪声按照超过国家规定标准的分贝数确定。

2. 环境保护税应纳税额按照下列方法计算。

（1）应税大气污染物的应纳税额为污染当量数乘以具体适用税额。

（2）应税水污染物的应纳税额为污染当量数乘以具体适用税额。

（3）应税固体废物的应纳税额为固体废物排放量乘以具体适用税额。

（4）应税噪声的应纳税额为超过国家规定标准的分贝数对应的具体适用税额。

三、税收减免

下列情形，暂予免征环境保护税：

（1）农业生产（不包括规模化养殖）排放应税污染物的。

（2）机动车、铁路机车、非道路移动机械、船舶和航空器等流动污染源排放应税污染物的。

（3）依法设立的城乡污水集中处理、生活垃圾集中处理场所排放相应应税污染物，不超过国家和地方规定的排放标准的。

（4）纳税人综合利用的固体废物，符合国家和地方环境保护标准的。

（5）国务院批准免税的其他情形。

【小贴士】

纳税人排放应税大气污染物或者水污染物的浓度值低于国家和地方规定的污染物排放标准30%的，减按75%征收环境保护税。纳税人排放应税大气污染物或者水污染物的浓度值低于国家和地方规定的污染物排放标准50%的，减按50%征收环境保护税。

四、环保税的征收管理

纳税义务发生时间为纳税人排放应税污染物的当日。纳税人应当向应税污染物排放地的税务机关申报缴纳环境保护税。

环境保护税按月计算，按季申报缴纳。不能按固定期限计算缴纳的，可以按次申报缴纳。

纳税人按季申报缴纳的，应当自季度终了之日起15日内，向税务机关办理纳税申报并缴纳税款。纳税人按次申报缴纳的，应当自纳税义务发生之日起15日内，向税务机关办理纳税申报并缴纳税款。

【小结】

本项目主要介绍了城市维护建设税、教育费附加、印花税、车船税、房产税、土地使用税、资源税、土地增值税和契税的相关概念、征收范围、纳税义务人、税额的计算以及征收管理。

【课后训练】

一、单选题

1. 甲生产企业地处市区，2014年5月缴纳增值税28万元，当月委托位于县城的乙企业加工应税消费品，乙企业代收代缴消费税15万元。甲企业应缴纳城市维护建设税（　　）万元。

A. 1.96　　B. 0.75　　C. 2.71　　D. 1.31

2. 某县城一加工企业2004年8月因进口半成品缴纳增值税120万元，销售产品缴纳增值税280万元，本月又出租门面房收到租金40万元。该企业本月应缴纳的城市维护建设税和教育费附加为（　　）万元。

A. 22.56　　B. 25.6　　C. 28.2　　D. 35.2

3. 建筑安装工程承包合同的印花税税率是（　　）。

A. 万分之三　　B. 万分之五　　C. 千分之一　　D. 万分之零点五

4. 对于下列关于印花税纳税人表述中，你认为错误的是（　　）。

A. 书立各类经济合同时，以合同当事人为纳税人

B. 所谓当事人是指对凭证负有直接或间接权利义务关系的单位和个人，包括担保人、证人

C. 现行印花税纳税人包括外商投资企业和外国企业

D. 建立营业账簿的以立簿人为纳税人

5. 某企业2007年4月签订一份房屋买卖合同，应按（　　）税率贴花。

A. 万分之五　　B. 万分之三　　C. 千分之一　　D. 万分之零点五

6. 根据《中华人民共和国房产税暂行条例》的规定，房产税的税率，依照房产余值缴纳的，税率为（　　）。

A. 12%　　B. 4%　　C. 1.2%　　D. 1.5%

7. 以下房地产开发企业建造的商品房不征收房产税（　　）。

A. 出售前的　　B. 已经使用的　　C. 已经出租的　　D. 已经出借的

8. 车辆适用的车船税税率形式是（　　）。

A. 比例税率　　B. 超额累进税率　　C. 超率累进税率　　D. 定额税率

9. 下列各项中，不属于车船税征税范围的是（　　）。

A. 三轮汽车　　B. 火车　　C. 摩托车　　D. 养殖渔船

10. 城镇土地使用税是由（　　）负责征收管理。

A. 国税机关　　B. 地税机关　　C. 土地管理部门　　D. 财政机关

11. 城镇土地使用税征税方式是（　　）。

A. 按年计征，分期缴纳　　B. 按次计征

C. 按年计征，分期预缴　　D. 按期缴纳

12. 下列各项中应征土地增值税的有（　　）。

A. 房地产的继承　　B. 房地产的代建房行为

C. 房地产的交换　　D. 房地产的出租

13. 下列各项中，应征土地增值税的是（　　）。

A. 赠与社会公益事业的房地产　　B. 经税务机关核实的个人之间互换自有住房

C. 抵押期满转让给债权人的房地产　　D. 兼并企业从被兼并企业得到的房地产

14. 以下应该缴纳契税的有（　　）。

A. 甲用房产抵偿债务　　B. 乙买四合院，拆料，用于在他处建房

C. 甲用房产作为投资　　D. 乙继承父亲的房产

15. 下列不属于契税征税范围的有（　　）。

A. 接受房屋赠与　　B. 获奖方式取得房屋　　C. 房屋交换补交差价　　D. 政府出让土地使用权

二、多选题

1. 下列各项中，属于城市维护建设税计税依据的有（　　）。

A. 偷逃营业税而被查补的税款　　B. 偷逃消费税而加收的滞纳金

C. 出口货物免抵的增值税税额　　D. 出口产品征收的消费税税额和关税税额

2. 下列各项中，符合城市维护建设税征收管理规定的有（　　）。

A. 海关对进口产品代征增值税时，应同时代征城市维护建设税

B. 对增值税实行先征后返的，应同时返还附征的城市维护建设税

C. 对出口产品退还增值税的，不退还已经缴纳的城市维护建设税

D. 纳税人延迟缴纳增值税而加收的滞纳金，不作为城市维护建设税的计税依据

3. 下列关于城市维护建设税纳税地点的表述中，正确的有（　　）。

A. 无固定纳税地点的个人，为户籍所在地

B. 代收代缴“两税”的单位，为税款代收地

C. 代扣代缴“两税”的个人，为税款代扣地

D. 取得管道输油收入的单位，为管道机构所在地

4. 房产税的征收范围包括（　　）。

A. 城市　　B. 县城　　C. 建制镇　　D. 工矿区

5. 下列属于房产税纳税义务人的有（　　）。

A. 出租自有房屋的出租人　　B. 利用自有房屋经营的产权人

C. 房屋出典人　　D. 房屋承典人

6. 下列各项中，应当征收印花税的项目有（　　）。

A. 产品加工合同　　B. 法律咨询合同　　C. 技术开发合同　　D. 出版印刷合同

7. 采用自行贴花方法缴纳印花税的，纳税人应（　　）。

A. 自行申报应税行为　　B. 自行计算应纳税额

C. 自行购买印花税票　　D. 自行一次贴足印花税票并注销

8. 下列关于车船税纳税人说法正确的有（　　）。

A. 中美合资公司在华使用的车船，是车船税的纳税人

B. 日本籍人员在华使用的车船，不是车船税的纳税人

C. 外国企业在华使用的车船，不是车船税的纳税人

D. 中国公民在华使用的车船，是车船税的纳税人

E. 港澳台同胞在华使用的车船，是车船税的纳税人

9. 下列关于车船税表述正确的有（　　）。

A. 属于行为税类

B. 车船税采用定额税率

C. 适用于在我国境内拥有或管理车船的所有单位和个人，但不包括外商投资企业

D. 拖船按照发动机功率每 2 马力折合净吨位 1 吨计算征收车船税

E. 四轮农用运输车免征车船税

10. 需要征收城镇土地使用税的地区有（　　）。

A. 城市市区　　B. 城市郊区　　C. 县城郊区　　D. 建制镇

11. 在（　　）使用土地的单位和个人需要缴纳城镇土地使用税。

A. 农村　　B. 建制镇　　C. 工矿区　　D. 县城

12. 下列在开征区使用城镇土地者应属城镇土地使用税的纳税义务人的有（　　）。

A. 使用国有土地的国有企业　　B. 使用集体土地的国营企业

C. 使用国有土地的外商投资企业　　D. 使用集体土地的集体企业

13. 以下属于土地增值税特点的项目是（　　）。

A. 以转让房地产的增值额为计税依据　　B. 征税面比较广

C. 实行超率累进税率　　D. 实行按次征收

14. 土地增值税的纳税义务人可以是（　　）。

A. 外商独资企业　　B. 国家机关　　C. 事业单位　　D. 医院

15. 以下符合契税计税依据规定的有（　　）。

A. 以协议方式出让土地的，以成交价格为计税依据。其中成交价格应该包含拆迁补偿费，但是不包含市政建设配套费

B. 以协议方式出让土地的，如果没有成交价格，征收机关首先应该以由县级以上人民政府公示的土地基准价为准征收契税

C. 以竞价方式出让的，其计税价格，一般应确定为竞价的成交价格，土地出让金、市政建设配套费以及各种补偿费用应包括在内

D. 已购公有住房经补缴土地出让金和其他出让费用成为完全产权住房的，免征土地权属转移的

契税

E. 房屋买卖的契税计税价格为房屋买卖合同的总价款，买卖装修的房屋，装修费应包括在内

三、综合题

1. 某市区一家企业2017年9月实际缴纳增值税200 000元，缴纳消费税300 000元，缴纳营业税100 000元，计算该企业应缴纳的城市建设维护税和教育费附加。

2. 某县城一生产企业为增值税一般纳税人。本期进口原材料一批，向海关缴纳进口环节增值税10万元；本期在国内销售甲产品缴纳增值税30万元、消费税50万元，由于迟延缴纳消费税，被加收滞纳金1万元；本期出口乙产品一批，按规定退回增值税5万元。请计算该企业本期应缴纳城建税。

3. 某企业2005年度有关资料如下：

（1）实收资本比2004年增加100万元；

（2）与银行签订一年期借款合同，借款金额300万元，年利率为5%；

（3）与甲公司签订以货换货合同，本企业的货物价格350万元，甲公司的货物价格450万元；

（4）与乙公司签订受托加工合同，乙公司提供价值80万元的原材料，本企业提供价值15万元的辅助材料并收加工费20万元；

（5）与丙公司签订技术转让合同，转让收入由丙公司按2005～2007年实现利润的30%支付；

（6）与货运公司签订运输合同，载明运输费用8万元（其中含装卸费0.5万元）。

（7）与铁路部门签订运输合同，载明运输费用及保管费用共计20万元。

要求：逐项计算该企业2005年应缴纳印花税。

4. 甲公司为位于某区的一国有企业，与土地使用税相关的资料如下：甲公司提供的政府部门核发的土地使用证书显示：甲公司实际占地面积50 000平方米，其中：企业内学校和医院共占地1 000平方米；厂区以外的公用绿化用地5 000平方米，厂区内生活小区的绿化用地500平方米，其余土地均为甲公司生产经营用地。2014年3月31日，甲公司将一块2 000平方米的土地对外无偿出租给军队作训练基地；2014年4月30日，将一块900平方米的土地无偿借给某国家机关作公务使用。

另外，该公司与某外商投资企业还共同拥有一块面积为3 000平方米的土地，其中甲公司实际使用2 000平方米，其余归外商投资企业使用。要求：假设当地的城镇土地使用税每半年征收一次，该地每平方米土地年税额8元，请根据上述资料，分析计算甲公司2014年1～6月应缴纳多少城镇土地使用税？

5. 位于市区的某国有工业企业利用厂区空地建造写字楼，2014年发生的相关业务如下：

（1）按照国家有关规定补交土地出让金4 000万元，缴纳相关税费160万元；

（2）写字楼开发成本3 000万元，其中装修费用500万元；

（3）写字楼开发费用中的利息支出为300万元（不能提供金融机构证明）；

（4）写字楼竣工验收，将总建筑面积的1/2销售，签订销售合同，取得销售收入6 500万元；将另外1/2的建筑面积出租，当年取得租金收入15万元。

其他相关资料：该企业所在省规定，按土地增值税暂行条例规定的高限计算扣除房地产开发费用。

要求：根据上述资料，按下列序号计算回答问题，每问需计算出合计数：

（1）企业计算土地增值税时应扣除的取得土地使用权所支付的金额；

（2）企业计算土地增值税时应扣除的开发成本的金额；

（3）企业计算土地增值税时应扣除的开发费用的金额；

（4）企业计算土地增值税时应扣除的有关税金；

（5）企业应缴纳的土地增值税；

（6）企业应缴纳的营业税、城市维护建设税和教育费附加；

（7）企业应缴纳的房产税。

参考文献

1. 李杰、周金琳:《税法》,立信会计出版社 2011 年版。

2. 中国注册会计师协会:《税法》,经济科学出版社 2014 年版。

3.《中华人民共和国增值税暂行条例》(1993 年 12 月 13 日中华人民共和国国务院令第 134 号)。

4.《中华人民共和国营业税暂行条例》(1993 年 12 月 13 日中华人民共和国国务院令第 136 号发布 2008 年 11 月 5 日国务院第 34 次常务会议修订通过)。

5.《财政部 国家税务总局关于在全国开展交通运输业和部分现代服务业营业税改征增值税试点税收政策的通知》(财税〔2013〕37 号)。

6.《财政部 国家税务总局关于进一步支持小微企业增值税和营业税政策的通知》(财税〔2014〕71 号)。

7.《中华人民共和国消费税暂行条例》,国务院令第 539 号,2008 年 11 月 5 日修订,自 2009 年 1 月 1 日起施行。

8.《中华人民共和国消费税暂行条例实施细则》,财政部令第 51 号,自 2009 年 1 月 1 日起施行。

9.《中华人民共和国企业所得税法实施条例》已经 2007 年 11 月 28 日国务院第 197 次常务会议通过,现予公布,自 2008 年 1 月 1 日起施行。

10.《中华人民共和国个人所得税法》,2011 年 6 月 30 日通过,自 2011 年 9 月 1 日起施行。

11.《中华人民共和国税收征收管理法》。

12.《中华人民共和国城市维护建设税暂行条例》。

13.《中华人民共和国资源税暂行条例》。

14.《中华人民共和国城镇土地使用税暂行条例》。

15.《财政部 税务总局关于支持小微企业融资有关税收政策的通知》(财税〔2017〕77 号)。

16.《关于对营业账簿减免印花税的通知》(财税〔2018〕50 号)。

17.《中华人民共和国印花税暂行条例》。

18.《中华人民共和国车船税法》。

19.《中华人民共和国车船税暂行条例》。

20.《中华人民共和国环境保护税法》。

21.《中华人民共和国船舶吨税法》。

22. 中华文本库,http://www.chinadmd.com.

23. 纳税服务网,http://www.cnnsr.com.cn/.

24. 国家税务局网站,http://www.chinatax.gov.cn/.

25. 北京市国家税务局,http://www.bjsat.gov.cn/bjsat/.

26. 北京市地税局,http://www.tax861.gov.cn/.

27. 河北省地方税务局，http：//www. hebds. gov. cn/.
28. 中华会计网校，http：//www. chinaacc. com/.
29. 东奥会计在线，http：//www. dongao. com/.
30. 百度文库，http：//wenku. baidu. com/.
31. 中华人民共和国海关总署，http：//www. customs. gov. cn/publish/portal0/tab1/.